누구나 쉽게 따라하는 **인공지능**

누구나 쉽게 따라하는 **인공지능**

1판 1쇄 인쇄 2021년 8월 18일
1판 1쇄 발행 2021년 8월 25일

지은이 이용권
펴낸곳 씨마스21
펴낸이 김남인

총괄 정춘교
편집 윤예영
교열 최성우
표지 디자인 김용주
본문 디자인 서해숙
마케팅 김진주

출판등록 제 2020-000180호 (2020년 11월 24일)
주소 서울특별시 강서구 강서로33가길 78
전화 02-2268-1597(174)
팩스 02-2278-6702
홈페이지 www.cmass21.co.kr
이메일 cmass@cmass21.co.kr

ISBN 979-11-974302-6-8 (93000)

핵심만 쏙쏙 담은 **생활밀착형 인공지능** 입문서

feat. **파이썬**

이용권 지음

누구나 쉽게 따라하는 인공지능

씨마스21

세상의 많은 나라가 4차 산업혁명과 인공지능에 관심을 가지게 되면서, 지금 이 순간에도 많은 교재와 강좌들이 쏟아지고 있습니다. 지금까지 나온 인공지능 관련 교재 및 강좌의 대부분은 진부한 내용이 많거나, 개념 또는 수학적 설명이 어려워서 일반인이 이해하기 힘든 문제가 있었습니다. 물론, 실용적이고 다양한 사례를 제시한 좋은 내용의 책도 많이 있습니다만, 안타깝게도 기본 원리를 쉽게 설명하고, 바로 실전에 응용할 수 있도록 현실적인 노하우를 다룬 도서 또는 강좌는 찾기가 어려웠습니다. 특히 인공신경망의 핵심인 오차역전파법에 대해서는 알기 쉽게 쓰인 책이 거의 없고, 본질을 이해하지 못한 채 진행하는 경우가 대부분이었습니다.

인공지능에는 많은 모델과 이론이 있지만, 요즘 유행하는 대부분의 인공지능 모델은 모두 인공신경망을 근간으로 하고 있으며, 인공신경망을 이해하고 활용하는 것이, 곧 인공지능 학습의 첫걸음이라 할 수 있습니다. 인공신경망은 여러 차례의 암흑기를 겪으며 이름이 여러 번 바뀌었는데, 요즘은 인공신경망이 많이 복잡해지면서 흔히들 딥러닝이라고 부릅니다.

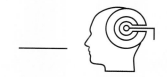

이 책은 인공신경망을 누구나 이해할 수 있도록 간단한 예제를 통해 쉽게 설명함은 물론, 핵심 이론 및 수학적 표현에 대해서도 꼼꼼하게 파헤쳐 볼 수 있도록 구성하였습니다. 기계를 분해하고 그 안의 구조와 부품을 직접 눈으로 보면서 이해하듯이, 다양한 인공신경망 예제를 통해 그 작동 원리와 모델의 수학적 표현에 대해 누구나 쉽게 이해할 수 있도록 알기 쉽고 독창적인 사례를 많이 준비하였습니다. 또한 가장 밑단의 기초 원리부터 최상위의 응용 및 실용 분야까지 폭넓게 다루며 응용력을 극대화할 수 있도록 내용을 구성하였습니다.

모쪼록 이 한 권의 책을 통해 독자분들이 인공지능에 눈을 뜨고, 나아가 세상을 바꾸는 인재가 될 수 있기를 기원합니다. 끝으로 이 책이 세상에 나오도록 애써 주신 출판사 씨마스21의 관계자 여러분께 감사의 말씀을 전합니다.

저자 이 용 권

이 책은 더 효율적인 인공지능 학습을 위해 다음과 같은 차별화 포인트를 가지고 집필되었습니다.

콘텐츠의 차별화

신경망의 핵심을 더욱 이해하기 쉽게 접근

- 다양한 신경망 모델에 관해 체계적으로 쉽게 설명
- 실용적이고 재미있으며 이해하기 쉬운 사례를 다수 준비
- 가장 간단하고 응용하기 쉬운 예제를 통해 응용력 극대화
- 인공지능 기초부터 최신 딥러닝 트렌드까지 폭넓은 내용을 해설

실습 환경의 차별화

실용 프로그램 개발을 위해 '비주얼 스튜디오 코드' 사용

- 비주얼 스튜디오 코드를 통해 프로와 같은 본격적인 프로그래밍 능력 향상
- 누구나 실패 없이 완벽하게 실행 가능한 실습 예제 준비
- 완벽한 버전 관리와 프로그래밍 노하우 전수
- 예제 소스 코드 안에 꼼꼼히 주석을 달아 프로그램에 관한 이해도 증대

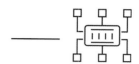

이 책에 나오는 예제 소스는 비주얼 스튜디오 코드를 사용하여 작성되었습니다. 비주얼 스튜디오 코드는 마이크로소프트사에서 개발한 프로그래밍 개발용 도구로 강력한 편집 기능을 제공함은 물론, 프로그래밍 학습뿐만 아니라 본격적인 개발을 위해서도 적합한 환경을 제공합니다.

많은 책들이 파이썬 예제 프로그램 실행을 위해 웹 브라우저 기반의 구글 코랩이나 아나콘다를 통한 통합 설치 및 주피터 노트북을 통한 코딩을 사용하고 있으나, 이는 어디까지나 교육적으로 편리할 뿐 실전용 프로그래밍에는 적합하지 않습니다.

또한 대부분의 교재가 파이썬과 텐서플로를 통해 예제를 제공하고 있습니다만, 정작 중요한 각각의 버전에 대해서는 거의 언급하지 않고 있습니다. 예를 들어 Python3.7.7, Tensorflow2.0, Keras2.3.1, Matplotlib3.2.1 등 각각의 버전을 맞추지 않으면 잘 작동하지 않거나 오류가 발생하는 경우가 많습니다. 이 책에서는 비주얼 스튜디오 코드를 사용하여 실전용 프로그램을 작성함은 물론, 각 모듈의 버전 맞추기와 같은 실용적인 노하우 전수를 통해 절대로 실패하지 않는 인공지능 학습법을 전수해 드리고자 합니다. 비주얼 스튜디오 코드(Visual Studio Code)는 윈도(Windows10), 맥 OS(Mac iOS), 리눅스(Linux)에서 무료로 사용 가능하며, 주피터 노트북(Jupyter Notebook)도 포함하고 있습니다.

PART 1

인공지능, 어떻게 진화할까?

인공지능에 관한 일반적 개념과 이를 공부하는 데 도움이 되는 3초 공학 이론에 대해 소개합니다.
또한 인공신경망, 머신러닝, 딥러닝의 학습 과정을 순차적으로 이해하기 쉽게 풀었습니다.

PART 2

신경망 완전정복

신경망 첫걸음

인공지능 학습의 워밍업 단계로 가장 간단한 형태의 신경망인 퍼셉트론에 대해 알아봅니다. 일상생활에서 발생할 수 있는 다양한 사례를 통해 퍼셉트론의 개념과 초간단 신경망의 작동 원리를 쉽게 이해할 수 있습니다.

신경망 본격 해부

본격적으로 신경망을 탐구합니다. 인공지능에 많이 쓰이는 활성화 함수와 신경망의 구조, 인공신경망 학습의 핵심인 경사하강법과 오차역전파법에 대해 알아봅니다. 특히 오차역전파법에 대해서는 어떤 교재보다 더 알기 쉽게 설명하고 있으니 주의 깊게 살펴보세요.

신경망으로 인공지능 설계하기

실생활을 인공지능 모델로 바꾸고, 직접 학습해 보는 실습 예제들로 구성되어 있습니다. 반복 학습을 통해 익힐 수 있도록 풀이 과정을 모듈화하였습니다. 프로그램 코드에는 주석문을 꼼꼼히 달아두었으니 직접 실습해 보세요.

신경망의 일반화

심화 과정으로 조금 더 복잡한 형태의 일반적 신경망을 계산하는 방법에 대해 알아봅니다. 일반적 신경망의 표현법, 정규화, 최적화 기법 등을 예제와 파이썬 프로그램을 통해 익힐 수 있습니다. 조금 어려운 내용이므로 수학에 자신이 없으면 건너뛰어도 좋지만, 마법의 주문인 일반적 신경망의 공식(오미입, 오메가미입)은 놓치지 않도록 하세요.

## PART 3

딥러닝 맛보기

이미지 학습

인공지능 기술의 가장 대표적인 모델인 CNN(합성곱 신경망)을 이용해 각종 이미지를 학습하고 예측과 분류하는 방법에 대해 알아봅니다.

다양한 딥러닝 기법들

GAN, YOLO, U-GAT-IT 등 최신 딥러닝 기법과 사례들을 소개합니다.

누구를 위한 책인가?

- 수학이 인공지능에 어떻게 쓰이는지 궁금한 학습자를 위한 책입니다. 수학은 고등학교 인공지능 수학에 기초합니다.

- 다른 교재의 예제 코드를 실행하면서 다소 어려움을 겪었던 학습자에게 실패하지 않는 비법을 전수합니다. 딥러닝 프레임워크는 텐서플로2.0대를 사용하였습니다. 기타 인공지능 프레임워크에 대해서는 소개하지 않습니다.

- 파이썬의 기초적인 지식만 있으면 누구든 이 책을 통해 본격적인 인공지능 학습이 가능합니다. 파이썬 문법에 대한 소개는 하지 않습니다.

- 빅데이터 처리나 사물인터넷(IoT) 활용, 메타러닝 등과 같은 전문가 수준의 인공지능과 딥러닝 처리 속도를 높여주는 GPU 기술, 자연언어 처리(NLP), 음성 인식 등은 다루지 않습니다.

차 례

PART 1 인공지능 어떻게 진화할까?

PART 2 신경망 완전정복

PART 3 딥러닝 맛보기

PART

1

인공지능
어떻게
Artificial
Intelligence
진화할까?

인공지능은 인류가 오랜 기간 축적한 다양한 지식을 토대로 사람처럼 학습하고 예측하는 시스템을 말합니다. 우리의 경험과 지식이 발전하는 만큼, 인공지능도 같이 발전하고 진화할 것입니다. 아울러 인공지능의 발전과 활용으로 우리 생활은 그 편리성과 발전 속도가 더욱 가속화될 것입니다. 인공지능은 과연 어떻게 어디까지 진화하고 발전해 갈까요?

1. 모든 공학 이론은 3초면 뚝딱!

세상에는 수많은 학문이 존재하고 또 배우기도 어렵지만, 그것을 기억하고 응용하기란 더욱 어렵습니다. 15년 이상 대학 강단에서 학생들에게 공학을 가르쳐 본 필자는 큰 깨달음을 얻은 게 하나 있습니다. 바로 '3초 공학' 이론인데. 모든 공학 이론은 3초 안에 설명할 수 있어야 제대로 이해한 것이라는 믿음입니다. 물론 3초 만에 모든 것을 설명하는 건 불가능하지만, 3초 안에 핵심을 설명하고, 그 핵심을 3분 안에 다시 풀어 설명하고, 각각을 다시 3시간 안에 상세히 설명할 수 있다면, 그 지식은 살아있는 지식이고 쉽게 잊히지 않는 지식이며, 나아가 응용하기도 쉬워진다는 개념입니다. 예를 들어 설명하면 다음과 같습니다.

컴퓨터 공학에는 많은 이론과 개념이 있습니다. 불Boole대수, 카르노맵, 논리 회로, 플리플롭, 시프트 레지스터 등등. 하지만 가장 기본은 AND, OR, NOT 세 개의 논리 회로로 모든 것이 이루어질 수 있다는 점입니다. 컴퓨터는 아주 복잡한 수학 연산을 할 수 있는데, 컴퓨터 공학의 기본은 아래 그림처럼 AND, OR, NOT만으로 구성된 덧셈 회로라는 점입니다. 세상의 모든 복잡한 연산을 단 세 개의 논리만으로 표현할 수 있다니 신기하지 않나요? 이 설명을 3초로 풀이하면 '컴퓨터 공학의 핵심은 AND, OR, NOT 삼총사의 활약'이 되겠습니다.

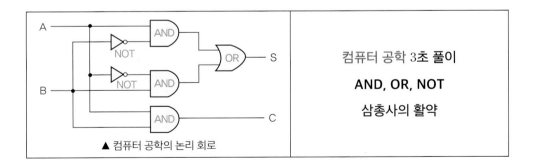

▲ 컴퓨터 공학의 논리 회로

컴퓨터 공학 3초 풀이

AND, OR, NOT
삼총사의 활약

자, 이제 프로그래밍을 예로 들어 볼까요? 세상에는 다양한 프로그래밍 언어가 존재하지만 기본은 for, if, 변수, 함수의 네 가지를 혼합하여 모든 프로그램을 구성할 수 있습니다. 물론 프로그래밍을 효율적으로 하려면 이 네 가지 외에 다양한 콘셉트와 표현법이 존재합니다. 그러나 그런 것은 부가적인 기능일 뿐입니다. 필자가 공학의 바이블처럼 여기는 『Numerical Recipe in C』라는 수치해석 책이 있습니다. 이 책은 아주 복잡한 수학을 C 언어로 표현하는 방법을 소개해 놓은 것인데, 모든 내용이 for문과 if문만으로 이루어져 있습니다. 즉, 프로그래밍이란 for, if 두 개의 명령문과 변수, 함수의 문법만으로 이루어진 놀랍도록 효율적인 작업인 것을 알 수 있습니다.

``python
for i in range(N):
    x = X[i, :]
    y = Y[i]
    print("Input : {}".format(x))
    print("Output: {}".format(y))
    for j in range(2):
        if y[j] > 0.5:
            y[j]=1
        else:
            y[j]=0
``
▲ 파이썬 프로그램
	프로그래밍 3초 풀이
	
	for, if, 변수, 함수
	사총사의 활약

이 책에는 '오미입', '오메가미입'이라는 마법과 같은 주문이 등장합니다. 필자는 이 공식만으로 대부분의 머신러닝(인공신경망) 프로그램을 어렵지 않게 구현하고 있습니다.

인공신경망에서 가장 많이 사용되고 가장 중요한 것은 경사하강법을 이용한 최적화와 오차역전파법을 이용한 가중치weight를 업데이트하는 부분입니다. 가중치가 최적화되면 인공신경망은 완성되고, 어떠한 예측도 척척 해낼 수 있게 됩니다. 경사하강법은 초등학교 수준에서도 쉽게 이해할 수 있으나, 오차역전파법은 대학생조차도 쉽게 이해하지 못할 뿐만 아니라 사용하기란 더욱 어렵습니다.

☞ 경사하강법은 62쪽, 오차역전파법은 66쪽을 참고하세요.

이때 마법의 주문처럼 계산을 도와주는 것이 '오미입', '오메가미입'이라는 공식입니다. 따라서 '오미입', '오메가미입'을 인공신경망의 3초 공학으로 풀이해도 좋을 것 같습니다.

인공신경망 3초 풀이

오미입, 오메가미입
마법의 주문

자, 그럼 인공지능 중 최근에 가장 많이 쓰이는 딥러닝을 3초 풀이로 적어 보면 어떻게 될까요? 저는 과감히 다음과 같이 정의하고 싶습니다.

'다변수 함수의 최적화 문제이며, 회귀와 분류 문제를 풀 수 있다.'

이 말이 무엇을 뜻하는지, 왜 이렇게 정의하였는지는 이 책으로 공부하면서 여러분 스스로 느껴 보시기 바랍니다. 3초 공학은 학자들마다 조금씩 달리 표현할 수 있겠지만, 전체의 큰 틀을 하나의 흐름으로 엮는다는 점에서 아주 중요한 개념입니다. 독자 여러분이 어떤 학문을 학습하더라도 이 이론을 참고하시면 좋을 것 같습니다

2. 인공지능-인공신경망-딥러닝의 관계

최근 딥러닝을 활용한 인공지능이 눈부시게 발전하자 인공지능과 인공신경망, 딥러닝을 거의 같은 개념으로 쓰는 경우도 많습니다. 인공지능과 인공신경망, 머신러닝, 딥러닝 등 용어가 혼재하여 다소 혼돈스러울 수도 있으나, 기본적으로는 아래 그림과 같은 개념이니 참고하면 좋을 것 같습니다.

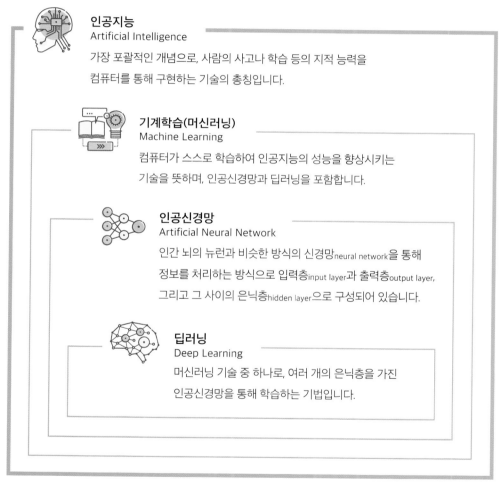

인공지능
Artificial Intelligence
가장 포괄적인 개념으로, 사람의 사고나 학습 등의 지적 능력을 컴퓨터를 통해 구현하는 기술의 총칭입니다.

기계학습(머신러닝)
Machine Learning
컴퓨터가 스스로 학습하여 인공지능의 성능을 향상시키는 기술을 뜻하며, 인공신경망과 딥러닝을 포함합니다.

인공신경망
Artificial Neural Network
인간 뇌의 뉴런과 비슷한 방식의 신경망neural network을 통해 정보를 처리하는 방식으로 입력층input layer과 출력층output layer, 그리고 그 사이의 은닉층hidden layer으로 구성되어 있습니다.

딥러닝
Deep Learning
머신러닝 기술 중 하나로, 여러 개의 은닉층을 가진 인공신경망을 통해 학습하는 기법입니다.

그림1-1 인공지능부터 딥러닝까지

머신러닝은 다음과 같이 세 가지 형태로 분류할 수 있습니다. 이후 여러 장에 걸쳐 각 사례들이 등장하니 사례를 통해 직접 이해하시면 좋겠습니다.

지도학습
supervised learning

정답(label)이 있는 데이터를 학습시키는 방법으로 분류 및 회귀, 예측을 통해 음성 인식, 이미지 인식, 스팸 메일 분류, 주가 예측 등에 활용

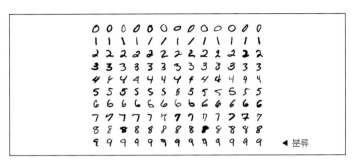

비지도학습
unsupervised learning

데이터는 있으나 정답이 없는 데이터를 학습시키는 방법으로 군집화, 이상 탐지 등의 작업 가능

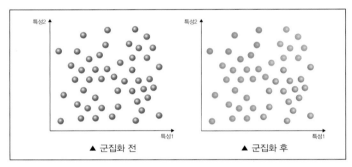

강화학습
reinforcement learning

데이터와 정답이 모두 없음. 행동에 대한 보상을 통해 학습시키는 방법으로 로봇 학습에 유용하며, 로봇의 자율 제어 등에 활용

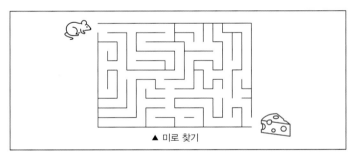

그림 1-2 머신러닝의 형태

머신러닝에서 강화학습을 제외한 대부분은 인공신경망이라 불리는 모델을 사용합니다. 요즘 유행하는 딥러닝도 인공신경망의 한 종류입니다. 인공신경망은 동물의 신경 세포를 수학적·컴퓨터 공학적으로 모델링한 것으로, 사람과 비슷한 방법으로 학습하는 것이 특징입니다. 본 교재에서 소개하는 모델 및 기법도 인공신경망을 기초로 하였습니다.

딥러닝이 아닌 인공지능 분야는 1980~1990년대에 유행했던 유전적 알고리즘Genetic Algorithm(모체에 해당하는 프로그램에서 의도적으로 돌연변이를 일으켜 자식 프로그램을 만들고, 모체보다 우수할 경우에만 생존시키는 기법)이나 강화학습 등이 있습니다.

인공신경망이지만 딥러닝이 아닌 것은 은닉층 1개만을 가지는 일반적인 신경망이나, CPGCentral Pattern Generator(동물의 척추에 존재하는 운동 중추를 모방하여 만든 신경망으로, 걷기, 자전거 타기, 수영, 날갯짓 등의 반복적 운동에 특화되어 있음. 입력값으로 sin, cos 의 진동함수를 넣어 학습시키는 것이 특징임) 제어 등이 있습니다.

여기서 주목해야 할 것은 은닉층 1개만을 가지는 일반적인 신경망은 딥러닝에 비해 단순하지만, 실제로 아주 쓸모가 많다는 점입니다. 잘 알려진 사실로, 모든 복잡한 함수적 수학 문제(회귀 문제라 보아도 무방함)를 딥러닝으로 풀 경우, 은닉층은 1개만으로 충분하다는 것입니다(Cybenko 이론).

그렇다면 왜 은닉층이 다수 존재해야 할까요? 그것은 물체 인식 등의 추상적인 개념을 표현하는 데 은닉층 1개만으로는 모자라기 때문입니다. 예를 들어 고양이와 개를 분류하는 문제는 입·출력 외에 여러 개의 층을 가진 모델이어야 해결이 가능합니다. 일반적으로 딥러닝을 통해 풀어야 할 문제는 분류, 회귀, 물체 검출과 같이 세 가지로 나뉩니다.

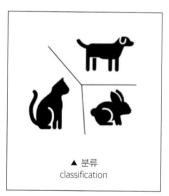

▲ 분류
classification

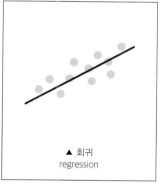

▲ 회귀
regression

▲ 물체 검출
object detection

그림 1-3 딥러닝을 통해 풀어야 할 문제

분류 개와 고양이를 구별하는 것과 같이, 연속성이 없는 데이터를 각각의 특징을 이용하여 분류해 내는 작업입니다. 분류는 이중 분류 및 다중 분류로 나뉘며, 출력층의 활성화 함수로 소프트맥스softmax 함수를 이용합니다. 소프트맥스는 출력값을 0과 1 사이의 확률로 나타내는 함수로, 수학적으로는 다음과 같이 표현됩니다.

☞ 활성화 함수와 소프트맥스 함수에 관한 자세한 내용은 54~55쪽을 참고하세요.

회귀 일부의 데이터 값을 이용해 전체 데이터의 경향을 찾아내는 작업으로, 데이터의 추세선을 만드는 것과 비슷합니다. 데이터의 복잡도에 따라 단순 선형 회귀, 다중 선형 회귀 등으로 나뉩니다. 범주형 데이터를 두 개의 카테고리로 나누는 이진 클래스 분류는 로지스틱 회귀라 불립니다.

물체 검출 이미지나 영상을 통해 특정한 물체, 사람 등을 찾아내는 작업입니다. 영상에서 물체를 판별하여 찾아내는 문제는 분류와 비슷하며, 찾아낸 이미지의 위치를 판별하는 문제는 회귀에 가깝습니다.

3. 인공지능의 진화

인공지능은 현재 다양한 형태로 진화하고 있습니다. 바둑대회에서 세계 챔피언을 꺾은 알파고는 이미 옛날이야기입니다. 현재는 IBM의 인공지능 왓슨 등이 의료 분야에 활용되고 있고, 알파고의 동생인 알파폴더는 단백질 구조를 찾아내는 바이오 분야에서 많은 성과를 거두고 있습니다. 렘브란트 프로젝트와 같이 과거 미술 거장의 작품을 부활시키거나, 베토벤의 미완성 교향곡을 완성하는 등 예술 영역에도 진출하였습니다. 이미 많이 보급된 AI 스피커나, 점점 확산되는 자동차 자율 주행, 무인 배달 등에도 인공지능이 주요 기술로 사용되고 있습니다.

2020년 CES쇼에서는 삼성전자가 인공 인간 네온을 발표하여 세계를 깜짝 놀라게 하였고, 같은 해 발표된 OpenAI사의 GPT-3는 수천억 개의 문장을 학습하여 자연스러운 대화를 하거나 스스로 소설을 쓰는 등 놀라운 성능을 보여주고 있습니다. 향후 로봇 분야에서 AI가 많은 역할을 담당하리라 생각되며, 범용적으로 쓰일 수 있는 강인공지능이 출현하면 모든 분야에 AI가 확산·보급될 것입니다.

이제는 우리 삶의 일부분이 된 인공지능, 여러분은 인공지능에 의한 인류의 진화를 목격하는 중요한 시대에 살고 있습니다. 단지 인공지능의 발전을 지켜보는 것만이 아니라 인공지능을 배워 인류 진화의 주역이 되어 보는 것도 좋지 않을까요?

4. 인공지능 개발 시 가장 어려운 것은?

인공지능으로 어떤 프로젝트를 수행할 때 진짜 어려운 것은 인공지능을 이해하고, 모델을 만드는 문제가 아닙니다. 오히려 새로 만든 인공지능을 어디에 적용할까를 고민하는 문제와 필요한 데이터를 충분히 수집하는 일이 더 어려운 경우가 많습니다.

예를 들어, 휴대폰의 카메라로 인식된 과일을 보고 당도를 예측하는 인공지능을 앱으로 만들어 배포한다고 가정해 보겠습니다. 인공지능 모델을 만들고, 앱 프로그램을 개발한 후 앱 스토어에 올려서 돈을 버는 작업이 결코 어려운 것은 아닙니다. 오히려 이 부분은 조금만 공부하면 쉽게 해결할 수 있습니다. 카메라로 인식된 물체를 학습하는 인공지능도 의외로 쉽게 만들 수 있고, 앱 인벤터와 같이 앱 프로그래밍을 쉽게 할 수 있는 툴도 많습니다.

문제는 '과일의 당도를 인공지능으로 예측하자'라는 아이디어와 이미지만으로 과일의 당도를 정확히 예측할 수 있는지를 판단하는 것이 가장 어렵습니다. 또한 실제로 인공지능 학습을 위해서는 많은 학습용 데이터가 필요합니다. 당도 예측의 경우 실제로 수박을 10,000통 사서 사진을 찍고, 직접 먹으면서 당도를 1에서 5까지 번호 매김을 하는 것은 시간과 비용이 드는 어려운 작업입니다.

여러분은 인공지능이 어렵다고 겁먹을 것이 아니라 어디에 인공지능을 적용하고, 어떻게 학습 데이터를 만들지를 고민하는 것이 더 중요하다는 것을 깨달아야 합니다. 참고로, 필자는 카메라로 찍은 이미지만으로 토마토의 수확 시기를 예측하는 인공지능 프로젝트에 참여한 적이 있는데, 약 3개월 정도의 학습을 통해 거의 전문가 수준으로 예측할 수 있다는 결론에 도달하였습니다. 따라서 카메라를 통해 인식한 과일 이미지만으로 과일의 당도를 예측하는 것도 얼마든지 가능하다고 생각합니다.

사랑을 나누는 수학

✓ 둘이 하나가 되는 수식

두 사람이 사랑을 나누게 되면 한 마음이 되고, 가정을 꾸려 한 가족이 됩니다. 수학에서도 어떤 전제가 존재한다면 2＝1로 만들 수 있습니다. 자, 다음 수식을 한번 살펴볼까요? 중학교에서 배운 수식 중 인수분해 문제이니 그리 어렵지 않게 이해할 수 있으리라 생각합니다. 항상 '좌변＝우변'이 되는 항등식이라는 것을 염두에 두고 풀기 바랍니다.

$a=b$라 가정하면 다음 식이 성립한다. ································· (1)

$a^2=ab$ 양변에서 똑같이 b^2을 빼 주면 다음 식이 성립한다. ················· (2)

$a^2-b^2=ab-b^2$ 양변을 인수분해 하면 다음 식이 성립한다. ············ (3)

$(a+b)(a-b)=b(a-b)$ 양변을 똑같이 $(a-b)$로 나누어 주면 ········· (4)

$a+b=b$ $a=b$이므로 $a+b$는 $2b$가 된다. ···················· (5)

$2b=b$ 양변을 똑같이 b로 나누면 ··························· (6)

2＝1이 된다. ·· (7)

신기하지 않나요? 진짜로 2＝1이 되었습니다. 물론 진짜로 이렇다면 모든 수학에 문제가 생기니, 위의 항등식 전개는 어딘가 문제가 있음이 틀림없습니다. 과연 어디가 문제일까요?

정답을 얘기하자면, (4)번 식이 잘못되었습니다. 양변을 똑같이 $a-b$로 나눈다고 했는데, $a=b$이므로 $a-b=0$이 됩니다. 다시 말해, 어떤 수도 0으로 나눌 수는 없기에 (4)번 식은 잘못된 것입니다. 어떤 수도 0으로 나눌 수 없다는 것은 수학의 유명한 공리 중 하나로, 일단은 이해하기 전에 따르고 가야 하는 규칙 같은 것입니다. 자세한 것을 알고 싶다면 공리계를 공부해 보세요.

그런데 만약 우리가 영원한 사랑을 약속하듯이 0으로 어떤 것을 나누어 무한대를 만들 수만 있다면, 위의 항등식과 같이 2=1(둘이 하나가 됨)도 가능할 것입니다. 말장난인 것 같습니다만, 사랑(0)으로 나눈다면 우리는 모두 하나가 되어 영원히 사랑할 수 있지 않을까요?

✔ 아빠랑 엄마는 지금 뭘 하고 있을까?

자, 여러분에게 질문을 하나 던지겠습니다. 엄마는 나보다 21살이 많고, 6년 후면 내 나이의 5배가 됩니다. 현재 아빠는 뭘 하고 있을까요? 이게 무슨 수학 문제야? 라고 생각할지 모르겠지만, 일단은 위의 문제를 방정식으로 만들어 한번 풀어보세요. 그러면 재미있는 답이 나옵니다. 방정식을 만들고 푸는 과정은 초등학교 수준의 문제이니, 정답을 보기 전에 스스로 한번 풀어보면 좋을 것 같습니다.

엄마의 나이를 m, 나의 나이를 x라는 변수를 써서 방정식을 만들어 보겠습니다.
현재 엄마의 나이가 나보다 21살이 많으니 다음과 같은 수식이 성립합니다.

$$m = x + 21 \quad\text{(1)}$$

또 6년 후에는 엄마의 나이가 내 나이의 5배가 되므로, 다음과 같은 식을 만들 수 있습니다.

$$(m+6) = 5(x+6) \quad\text{(2)}$$

(1)과 (2)의 두 식을 결합한 연립 방정식의 해를 구하면

$$5x = m - 24 \text{ (연립 방정식 1)}$$
$$x = m - 21 \text{ (연립 방정식 2)}$$
$$4x = -3$$
$$\therefore x = -\frac{3}{4}$$

내 나이가 $-\frac{3}{4}$이란 과연 무슨 의미일까요? $-\frac{3}{4} = -\frac{9}{12}$이므로 1년 12달 중의 -9달이라는 의미입니다. 사람은 약 9개월의 임신 기간을 거쳐 태어나므로, 내가 태어나기 9달 전이란 나는 아직 태어나지 못했으며, 현재 만들어지고 있는 중이라는 것을 알 수 있습니다. 즉, 아빠와 엄마는 현재의 나를 만들기 위해 사랑을 나누고 있다는 것을 의미합니다. 아빠는 지금 뭘 하고 있을까요? 이제 여러분도 답을 이야기할 수 있겠지요?

누 구 나 쉽 게 따 라 하 는 인 공 지 능

PART

2

신경망
완전정복

Part 2의 예제 소스 파일은 아래와 같습니다.
씨마스 에듀 홈페이지(https://cmassedumall.com)에서 내려 받아 사용하세요.

폴더 > 파일명	설명
p43 > Mandelbrot.py	간단한 점화식으로 우주를 창조하는 망델브로 집합 프로그램
p84 > 1X2X1_NN.py	인공지능을 이해하는 가장 기본 모델 *추천
p92 > AngryMom.py	2×3×1의 인공신경망. 활성화 함수로 항등함수 사용
p101 > TennisPlay.py	3×3×1의 인공신경망. 활성화 함수로 하이퍼볼릭 탄젠트 사용
p110 > Marathon.py	1×3×3의 인공신경망. 활성화 함수로 시그모이드 사용
p117 > pirates_coins1.py pirates_coins2.py	해적이 금화를 나누기 위한 수학적 논리 프로그램
p126 > 2X3X2_NN.py	2×3×2의 인공신경망. '오미입, 오메가미입'의 공식 활용
p132 > COVID19.py	일반화된 인공신경망. 공식에 충실한 만능 모델 *추천
p136 > NumberGame.py	정규화가 포함된 일반화 만능 프로그램. 팀 대결 가능 *추천
p137 > Neural_XOR.py Neural_XOR_main.py	델타 규칙을 이용한 일반화된 신경망 프로그램
p148 > tanh_graph.py	다양한 그래프를 그려볼 수 있는 프로그램 *추천

1

신경망 첫걸음

신경망의 전체적인 학습 과정을 완전히 이해하는 것은 그리 쉽지 않은 일입니다. 왜냐하면 많은 수학적 개념과 이론이 등장하기 때문입니다. 이번 장에서는 신경망의 가장 간단한 형태인 퍼셉트론에 대해 알아보고, 기본적인 신경망의 작동 원리를 이해해 보도록 하겠습니다. 인공지능의 학습 워밍업 단계이니, 천천히 이해하고 다음 장으로 넘어가는 것이 좋습니다.

1. 신경망의 조상, 퍼셉트론

퍼셉트론perceptron이란 아주 단순한 형태의 신경망으로 1950년대에 이미 그 이론이 완성되었으나, XOR 문제(이 부분은 인공지능 암흑기를 초래한 아주 유명한 역사이니 반드시 찾아보기 바랍니다)를 못 푸는 등의 한계가 명확한 모델이었습니다. 이후 다층 퍼셉트론 Multi-Layered Perceptron의 등장으로 현재의 인공신경망 모델이 완성되었으나, 퍼셉트론 자체만으로도 인공지능을 이해하는 데 아주 중요한 모델이라 할 수 있겠습니다. 왜냐하면 신경망에서 가장 중요한 개념인 입력, 출력, 가중치, 기준치bias 등을 익힐 수 있기 때문입니다.

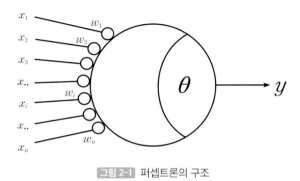

그림 2-1 퍼셉트론의 구조

퍼셉트론은 [그림 2-1]과 같이 복수의 입력과 하나의 출력을 가지는 가장 간단한 형태의 신경망이며, 여기서 x는 입력, y는 출력, w는 가중치, θ는 기준치 또는 역치라 불립니다. 이 모델을 이해하기 위해 잠시 우리의 일상생활에 대해 생각해 보겠습니다.

2. 신경망의 필수 개념, 가중치와 기준치

우리는 살아가면서 많은 판단을 해야 하고, 효율적인 결정을 내려야 후회가 적은 삶을 살 수 있습니다. 오늘 전자제품 판매점에 노트북 컴퓨터를 사러 갔다고 가정해 보겠습니다. 컴퓨터를 살 때 우리는 가격, 성능, 디자인 등 여러 조건을 고려합니다. 그리고 각 조건의 중요도(비중)는 모두 다릅니다.

예를 들면 '나는 가난하니까 일단은 가격이 싼 것이 좋아', '나는 무조건 디자인이 예뻐야 해', '나는 게임을 할 거니까 그래픽 성능이 좋아야 해' 등 개인마다 어느 조건을 중요하게 생각하는지가 달라집니다. 우리는 최종적으로 조건과 중요도를 모두 계산하고 전체적으로 나의 기준을 만족시키면 컴퓨터를 사고, 그렇지 않다면 사는 것을 포기합니다.

여기서 노트북 컴퓨터의 가격, 성능, 디자인 등의 조건은 퍼셉트론의 입력 x를 뜻하며, 조건의 중요도는 가중치 w를 의미합니다. 나의 기준은 기준치 θ를 의미하며, 컴퓨터를 사거나(1) 또는 안 사거나(0)는 최종 출력(y)을 뜻합니다. 즉, 우리는 어떤 결정을 할 때 여러 개의 조건과 그 조건의 비중을 감안하고, 자신의 판단 기준과 비교하여 최종적으로 YES/NO의 판단을 하게 됩니다.

이 과정을 정리해 계산하면 다음과 같습니다.

조건(x)	중요도(w)	기준치(θ)	판단 결과(y)
가격(50점)	30%		74(계산)>60(기준치)
디자인(70점)	20%	60	74−60>0
성능(90점)	50%		1 (구매)

(조건과 중요도를 감안한 계산 결과) $50 \times 0.3 + 70 \times 0.2 + 90 \times 0.5 = 74$

위의 개념과 계산 방법을 더 깊이 이해하기 위해 다른 여러 사례를 살펴볼까요?

사례 (문제 상황)	입력 x (조건)	출력 y (행동)	가중치 w (중요도)	기준치 θ (판단 기준)
스마트폰 구매 (이 스마트폰을 살까 말까?)	가격, 디자인, 성능 등	산다(1) 포기(0)	가격(40%) 디자인(30%) 성능(30%)	30(웬만하면 사겠다)
결혼 상대 선택 (이 사람과 결혼할까 말까?)	미모, 성격, 재력, 학벌 등	선택(1) 포기(0)	미모(30%) 성격(60%) 재력(0%) 학벌(10%)	60(신중히 고르겠다)
○○ 대학 진학 (이 대학에 들어갈까 말까?)	인지도, 지역, 성적 등	진학(1) 포기(0)	인지도(50%) 지역(20%) 성적(30%)	70(까다롭게 고르겠다)
○○ 학과 선택 (이 학과를 선택할까 말까?)	선호도, 성적, 미래 전망 등	선택(1) 재검토(0)	선호도(70%) 미래 전망(20%) 성적(10%)	20(○○학과로 거의 선택)

○○ 대학 진학과 관련해 인지도란 명문대학을 의미하겠지요. 지역은 서울인가?, 수도권인가?, 내가 사는 지역인가? 입니다. 성적은 내가 들어가기에 충분한가?, 아니면 조금 어려운가? 하는 것입니다. 기준치가 낮다면 쉽게 선택을 하고, 높다면 신중하고 까다롭게 고른다는 의미입니다. 물건을 살 때 기준치가 낮아졌다면, 지름신이 강림한 것이겠지요? 만약 ○○ 대학에 대한 만족도가 인지도 60점, 지역 80점, 성적 50점이라면: (인지도는 만족, 지역은 아주 만족, 성적은 반만 만족) 각 항목의 점수에 중요도를 곱해 모두 더한 값은 61점입니다.

$$인지도(60점) \times 0.5 + 지역(80점) \times 0.2 + 성적(50점) \times 0.3 = 30 + 16 + 15 = \underline{61점}$$

61점은 70점보다 낮으므로($61 - 70 < 0$), 나는 ○○ 대학 진학을 포기하고, 다른 대학을 찾거나 재수를 택하게 되겠지요. 다른 사례에 대해서도 각자 조건에 따른 점수를 매기고, 출력값을 계산해 보세요.

앞의 계산 방법을 조금 더 수학적으로 표현하면 아래와 같습니다.

$$y = \begin{cases} 0\left(\sum_{i=1}^{n} w_i x_i - \theta \leq 0\right) \\ 1\left(\sum_{i=1}^{n} w_i x_i - \theta > 0\right) \end{cases}$$

위의 수식으로 출력값이 0(선택하지 않음)인 경우, 조건과 중요도를 곱한 값은 총합이 기준치보다 낮다는 의미입니다. 출력값이 1인 경우는 기준치를 넘었다는 의미입니다.

☞ 시그마에 관한 자세한 내용은 244쪽을 참고하세요.

또한 위의 수식에서 y는 0(사지 않는 경우)과 1(사는 경우)만을 표현하고 있으므로 수학적으로는 스텝step 함수를 사용할 수 있습니다. 왜냐하면 스텝 함수는 조건(x)에 따라 출력값(y)을 0과 1로만 구분하는 함수이기 때문입니다.

여기서 잠깐! │ 스텝 함수

활성화 함수의 조상

$$\mathrm{u}(x) = 0 \quad if \ x \leq 0$$
$$\mathrm{u}(x) = 1 \quad if \ x > 0$$

특징
- 모든 결과를 0 또는 1로만 판단함.
- 미분이 불가능하므로 기울기(변화율)는 구할 수 없음.
- 변화율을 구할 수 없으므로 예측이 어려움.

앞의 식에서 스텝 함수 u는 활성화 함수activation function라고 불리는데, 0과 1 사이에서 불연속이기 때문에 좋은 활성화 함수라 할 수 없습니다. 이는 다음 장에서 자세히 다루니 우선은 활성화 함수라는 단어만 외워 두세요. 다음 장에 나오는 시그모이드라는 활성화 함수를 사용하면 스텝 함수와 비슷한 특성을 가지면서도, 연속적이며 미분이 가능하다는 장점이 있습니다. 여기서 '미분 가능하다'는 점은 인공신경망에서 아주 중요한 개념이며, 47쪽부터 자세히 다루겠습니다.

또한, 출력 y는 다음과 같이 수학적으로 표현할 수 있습니다.

$$y = u(\underbrace{w_1 x_1 + w_2 x_2 + \cdots + w_n x_n - \theta}_{z})$$

$$\text{또는 } y = u(w_1 x_1 + w_2 x_2 + \cdots + w_n x_n + b)$$

$$(\text{여기서 } b = -\theta, b\text{는 bias라 함})$$

위의 식을 $\sum$를 이용하여 표현해 보세요.

위의 퍼셉트론 모델의 계산에서 한 가지 궁금증이 생길 수 있습니다. "나는 중요도에 대해 내 기준을 잘 모르겠는데…, 내 기준치가 어느 정도인지 나도 잘 모르겠는데…"라고 말이죠. 이 부분은 걱정하지 마세요. 다음 장에서 이 문제를 깔끔히 해결하는 방법을 알려 드리겠습니다.

3. 초간단 신경망의 작동 원리

32쪽에서 설명한 바와 같이 간단한 신경망은 입력, 가중치, 출력으로 구성되어 있습니다. 여기서는 입력과 출력을 각각 다른 세포cell를 써서 표현해 보고, 세포 간에 어떻게 신호가 전달되어 학습하는지를 확인해 보겠습니다. 하나의 신경 세포는 신경망에서 노드node라고도 표현합니다. 아래의 그림과 같이 입력 1개, 가중치 1개, 출력 1개의 초간단 신경망을 만들고, 이 신경망이 실제로 어떻게 작동하는지 살펴보겠습니다. 여기서 W가중치는 신경 세포 간에 전달되는 신호의 크기라고 생각하면 됩니다.

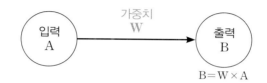

그림 2-2 입력과 출력에 1개씩의 노드를 갖는 초간단 신경망

한 변의 길이가 3인 정사각형의 둘레 길이를 구하는 신경망을 구성해 보겠습니다. 정답은 당연히 3 × 4변이므로 12가 됩니다. 과연 신경망은 어떠한 과정으로 정답을 유추해 가는지 알아보겠습니다. 신경망을 학습시키기 위해서는 다음과 같은 과정이 필요합니다.

● 초간단 신경망 학습시키기

학습을 시키기 위해 먼저 해야 할 일

① 학습 데이터를 만든다. (입력 3, 정답 12)
   학습 데이터는 입력 데이터와 정답 데이터로 구성됨 : 입력 3, 정답 12
   (한 변의 길이가 3인 정사각형의 둘레의 길이는 12이다.)
② 초깃값을 정해 준다. W = 2(가중치)
③ 학습률(일정한 비율)을 정해 준다. 학습률 = 0.1

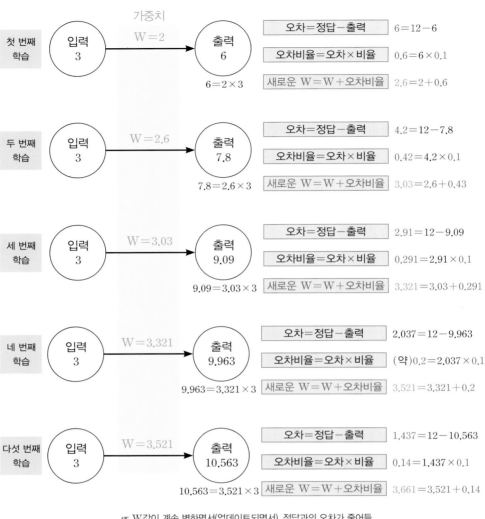

☞ W값이 계속 변하면서(업데이트되면서), 정답과의 오차가 줄어듦.
   이 과정을 정답에 가까이 갈 때까지 계속 반복해서 학습하면서, W값을 바꾸어 나감.

⋮   ⋮
〈계속 진행〉

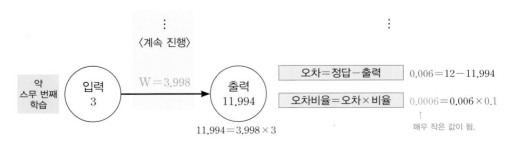

그림 2-3 초간단 신경망의 학습 과정 1

[그림 2-3]에서 보이는 것처럼 신경망은 처음에는 엉뚱한 값을 계산해 내지만, 정답을 알려주면서 계속 학습을 진행시키면 나중에는 11.994라는 꽤 정확한 답을 찾아냅니다. 이렇게 신경망이 학습하는 과정에서 가중치가 어떻게 바뀌어 가는지를 주목해 주시기 바랍니다. '입력×가중치=출력'이므로, 입력이 3일 때 출력이 12가 나오려면 가중치는 4가 되어야 합니다. 따라서 초기 가중치의 값이 얼마이든 학습을 진행해 가면서 4에 근접해 간다면 학습이 잘 진행되고 있음을 뜻합니다.

신경망의 작동 과정을 보다 확실히 이해하기 위해, [그림 2-3]에서 보이는 초간단 신경망의 초기 가중치(W)값과 학습률(비율)을 바꾸어 가며 계산해 보세요. 예를 들면 초깃값 W=1이나 W=7 등으로 해보면, 학습은 조금 느리게 진행됨을 알 수 있습니다. 또 학습률을 0.2로 설정하면 2배 빠르게 학습이 진행됨을 알 수 있습니다.

그렇다면 학습률을 계속 올리면 좋을까요? 학습률을 1로 설정하면 10배 빠르게 진행될 것 같지만, 실제로 해보면 [그림 2-4]와 같이 오차가 줄어들지 못하고 학습이 전혀 되지 않는 것을 확인할 수 있습니다. 따라서 적당한 학습률을 설정하는 것은 인공신경망에서 매우 중요한 부분입니다. 공부에는 왕도가 없듯이 인공지능 학습도 너무 욕심내면 좋은 결과를 얻지 못하게 됩니다.

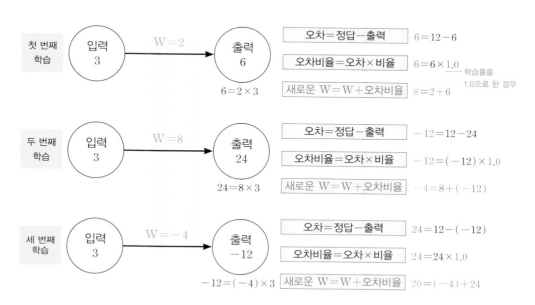

그림 2-4 초간단 신경망의 학습 과정 2

4. 복잡하고 어려운 답을 찾으려면?

초간단 신경망은 1개의 정답을 가르쳐 주고 1개의 정답을 찾아내는 것이니 신기할 게 하나도 없지만, 신경망이 어떻게 작동하는지를 이해하는 데는 좋은 모델이라 생각합니다. 나중에 회귀 문제에서 다루게 되겠습니다만, 인공신경망의 재미있는 부분은 정답을 가르쳐 주지 않은 부분도 찾아낸다는 것입니다. 즉 100만 개의 정답이 있을 경우, 100개의 정답만 알려주면 나머지 99만9900개의 정답도 찾아낸다는 것입니다. 물론 이를 구현하려면 신경망이 [그림 2-5]와 같이 아주 복잡해져야 합니다.

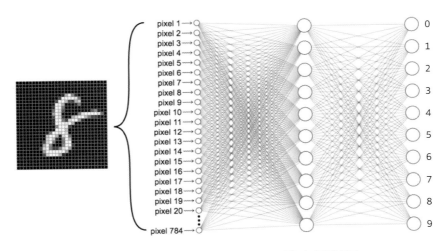

그림 2-5 손글씨를 인식할 수 있는 아주 복잡한 신경망의 구조

우주는 수학인가

프랙탈fractal 구조에 대해 들어본 적이 있는지요? 프랙탈이란 자기 유사성을 가진 기하학적 구조를 뜻하는 말로, 전체 구조의 일부분이 전체 구조를 닮으면서 영원히 반복되는 특성을 가지고 있습니다. 그리고 이는 자연 현상에서 아주 쉽게 찾아볼 수 있습니다. 예를 들어 눈의 6각형 결정, 브로콜리의 울퉁불퉁한 표면, 번개의 모양, 강줄기, 나뭇가지의 형상 등등 ….

프랙탈 구조는 비단 우리 눈에 보이는 크기뿐만 아니라 은하계와 같은 우주나 세포, 원자와 같은 눈에 보이지 않는 구조 속에도 존재하고 있으며, 우리가 사는 우주 전체가 프랙탈 구조라고 외치는 과학자도 많이 있습니다. 인위적·수학적으로 만들어 낸 프랙탈 구조 중 가장 유명한 것이 망델브로mandelbrot 집합입니다. 망델브로 집합은 다음 점화식으로 정의된 수열이 발산하지 않는 조건의 복소수 c의 집합으로 정의됩니다.

$$z_0 = 0$$
$$z_{n+1} = z_n^2 + c$$

복소수란 $2+3i$와 같이 실수부(2)와 허수부($3i$)로 구성되는 수이며, 다차 방정식의 해를 구할 때 많이 등장하게 됩니다. 이를 공간상에서 점, 그래프, 도형 등으로 표시할 수도 있습니다. 이를 복소공간이라 부르며, 주로 복소평면이라 불리는 평면상에 표시하는 경우가 많습니다.

망델브로 집합을 복소평면상에 표시해 보면 [그림 1]과 같은 모양이 됩니다.

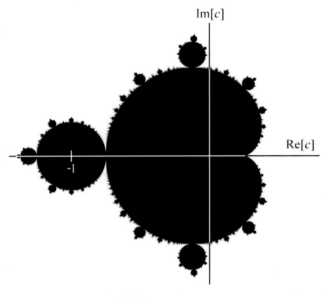

그림 1 망델브로 집합

복소평면에서 가로축은 복소수의 실수부real number를 나타내고, 세로축은 허수부imaginary number를 나타냅니다.

그런데 [그림 1]과 같은 망델브로 집합이 뭐가 신기한 걸까요? 망델브로 집합의 아름다움은 전체의 모양이 아니라 그 속에 있습니다. [그림 2]는 망델브로의 일부분을 계속 확대해 나갈 때의 그 패턴이 어떻게 변화해 가는지를 보여주는 것입니다. 유튜브Youtube에서 망델브로 줌mandelbrot zoom을 검색하면, 확대하여 안으로 들어가면서 어떠한 세계가 나타나는지를 실감나게 볼 수 있습니다. 마치 우주를 보는 듯, 또 다른 종교적 세계를 보는 듯, 다른 차원의 세계를 보는 듯한 착각에 빠집니다. 이것이 위에서 표기한 단 두 줄의 점화식이 만든 결과라고는 도저히 믿기 힘들 것입니다. 이것이 바로 프랙탈의 위력이며, 우주가 프랙탈이라면 의외로 우주는 우리가 모르는 간단한 수식에 의해 만들어졌을 가능성도 큽니다.

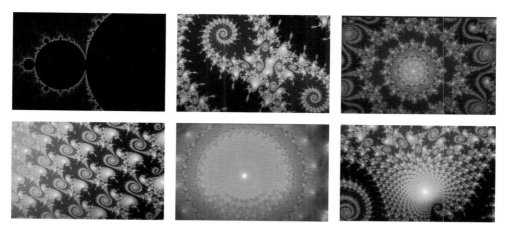

그림 2 망델브로 집합의 부분 확대 이미지

☞ 망델브로 집합을
동영상으로 감상하세요

다음은 프랙탈을 도시화하고 확대해 가며 볼 수 있는 파이썬 프로그램입니다.

☞ 프로그램 앞쪽에 #이 붙은 것은 설명을 위한 주석문이며 프로그램에 직접적인 영향을 주는 부분은 아닙니다. 주석문의 설명을 읽어가며, 프로그램을 전체적으로 살펴보세요.

p43 > Mandelbrot.py

```python
import numpy as np
from matplotlib import pyplot as plt
from matplotlib.colors import Normalize       # color map 조작을 위해 필요
from numba import jit                         # 계산시간 단축을 위해 필요
import time                                    # 계산시간을 보기 위해 필요

t0 = time.time()

@jit                                           # Numba에 의한 Just In Time Compile을 실행
def mandelbrot(c_real, c_imag, n_max):
    Re, Im = np.meshgrid(c_real, c_imag)       # Re(실수부)와 Im(허수부)의 조합을 계산
    n_grid = len(Re.ravel())                   # 조합의 총수
    z = np.zeros(n_grid)                       # 망델브로 집합 데이터의 저장용 빈 배열
```

```
# z가 망델브로 집합에 속하는지 속하지 않는지를 판별하고, 결과 데이터를 저장하기 위한 반복문
  for i in range(n_grid):
      c = complex(Re.ravel( )[i], Im.ravel( )[i])      # 복소수 c를 정의

      # 반복 횟수 n과 복소수 z0을 초기화
      n = 0
      z0 = complex(0, 0)

      # z0가 무한대 또는 최대 반복 횟수가 될 때까지 루프를 반복
      while np.abs(z0) < np.inf  and  not  n == n_max:
          z0 = z0 ** 2 + c                      # 점화식(수열) 계산
          n += 1                                # 반복 횟수를 1씩 늘려감.

      # z0가 무한대로 발산하는 경우는 z[i]에 n, 수렴하는 경우는 0을 저장
      if n == n_max:
          z[i] = 0
      else:
          z[i] = n

      # 계산 진척도를 모니터링(매번 보여주면 계산이 느려지기 때문)
      if i % 100000 == 0:
          print(i, '/',n_grid, (i/n_grid)*100)
  z = np.reshape(z, Re.shape) # 2차원 배열(이미지 표시용)로 reshape
  z = z[::-1]                        # imshow( ) 실행 시 이미지가 뒤집히므로, 미리 상하 반전시켜 놓음.
  return z
```

```
# 수평방향 h(실수부 Re)와 수직방향 v(허수부 Im)의 범위를 정함.
h1 = -2          # 망델브로 집합 전체를 보여줌.  ⎫
h2 = 0.5         # 망델브로 집합 전체를 보여줌.  ⎬ (1)
v1 = -1.2        # 망델브로 집합 전체를 보여줌.  ⎪
v2 = 1.2         # 망델브로 집합 전체를 보여줌.  ⎭
```

```
# h1 = -1.8    # 망델브로 집합의 왼쪽 가운데 부분(작은 망델브로가 보이는 부분)을 zoom up하여 보여줌.  ⎫
# h2 = -1.6    # 망델브로 집합의 왼쪽 가운데 부분(작은 망델브로가 보이는 부분)을 zoom up하여 보여줌.  ⎬ (2)
# v1 = -0.1    # 망델브로 집합의 왼쪽 가운데 부분(작은 망델브로가 보이는 부분)을 zoom up하여 보여줌.  ⎪
# v2 = 0.1     # 망델브로 집합의 왼쪽 가운데 부분(작은 망델브로가 보이는 부분)을 zoom up하여 보여줌.  ⎭
```

```
# h1 = -1.78373      # 위의 일부분을 더욱 확대하여 보여줌.
# h2 = -1.77685      # 위의 일부분을 더욱 확대하여 보여줌.       (3)
# v1 = -0.00334008   # 위의 일부분을 더욱 확대하여 보여줌.
# v2 = 0.0040149     # 위의 일부분을 더욱 확대하여 보여줌.

# 분해능(resolution) 설정
resolution = 4000

# 실수부와 허수부의 축 데이터 배열 및 최대 반복 횟수를 설정
c_real = np.linspace(h1, h2, resolution)
c_imag = np.linspace(v1, v2, resolution)
n_max = 100

# 함수를 실행하여 이미지를 획득
z = mandelbrot(c_real, c_imag, n_max)

t1 = time.time()
print('Calculation time=', float(t1 - t0), '[s]')

########## 여기부터는 그래프 이미지 표시 부분 ##########
fig = plt.figure()
ax1 = fig.add_subplot(111)
ax1.set_xlabel('Re')
ax1.set_ylabel('Im')

mappable = ax1.imshow(z, cmap='jet',
                      norm=Normalize(vmin=0, vmax=n_max),
                      extent=[h1, h2, v1, v2])

cbar = plt.colorbar(mappable=mappable, ax=ax1)
cbar.set_label('Iteration until divergence')
cbar.set_clim(0, n_max)
plt.tight_layout()
plt.show()
plt.close()
```

여러분은 (1)의 h1, h2, v1, v2의 값을 (2)와 같이 위치를 바꾸거나, (3)과 같이 바꿔 이미지를 확대해 가며 망델브로의 신비한 세계를 다양하게 감상해 보세요.

▶ 수직·수평 방향을 (1)로 실행한 경우

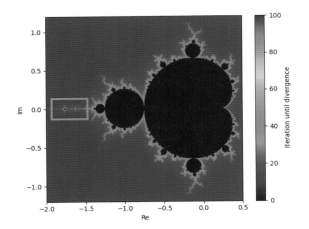

▶ 수직·수평 방향을 (2)로 실행한 경우

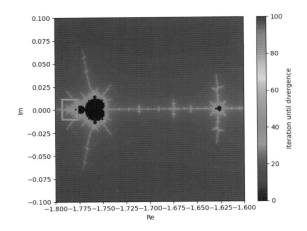

▶ 수직·수평 방향을 (3)으로 실행한 경우

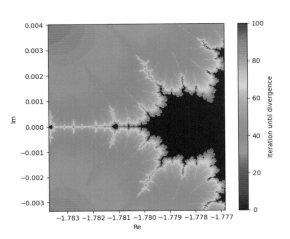

2

신경망 본격 해부

앞에서 우리는 입력과 가중치, 출력을 각각 1개씩 갖는 초간단 신경망을 통해 인공신경망이 어떻게 작동하는지를 알아보았습니다. 이번에는 입력, 출력 외에 은닉층을 갖는 본격적인 신경망을 구성해 보려고 합니다. 1개의 입력과 2개의 노드(뉴런)로 구성된 은닉층, 1개의 출력으로 구성된 $1 \times 2 \times 1$ 신경망은 단순한 구조이지만, 신경망의 개념을 파악하는 데 아주 중요한 모델입니다.

1. 모든 자연 현상은 미적분으로 표현이 가능하다?

그림 2-6 연속 동작(미분)과 구분 동작(적분)

1×2×1 신경망을 설명하기에 앞서, 가장 기본적인 수학 개념 몇 개를 짚고 넘어가겠습니다. 수학적으로 미분과 적분을 여러 정의를 통해 배워 왔지만, 공학적으로 미분은 예측, 적분은 경험에 가깝다고 말할 수 있습니다. [그림 2-6]과 같이 어떤 동영상을 한 컷, 한 컷 떼어내면 정지 영상이 보이는데, 각각의 정지 영상이 어떻게 변해 가는지를 보면 다음의 정지 영상을 예측할 수 있게 됩니다. 이처럼 하나씩 분해하면서 변화의 양을 살피는 것이 미분입니다. 반대로 만화영화처럼 정지 영상을 연결하여 동영상을 만들 수도 있겠지요. 조금씩 변화하는 것을 섞어서 어떤 흐름을 만드는 것이 적분이며, 이는 우리가 살아가는 과정 또는 인생의 경험과 같다고 볼 수도 있습니다.

사실 우리의 일상생활은 미분과 적분의 연속입니다. 자동차를 운전하거나 거리를 활보하거나 물건을 사거나 하는 과정에서도 많은 미분적 요소와 적분적 요소가 작동합니다. 로봇이나 자동차를 제어하는 데에도 미분과 적분은 아주 중요한 역할을 합니다. 예를 들어, 로봇이 빠르게 움직이다가 정지하면 관성에 의해 진동을 하게 됩니다. 이때 로봇의 떨림을 잡기 위해서 로봇공학자들이 쓰는 방법이 미분입니다. 미분을 통한 예측 제어를 하여 떨림을 극소화하는 것이지요. 또 로봇이 원하는 위치까지 가지 못하고 중간에 멈춰 버린 경우에는 적분을 통해 이를 해결합니다(PID 제어).

참고로 자연 속의 모든 현상은 미적분으로 표현 가능하며, 과학자들은 여러 현상을 수학으로 표현하고(미분 방정식), 이를 풀기 위해 많은 노력을 합니다. 직접 손으로 풀기 힘든 수학 계산은 컴퓨터 프로그래밍으로 해결하는 경우가 많은데 이를 수치해석이라 하며, 컴퓨터는 미분을 할 수 있는 능력이 없으므로 수학적으로 가능한 미분을 없애거나 차분법이라는 미분과 비슷한 개념을 통해 계산을 합니다.

● 함수와 미분 그리고 최적화

수학적으로 어떤 변수의 변화에 대해 또 다른 변수가 일정한 관계를 가지고 변화할 때, 함수라는 개념으로 표현합니다. $x=1, 2, 3, 4 \cdots$일 때 $y=2, 5, 10, 17 \cdots$이라면 $y=x^2+1$ 또는 $f(x)=x^2+1$이라 표현합니다만, 시각적으로 이해하기 쉽도록, [그림 2-7]과 같이 그래프로 표시하는 경우가 많습니다.

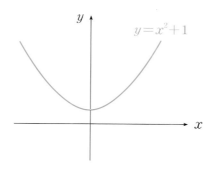

그림 2-7 함수 $f(x)=x^2+1$의 그래프

일반적인 임의의 함수에 대하여 미분을 생각하면 다음과 같습니다.

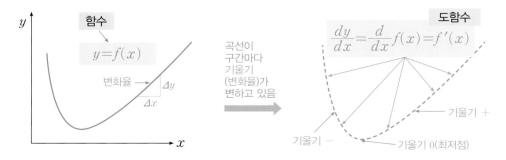

그림 2-8 임의의 함수의 구간별 기울기(변화율)

[그림 2-8]에서 왼쪽 곡선 형태로 된 $y=f(x)$라는 일반적 함수가 있을 때, 이 곡선을 잘게 쪼개면 오른쪽 그래프처럼 그 기울기(변화율)가 변하고 있음을 알 수 있습니다. 그리고 곡선의 가장 아래쪽은 기울기가 0인 지점이 된다는 것도 알 수 있습니다. 곡선의 기울기 변화가 바로 미분이며, 미분을 통해 곡선의 최저점을 찾을 수도 있다는 것을 꼭 기억해 두기 바랍니다. 이는 최적화라 부르기도 하며, 인공지능 학습에서 아주 중요한 과정 중의 하나입니다.

미분은 보통 $\dfrac{dy}{dx}$와 같은 형태로 표현되는데, 변수가 여러 개 있는 다변수 함수의 경우는 $\dfrac{\partial y}{\partial x}$라 표현하는 경우도 있습니다. 이를 편미분이라 부르며, y함수의 다양한 변수 중에서 x에 대해서만 미분을 한다는 뜻입니다. 예를 들어 $y=3x^2+4x+2xz+5w$라는 x, z, w 3개의 변수를 가진 함수가 있을 때, $\dfrac{\partial y}{\partial x}$를 구하려면, z와 w는 상수처럼 취급하고 x에 대해서만 미분하면 됩니다. 즉, $\dfrac{\partial y}{\partial x}=6x+4+2z$가 됩니다. 이 부분도 신경망의 작동 원리를 이해하는 데 중요한 부분이니 반드시 숙지하기 바랍니다. 첫 장에서 설명한 대로 인공지능의 학습은 다변수 함수의 최적화 문제이며, 최적화를 위해서는 각각의 변수에 대해 미분을 하여 최소점을 구해야 하기 때문입니다.

☞ 미분에 관한 자세한 내용은 250쪽을 참고하세요.

2. 인공지능에 많이 쓰이는 활성화 함수, 시그모이드

2장 35쪽에서 출력을 나타내기 위한 활성화 함수로서 스텝 함수에 대해 언급한 바 있습니다. 스텝 함수는 형태는 간단하나 불연속 함수인지라 수학적으로는 다루기 불편한 부분이 있습니다. 예를 들면 미분이 불가능하므로 기울기(변화율)를 구할 수가 없습니다. 이는 예측이 불가능하다는 의미이며, 신경망의 작동을 어렵게 합니다. 스텝 함수는 모든 결과를 0, 1로만 표현한다는 한계도 있습니다. 실제로는 어떤 물건을 살 때 사는 쪽으로 마음을 굳혔으나 나중에 산다거나, 반드시 살 생각은 없지만 이번에 용돈을 많이 받으면 살 수도 있다는 등의 중간 단계도 있기 때문입니다. 여기서 인공지능 분야에서 많이 쓰이는 활성화 함수인 시그모이드 함수가 등장합니다.

🖐 여기서 잠깐! | 시그모이드 함수

$$\sigma(x) = \frac{1}{1+e^{-x}}$$

회귀 문제에 가장 많이 사용되는 활성화 함수

특징

- 0에서 1 사이의 출력을 표현함.
- 미분하면 간단한 형태의 함수로 변신함.
- 여러 개의 은닉층을 가진 딥러닝에 적용하면 학습 효과가 점점 사라지게 됨(기울기 소실 문제).

☞ e와 지수함수, 로그함수에 관한 자세한 내용은 245, 246, 248쪽을 참고하세요.

이 함수를 그래프로 그려 보면 [그림 2-9]와 같습니다.

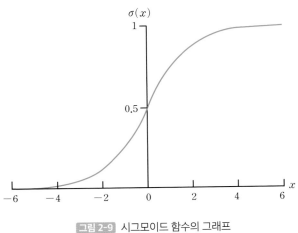

그림 2-9 시그모이드 함수의 그래프

시그모이드 함수의 그래프를 보면 35쪽에서 보았던 스텝 함수와 닮은 부분이 있다는 것을 알 수 있습니다. 게다가 끊어지는 불연속 점도 없고, 0과 1 사이의 중간 부분도 모두 존재합니다. 물론 미분도 가능하고요. 그럼 시그모이드 함수를 한번 미분해 볼까요?

$$\sigma'(x) = \left(\frac{1}{1+e^{-x}}\right)' = \{(1+e^{-x})^{-1}\}' = -1 \cdot (1+e^{-x})^{-2} \cdot e^{-x} \cdot (-1)$$

$$= \frac{e^{-x}}{(1+e^{-x})^2} = \frac{1+e^{-x}}{(1+e^{-x})^2} - \frac{1}{(1+e^{-x})^2}$$

$$= \frac{1}{1+e^{-x}} - \left(\frac{1}{1+e^{-x}}\right)^2 = \sigma(x) - \{\sigma(x)\}^2$$

$$= \sigma(x)\{1 - \sigma(x)\}$$

시그모이드 함수를 미분하였더니, 신기하게도 미분이 사라지고 자기 자신으로 구성된 간단한 형태의 함수가 나왔습니다. 즉, 아래와 같은 형태가 된 것입니다.

| **시그모이드 함수의 미분 = 시그모이드 함수 × (1 - 시그모이드 함수)** |
| $\sigma'(x)$ $\qquad\qquad$ $\sigma(x)$ $\qquad\qquad$ $\{1-\sigma(x)\}$ |

인공지능을 학습하기 위해 시그모이드 함수의 미분 과정을 반드시 알아야 할 필요는 없지만, 시그모이드 함수를 미분하면 그 자신과 1에서 그 자신을 뺀 것의 곱셈이 된다는 것은 꼭 기억해 두세요. 다시 한 번 말하지만, 컴퓨터는 정확한 미분을 할 수 없기에, 미분이 사라진다는 것은 아주 큰 장점이에요. 시그모이드 함수가 왜 편리하고 인공지능에 자주 쓰이는지를 이제는 알 것 같나요? 단, 시그모이드 함수도 다음과 같은 약점이 있으니 주의하기 바랍니다.

음수 부분을 표현하지 못하는 문제 시그모이드는 0에서 1 사이의 수만 출력합니다. 따라서 음수 부분을 표현하지 못하는 단점이 있어 tanh하이퍼볼릭 탄젠트라는 활성화 함수가 등장했습니다. tanh는 −1에서 1까지의 출력이 가능하며, 미분을 하면

$$\tanh'(x) = 1 - \tanh^2(x)$$ 이 됩니다.

기울기 소실vanishing gradient **문제** 시그모이드를 미분하면 자기 자신 × (1 − 자기 자신)이 됩니다. 이를 그래프로 그려 보면 최대치가 0.25가 됨을 알 수 있습니다. 따라서 시그모이드 함수를 여러 개의 은닉층을 가진 딥러닝에 적용하게 되면, 0.25가 계속 곱해져 점점 0에 가까워지고, 이는 기울기가 사라져 더 이상 학습을 하지 못하는 문제를 발생시킵니다. 이를 해결하기 위해 탄생한 것이 tanh나 ReLU(0 이하는 0, 0 이상은 $y = x$)와 같은 활성화 함수들입니다.

다양한 활성화 함수의 역할

활성화 함수	특징	그래프 형태
시그모이드(sigmoid) $$\sigma(x) = \frac{1}{1+e^{-x}}$$	$0 \sim 1$까지를 출력, 연속이며 미분이 쉽다(회귀 문제에서 많이 사용). $$\frac{d}{dx}\sigma(x)$$ $$=\frac{d}{dx}(1+e^{-x})^{-1}$$ $$=\sigma(x)(1-\sigma(x))$$	
하이퍼볼릭 탄젠트(tanh) $$\tanh(x) = \frac{e^x - e^{-x}}{e^x + e^{-x}}$$	$-1 \sim 1$까지를 출력, 연속이며 미분이 쉽다(회귀 문제, LSTM 등에서 많이 사용). $$\frac{d}{dx}\tanh(x)$$ $$=1-\tanh^2(x)$$ $$=(1-\tanh(x))(1+\tanh(x))$$	
렐루(ReLU) $$ReLU(x) = max(0,\ x)$$ $$ReLU(x) = 0 \quad if \ x \leq 0$$ $$ReLU(x) = x \quad if \ x > 0$$	0 미만은 0, 0 이상은 자기 자신을 출력(이미지 학습용 모델인 CNN에서 많이 사용)한다. $$\frac{d}{dx}ReLU(x) = 0 \ if \ x \leq 0$$ $$\frac{d}{dx}ReLU(x) = 1 \ if \ x > 0$$	

소프트맥스(softmax)

$$\text{softmax}(x)_i$$
$$= \frac{e^{x_i}}{\sum_{i=1}^{k} e^{x_i}}$$

- 0~1 사이의 확률값으로 출력 (분류 문제에서 많이 사용)한다.
- argmax 명령어를 이용해 가장 큰 값을 출력하는 클래스를 정답으로 추정한다.
- softmax에서 하나의 입력을 0으로 강제한 2-class softmax 함수는 sigmoid와 동일하다.

$$\text{softmax}([x, \ 0])_0$$
$$= \frac{e^x}{e^x + e^0}$$
$$= \frac{1}{1 + e^{-x}}$$
$$= \text{sigmoid}(x)$$

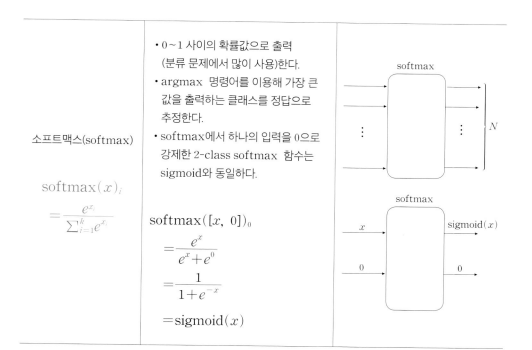

3. 신경망의 구조 대해부

2장의 32쪽 퍼셉트론에서 설명하였지만 간단한 형태의 신경망은 [그림 2-10]과 같이 입력, 출력, 가중치, 기준치로 구성되어 있습니다. 이때 기준치bias는 편향이라 불리기도 합니다.

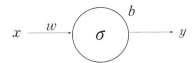

x: 입력, w: 가중치, b: 기준치 또는 bias(편향), y: 출력

그림 2-10 신경 세포 한 개의 가장 간단한 신경망 구조

앞서 배운 시그모이드 함수를 사용하여 [그림 2-10]의 모델을 수학적으로 표현하면 다음과 같습니다.

가장 간단한 형태의 신경망 모델의 수식	$y = \sigma(wx+b) = \dfrac{1}{1+e^{-(wx+b)}}$

단지, 이러한 신경망으로는 그 학습 능력에 한계가 많기 때문에 은닉층을 추가한 조금 더 복잡한 형태의 신경망을 생각해 보도록 하겠습니다. 오른쪽 [그림 2-11]과 같이 1개의 신경 세포로 구성된 입력층, 2개의 신경 세포로 구성된 2개의 은닉층, 1개의 신경 세포로 구성된 출력층을 갖는 단순한 신경망을 만들어 보겠습니다. 여기서 검은 동그라미로 표시된 신경 세포는 앞으로 노드node 또는 셀cell이라 부르겠습니다. 동그라미 안의 σ는 시그모이드 함수로 활성화(계산)되었음을 의미합니다.

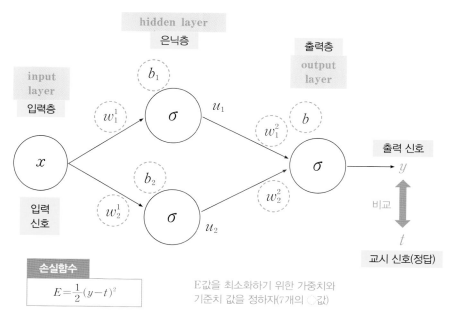

손실함수

$$E=\frac{1}{2}(y-t)^2$$

E값을 최소화하기 위한 가중치와
기준치 값을 정하자(7개의 ◯값)

그림 2-11 $1 \times 2 \times 1$ 신경망의 구조

위의 모델에서 각각의 기호는 다음과 같은 의미를 갖습니다.

x	y	u_1	u_2	t	E	w	b
입력값	출력값	은닉층 첫 번째 셀의 출력값	은닉층 두 번째 셀의 출력값	정답 (원하는 출력값)	정답과 출력값 사이의 오차를 나타내는 함수 (평균제곱 오차를 이용한 손실함수)	가중치 (총 4개)	기준치 (총 3개)

퍼셉트론과 같이 가중치와 기준치의 값을 알고 계산할 수 있다면, 출력은 항상 정답이 되겠지만, 사실 가중치와 기준치 값을 안다는 것은 매우 힘든 일입니다. 왜냐하면 내가 컴퓨터를 살 때 가격을 얼마만큼 중요시하는지, 성능을 얼마나 중요시하는지는 나 자신도 잘 모르는 경우가 많기 때문입니다.

그렇다면 가중치와 기준치를 전혀 모를 때 원하는 정답을 얻어내려면 어떻게 해야 할까요? 우선은 몇 가지 사례에 대해 정답을 인공지능에게 알려주고 학습시켜 가중치와 기준치의 정확한 값을 찾아내는 것입니다. 예를 들어 앞부분에서 등장한 $y=x^2+1$이라는 함수의 값을 추측할 수 있는 인공신경망을 만들려면, 우선은 x가 1, 2, 3, 4…일 때 y는 2, 5, 10, 17…이라는 답을 알려주어야 합니다. 신경망이 정답을 통해 학습을 하는 과정에서 적당한 가중치와 기준치를 찾아낼 수만 있다면, 완성된 신경망은 x가 1000일 때 y는 1000001이라는 가르쳐 주지도 않은 답을 찾아낼 수도 있을 것입니다. 정리하면 신경망은 다음과 같은 프로세스로 작동하며 정답을 알아맞히는 방법을 학습하게 됩니다.

여기서 잠깐! | 인공신경망의 작동 프로세스

① 임의의 가중치와 기준치를 가지고 신경망 위에서 계산함.
② 계산되어 나온 출력과 정답을 비교하여 손실함수(오차함수)를 계산함.
③ 오차를 최소화하기 위해 가중치와 기준치 값을 조절함.
④ 오차가 0에 가까워지거나, 더 이상 가중치, 기준치 값이 변하지 않으면 학습을 종료함.
⑤ 학습이 종료되면 더 이상 정답을 가르쳐 주지 않아도 올바른 출력값을 계산해 냄.

위의 모델에서 최종 출력값 y와 중간 출력값 u_1, u_2를 수학적으로 계산하면 다음과 같습니다.

신경망이 뽑아낸 출력값	$y = \sigma(w_1^2 u_1 + w_2^2 u_2 + b)$
출력값 = 가중합을 활성화	$u_1 = \sigma(w_1^1 x + b_1)$
	$u_2 = \sigma(w_2^1 x + b_2)$

신경망은 입력값에 가중치를 곱하고 기준치를 더한 후, 활성화시켜서 출력을 뽑아냅니다. 이 과정과 수식은 항상 기억해 두기 바랍니다. 위의 식은 공식이 아니라 신경망의 움직임을 그대로 수학적으로 표현한 것뿐이니, 외우지 말고 반드시 이해해야 합니다.

$w_1^2 u_1 + w_2^2 u_2 + b$와 같이 입력값에 가중치를 곱하고 기준치를 더하여 얻은 값을 보통 '가중합'이라고 부릅니다. 이 가중합을 활성화 함수에 대입하여 계산하면 바로 신경망의 출력이 됩니다.

● 가중합이란?

가중합이란 $w_1 x + b_1$와 같이 입력값에 가중치를 곱하고, 기준치bias를 더한 값입니다. 이 가중합을 z라 하겠습니다. 즉, $z_1 = w_1 x + b_1$이 됩니다. 이 가중합이 활성화 함수를 거치면 출력값으로 변합니다. 이를 도식화해 보면 다음과 같습니다.

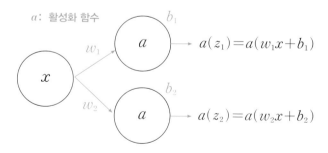

그림 2-12 가중합과 활성화 함수를 통한 출력

여기서 가중합은 수학의 1차함수와 같은 형태이며, 기준치 b는 함수의 z절편($x=0$일 때의 z값)과 같은 의미가 됩니다. 그렇다면, [그림 2-12]에서 기준치(b_1, b_2)를 없애고, 입력에 1을 추가한다면 어떻게 될까요?

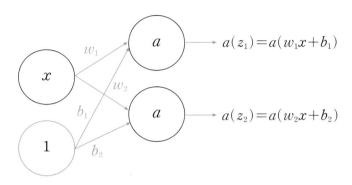

그림 2-13 기준치가 생략된 모델

[그림 2-13]에서 보는 바와 같이 기준치(b)가 입력단의 가중치 값으로 바뀌어도 같은 결과를 나타냅니다. 즉, 위의 그림에서 b_1, b_2는 기준치가 아니라 가중치로 변하였다는 것을 알 수 있습니다. 따라서 우리는 일반적인 신경망에서 가중치, 기준치를 따로따로 생각하여 계산할 필요가 없으며, 위와 같이 입력단에 기준치를 대신할 기준 입력 1을 추가하면 더 간편한 방법으로 똑같은 결과를 얻을 수 있습니다. 이러한 모델을 사용한다면 우리는 더 이상 기준치에 대해 고민하지 않아도 됩니다. 이는 신경망의 셀의 개수가 많아질수록 큰 위력을 발휘하니, 꼭 숙지하여 주시기 바랍니다.

그렇다면, 인공신경망이 정답을 통해 배우고 학습하며 가중치([그림 2-11] 신경망의 구조에서 빨간색 점선 동그라미로 표시된 4개의 w값)와 기준치([그림 2-11]의 빨간색 점선 동그라미로 표시된 3개의 b값)를 찾아내려면 어떻게 해야 할까요? 여기부터가 인공신경망의 핵심이고 가장 놀라운 부분이니 잘 따라오시기 바랍니다.

4. 인공신경망 학습의 핵심, 오차를 줄여라

인공신경망의 학습을 위해서 먼저 손실함수 E를 주목해 주세요. 출력이 정답과 차이가 날 때, 그 오차는 $y-t$로 계산하면 되겠으나, 이는 약간의 문제가 있습니다. 예를 들어 정답이 5이고 출력값이 3일 때 $3-5$는 -2가 됩니다. 오차는 0이 될 경우 가장 작다고 얘기할 수 있는데, 0보다 작은 오차가 있다는 것은 개념적으로 문제가 있으니, 오차 $y-t$를 제곱하여 양수로 만들어 준 것입니다(이를 평균제곱 오차라 합니다).

이렇게 만들면 오차는 항상 0보다 크게 되며, 이것이 0에 가까워진다는 것은 학습을 잘하고 있다는 의미가 됩니다. 57쪽 [그림 2-11]에서 손실함수 중 $\frac{1}{2}$은 편의를 위해 곱해준 것입니다. 눈치가 빠른 분들은 알겠지만, 나중에 E라는 함수를 미분해야 하는데, $\frac{1}{2}$을 곱해줌으로써 E의 미분은 $\frac{dE}{dy}=y-t$가 되어, 계산이 편리해집니다.

학습된 출력값이 정답과 어느 정도 차이 나는지를 보여주는 지표인 손실함수에 대해 이 책에서는 주로 평균제곱 오차를 사용하고 있습니다. 평균제곱 오차는 오차를 제곱하여 절대적 오차를 표현해 주고, $\frac{1}{2}$로 나누어 미분이 편리하도록 한 비교적 단순한 함수이기 때문입니다.

인공지능 학습에서 많이 사용하는 손실함수로 교차 엔트로피 오차라는 것도 있습니다. 이는 좀 더 복잡한 형태입니다만, 발산과 수렴이 빨라 분류 문제에서 주로 많이 사용되니 숙지해 둘 필요가 있습니다. 다음은 인공지능 학습에서 가장 많이 사용되는 손실함수를 정리한 것입니다.

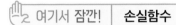 **여기서 잠깐!** | **손실함수**

정답과 출력값 사이의 오차를 나타내는 손실함수

종류	평균제곱 오차 mean squared error	교차(크로스) 엔트로피 오차 cross entropy error
수식	$E = \frac{1}{2}\sum_i (y-t)^2$ y: 신경망이 출력한 값 t: 학습 데이터의 정답	$E = -\sum_i t \log y + (1-t)\log(1-y)$ y: 학습 데이터의 입력으로 추정한 출력 (0~1) t: 학습 데이터 정답 (0 또는 1)
특징	• 회귀 문제에서 주로 사용 • 수렴 속도는 느리나 안정적임	• 분류 문제에서 주로 사용 • 수렴 속도는 빠르나 발산의 위험도 큼

☞ 로그함수, 교차 엔트로피에 관한 자세한 내용은 248, 268쪽을 참고하세요.

신경망을 이용한 인공지능 학습은 결국 위 두 가지의 손실함수가 0에 수렴해 가는 과정이라 보아도 무방합니다.

(1) 오차를 줄이는 첫 번째 단계, 경사하강법

여기서 손실함수 E에 대해 좀 더 상세히 살펴보겠습니다. 만약, 손실함수 E와 입력층에서 은닉층의 첫 번째 셀로 전달되는 신호(또는 값)의 가중치 w_1^1(위첨자의 1은 첫 번째 층을 뜻하며, 아래첨자의 1은 첫 번째 셀을 의미함)의 관계가 [그림 2-14]의 그래프와 같다면, 앞에서 배운 미분의 특성을 활용하여 E가 최소가 되는 가중치 w_1^1의 값을 찾아낼 수 있을 것입니다.

만약에 현재의 w_1^1이 기울기가 0인 오차 최소점([그림 2-14]에서는 1.6 지점)보다 오른쪽에 있다면(기울기가 +라면) w_1^1은 그 값을 감소시켜 왼쪽으로 보내야 합니다. 반대로 왼쪽에 있다면(기울기가 −라면) 그 값을 증가시켜 오른쪽으로 보내야 합니다.

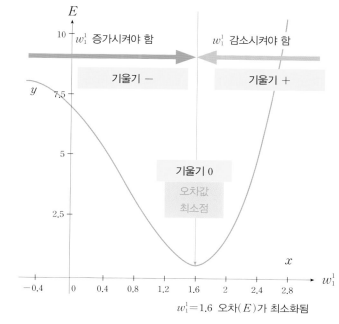

$w_1^1 < 1.6$ $w_1^1 > 1.6$ 그러므로

기울기 $\dfrac{\partial E}{\partial w_1^1} < 0$ 기울기 $\dfrac{\partial E}{\partial w_1^1} > 0$ $w_1^1 \;\blacktriangleright\; w_1^1 - \alpha \dfrac{\partial E}{\partial w_1^1}$

증가시킴 $\longrightarrow$ w_1^1 $\longleftarrow$ 감소시킴

그림 2-14 가중치에 대한 손실함수(오차 E)의 최소점 찾기

이를 수학적으로 표현하면, 아래와 같습니다.

기울기가 $+$이면, $\dfrac{\partial E}{\partial w_1^1} > 0(+)$, $w_1^1 \to w_1^1 - $양수 **(가중치 값을 감소시켜야 하므로)**

기울기가 $-$이면, $\dfrac{\partial E}{\partial w_1^1} < 0(-)$, $w_1^1 \to w_1^1 - $음수 **(가중치 값을 증가시켜야 하므로)**

즉, w_1^1값을 변경하여 오차를 최소화하기 위해서는, $\dfrac{\partial E}{\partial w_1^1}$이 양수일 때 w_1^1에서 양수를 빼 주고, $\dfrac{\partial E}{\partial w_1^1}$이 음수일 때 w_1^1에서 음수를 빼 주면 됩니다.

따라서 양수, 음수 부분을 그대로 $\dfrac{\partial E}{\partial w_1^1}$로 대체하여도 되지만, 감소 또는 증가 폭을 조정하기 위해 작은 양수 α알파를 곱해서 쓰면 다음과 같이 표현할 수 있습니다.

신경망이 가중치와 기준치를 업데이트하면서 오차를 최소화하는 과정	$$w_1^1 = w_1^1 - \alpha \frac{\partial E}{\partial w_1^1}$$ α: 학습률, 신경망의 학습 속도 w_1^1: 가중치, 첫 번째 층의 첫 번째 가중치 값 $\frac{\partial E}{\partial w_1^1}$: 손실함수의 기울기

위의 표현은 가중치 w_1^1을 $w_1^1 - \alpha \frac{\partial E}{\partial w_1^1}$로 변경한다는 뜻이며, 수식상의 등호(=)는 프로그램상에서 변경 또는 업데이트update를 의미합니다. 이와 같은 업데이트는 w_2^1, w_1^2, w_2^2와 같은 나머지 가중치나 b, b_1, b_2와 같은 3개의 기준치bias에 대해서도 똑같이 적용되므로 각자 풀어 보기 바랍니다.

위의 식에서 α는 학습률learning rate이라 불리며, 신경망이 학습하는 데 속도를 얼마만큼 빠르게 할지 결정하는 역할을 합니다. 학습률에 대한 개념은 사람이 공간을 이동하며 물건을 찾는 경우의 보폭을 생각하면 됩니다. 보폭을 좁게 하면 꼼꼼히 살펴보며 물건을 잘 찾을 수 있지만, 시간이 많이 걸립니다. 보폭이 너무 커지면 찾아야 할 물건을 지나쳐 버릴 수 있으니 주의해야 합니다.

이렇게 신경망의 작동 프로세스에서 임의의 가중치와 기준치를 가지고 계산되어 나온 출력과 정답을 비교해 가중치와 기준치 값을 조절해 가며 오차를 최소화하는 방법을 경사하강법gradient descent이라 부르니, 용어를 꼭 숙지하시기 바랍니다.

경사하강법이란 마치 산 위에서 경사면을 따라 아래쪽을 찾아가는 것과 비슷하기에 붙여진 이름입니다. 경사하강법을 정리하면 다음과 같습니다.

경사면의 아래로 내려가면서 최저점(오차가 최소가 되는 값)을 찾는 최적화 기법

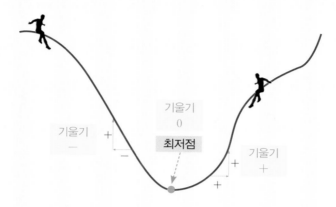

기울기란?

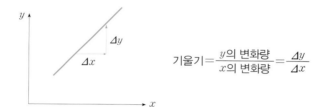

$$기울기 = \frac{y의\ 변화량}{x의\ 변화량} = \frac{\Delta y}{\Delta x}$$

n번째 층의 i번째 가중치(w_i^n)에 대한 손실함수(오차) E값을 최소화하기 위해

기울기의 크기$\left(\dfrac{\partial E}{\partial w_i^n}\right)$, 기울기의 방향(양수, 음수), 이동량(학습률 α)을 고려하여

수학적으로 표현하면?

$$w_i^n = w_i^n - \alpha \frac{\partial E}{\partial w_i^n} \ (단, \alpha는\ 양수)$$

☞ 위의 식에서 =(등호)는 우항의 식 또는 값을 좌항의 w에 대입함(업데이트)을 뜻함.

(2) 오차를 줄이는 두 번째 단계, 오차역전파법

앞에서 어렵게 이해한 경사하강법 식을 다시 한번 살펴보겠습니다.

$w_1^1 = w_1^1 - \alpha \dfrac{\partial E}{\partial w_1^1}$ 이 식을 통해 신경망이 각각의 가중치(w)와 기준치(b)를 업데이트하면서 오차를 최소화하는 과정이, 바로 인공지능 학습이라는 것은 이해하셨지요? 이 식에서 α는 우리가 적당히 정해줘야 할 값(일반적으로 0.01에서 0.1 정도를 줍니다)이니 전혀 문제가 되지 않습니다. 하지만 $\dfrac{\partial E}{\partial w_1^1}$는 반드시 구해야만 하는 값입니다. 전에 얘기한 대로 컴퓨터는 미분을 잘 못하니, 이 부분을 수학적으로 잘 요리하여 미분이 없어지게 한다면 참 좋겠지요. 그럼 한번 수학적 요리를 해보겠습니다. 내용이 약간 복잡해집니다만, 어려운 내용은 여기가 마지막이니 한번 힘내 보도록 해요.

① 출력층 가중치 기울기 구하기

우선 출력층의 가중치 w_1^2, w_2^2 부분을 먼저 구해 보겠습니다. $\dfrac{\partial E}{\partial w_1^2}$는 과연 어떻게 구해야 할까요? 불행히도 이것을 직접적으로 구할 방법은 없습니다. 여기서 수학적인 요리법이 등장합니다. 우선 $\dfrac{\partial E}{\partial w_1^2}$을 $\dfrac{\partial E}{\partial w_1^2} = \dfrac{\partial E}{\partial y} \cdot \dfrac{\partial y}{\partial w_1^2}$로 변형해 보겠습니다.

이와 같은 변형 방법을 체인 룰chain rule이라 합니다. 정확히 같은 개념은 아니지만, $\dfrac{1}{2} = \dfrac{1}{5} \cdot \dfrac{5}{3} \cdot \dfrac{3}{2}$와 같이 분수를 다시 쪼개는 것과 비슷한 방식이니 이해하기 어렵지는 않을 것 같습니다.

자, 그럼 $\dfrac{\partial E}{\partial y}$와 $\dfrac{\partial y}{\partial w_1^2}$을 각각 구해 볼까요.

$y = \sigma(w_1^2 u_1 + w_2^2 u_2 + b)$이고, 시그모이드의 미분은 $\sigma'(x) = (1 - \sigma(x)) \cdot \sigma(x)$이므로 $\dfrac{\partial y}{\partial w_1^2} = (1 - y) \cdot y \cdot u_1$가 됨을 알 수 있습니다. 여기서 u_1은 y를 미분하면서 튀어나온 시그모이드 함수의 속미분값입니다. $u_1 = \sigma(w_1^1 x + b_1)$로, 앞에서 설명한 대로 은닉층의 첫 번째 출력값입니다.

또한, $E=\frac{1}{2}(y-t)^2$이므로, $\frac{\partial E}{\partial y}=y-t$ 가 됩니다.

따라서, 종합하면

$\frac{\partial E}{\partial w_1^2}=\frac{\partial E}{\partial y}\cdot\frac{\partial y}{\partial w_1^2}=(y-t)\cdot(1-y)\cdot y\cdot u_1$로 계산할 수 있습니다.

여기서 주목할 부분은 왼쪽 항 $\frac{\partial y}{\partial w_1^2}$은 계산하기 어렵지만, 오른쪽 항 y, t, u_1으로 구성된 부분은 모두 숫자로 바뀌게 되니, 계산하기가 쉽다는 점입니다. 이와 같이 미분을 없애는 수학적 요리법은 프로그래밍을 위해 많이 쓰이는 기법이니 잘 숙지하여 주시기 바랍니다.

위와 마찬가지 방법으로 계산하면,

$\frac{\partial E}{\partial w_2^2}=\frac{\partial E}{\partial y}\cdot\frac{\partial y}{\partial w_2^2}=(y-t)\cdot(1-y)\cdot y\cdot u_2$가 되니, 각자 계산해 보기 바랍니다.

여기까지 정리하면 다음과 같습니다.

$E=\frac{1}{2}(y-t)^2$

$\boxed{\frac{\partial E}{\partial y}=y-t}$ $\boxed{\frac{\partial y}{\partial w_k^2}=(1-y)\cdot y\cdot u_k}$ ← $\sigma(x)'=(1-\sigma(x))\sigma(x)$ ⤺ 시그모이드 함수의 미분 공식을 쓰면 계산이 아주 편리함.

$\frac{\partial E}{\partial w_k^2}=\frac{\partial E}{\partial y}\cdot\frac{\partial y}{\partial w_k^2}=(y-t)\cdot(1-y)\cdot y\cdot u_k \ \ (k=1,\ 2)$

note $\frac{\partial E}{\partial w_k^2}$ 는 직접 구할 수 없으므로 체인 룰 $\frac{\partial E}{\partial w_k^2}=\frac{\partial E}{\partial y}\cdot\frac{\partial y}{\partial w_k^2}$ 을 이용하여 계산한다.

② 출력층의 기준치 기울기 구하기

기본적으로 (가)에서의 방법과 동일한 요리법으로 풀면 됩니다.

$\dfrac{\partial E}{\partial b} = \dfrac{\partial E}{\partial y} \cdot \dfrac{\partial y}{\partial b}$와 같이 체인 룰을 적용하면

$\dfrac{\partial y}{\partial b} = (1-y) \cdot y$가 되고, $\dfrac{\partial E}{\partial y} = y-t$이므로,

$\dfrac{\partial E}{\partial b} = \dfrac{\partial E}{\partial y} \cdot \dfrac{\partial y}{\partial b} = (y-t) \cdot (1-y) \cdot y$로 계산이 됩니다.

정리하면 다음과 같습니다.

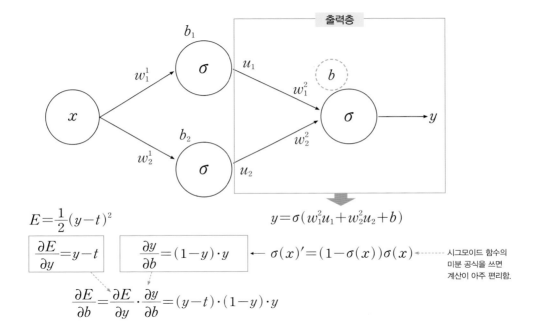

$$E = \frac{1}{2}(y-t)^2$$

$$\boxed{\dfrac{\partial E}{\partial y} = y-t} \qquad \boxed{\dfrac{\partial y}{\partial b} = (1-y) \cdot y} \leftarrow \sigma(x)' = (1-\sigma(x))\sigma(x) \leftarrow$$

시그모이드 함수의
미분 공식을 쓰면
계산이 아주 편리함.

$$\dfrac{\partial E}{\partial b} = \dfrac{\partial E}{\partial y} \cdot \dfrac{\partial y}{\partial b} = (y-t) \cdot (1-y) \cdot y$$

note $\dfrac{\partial E}{\partial b}$ 는 직접 구할 수 없으므로 체인 룰 $\dfrac{\partial E}{\partial b} = \dfrac{\partial E}{\partial y} \cdot \dfrac{\partial y}{\partial b}$ 을 이용하여 계산한다.

③ 은닉층의 가중치 기울기 구하기

위에서의 방법과 마찬가지로 체인 룰을 사용하여 수학적 요리를 합니다. 단, 이번에는 조금 더 복잡해지니 조금만 더 신경 써서 보기 바랍니다.

$$\frac{\partial E}{\partial w_1^1} = \frac{\partial E}{\partial y} \cdot \frac{\partial y}{\partial u_1} \cdot \frac{\partial u_1}{\partial w_1^1} (\text{체인 룰})$$

$y = \sigma(w_1^2 u_1 + w_2^2 u_2 + b)$ 이고, 시그모이드의 미분은 $\sigma'(x) = (1 - \sigma(x)) \cdot \sigma(x)$ 이므로

$\dfrac{\partial y}{\partial u_1} = (1 - y) \cdot y \cdot w_1^2$ 가 됨을 알 수 있습니다.

한편, $u_1 = \sigma(w_1^1 x + b_1)$ 이므로, $\dfrac{\partial u_1}{\partial w_1^1} = (1 - u_1) \cdot u_1 \cdot x$ 가 됩니다.

$\dfrac{\partial E}{\partial y} = y - t$ 이므로, 전체적으로 계산하면,

$$\frac{\partial E}{\partial w_1^1} = \frac{\partial E}{\partial y} \cdot \frac{\partial y}{\partial u_1} \cdot \frac{\partial u_1}{\partial w_1^1} = (y - t) \cdot (1 - y) \cdot y \cdot w_1^2 \cdot (1 - u_1) \cdot u_1 \cdot x$$

가 됩니다.

마찬가지로 $\dfrac{\partial E}{\partial w_2^1}$ 에 대해 계산하면,

$$\frac{\partial E}{\partial w_2^1} = \frac{\partial E}{\partial y} \cdot \frac{\partial y}{\partial u_2} \cdot \frac{\partial u_2}{\partial w_2^1} = (y - t) \cdot (1 - y) \cdot y \cdot w_2^2 \cdot (1 - u_2) \cdot u_2 \cdot x$$

가 됩니다. 정리하면 다음과 같습니다.

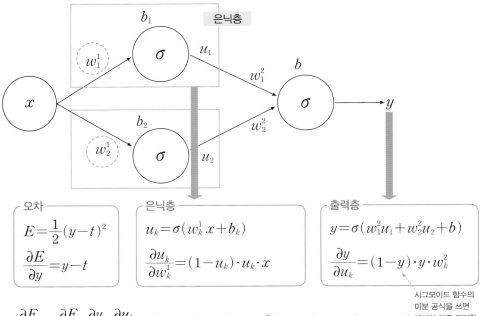

시그모이드 함수의
미분 공식을 쓰면
계산이 아주 편리함.

$$\frac{\partial E}{\partial w_k^1} = \frac{\partial E}{\partial y}\frac{\partial y}{\partial u_k}\frac{\partial u_k}{\partial w_k^1} = (y-t)(1-y) \cdot y \cdot w_k^2(1-u_k) \cdot u_k x \quad (k=1,\ 2)$$

note $\quad \frac{\partial E}{\partial w_k^1}$ 는 직접 구할 수 없으므로 체인 룰 $\frac{\partial E}{\partial w_k^1} = \frac{\partial E}{\partial y} \cdot \frac{\partial y}{\partial u_k} \cdot \frac{\partial u_k}{\partial w_k^1}$ 을 이용하여 계산한다.

④ 은닉층의 기준치 기울기 구하기

위에서의 방법과 마찬가지로 체인 룰을 사용하여 수학적 요리를 합니다.

$$\frac{\partial E}{\partial b_1} = \frac{\partial E}{\partial y} \cdot \frac{\partial y}{\partial u_1} \cdot \frac{\partial u_1}{\partial b_1}(\text{체인 룰})$$

$y = \sigma(w_1^2 u_1 + w_2^2 u_2 + b)$ 이고, 시그모이드의 미분은 $\sigma'(x) = (1-\sigma(x)) \cdot \sigma(x)$ 이므로

$$\frac{\partial y}{\partial u_1} = (1-y) \cdot y \cdot w_1^2 \text{가 됨을 알 수 있습니다.}$$

한편, $u_1 = \sigma(w_1^1 x + b_1)$ 이므로, $\frac{\partial u_1}{\partial b_1} = (1-u_1) \cdot u_1$ 가 됩니다.

$\frac{\partial E}{\partial y} = y - t$ 이므로, 전체적으로 계산하면,

$$\frac{\partial E}{\partial b_1} = \frac{\partial E}{\partial y} \cdot \frac{\partial y}{\partial u_1} \cdot \frac{\partial u_1}{\partial b_1} = (y-t) \cdot (1-y) \cdot y \cdot w_1^2 \cdot (1-u_1) \cdot u_1 \text{가 됩니다.}$$

마찬가지로 $\dfrac{\partial E}{\partial b_2}$에 대해 계산하면, $u_2 = \sigma(w_2^1 x + b_2)$이므로

$$\frac{\partial E}{\partial b_2} = \frac{\partial E}{\partial y} \cdot \frac{\partial y}{\partial u_2} \cdot \frac{\partial u_2}{\partial b_2} = (y-t) \cdot (1-y) \cdot y \cdot w_2^2 \cdot (1-u_2) \cdot u_2$$

가 됩니다. 정리하면 다음과 같습니다.

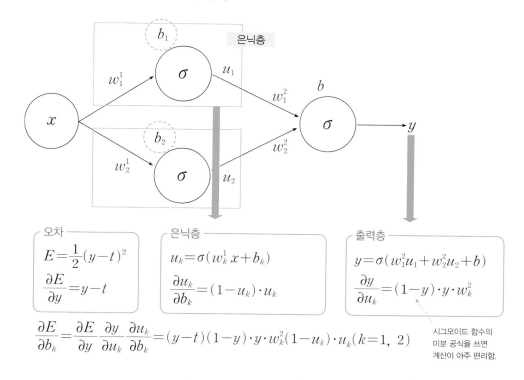

오차
$$E = \frac{1}{2}(y-t)^2$$
$$\frac{\partial E}{\partial y} = y-t$$

은닉층
$$u_k = \sigma(w_k^1 x + b_k)$$
$$\frac{\partial u_k}{\partial b_k} = (1-u_k) \cdot u_k$$

출력층
$$y = \sigma(w_1^2 u_1 + w_2^2 u_2 + b)$$
$$\frac{\partial y}{\partial u_k} = (1-y) \cdot y \cdot w_k^2$$

시그모이드 함수의 미분 공식을 쓰면 계산이 아주 편리함.

$$\frac{\partial E}{\partial b_k} = \frac{\partial E}{\partial y} \frac{\partial y}{\partial u_k} \frac{\partial u_k}{\partial b_k} = (y-t)(1-y) \cdot y \cdot w_k^2 (1-u_k) \cdot u_k \, (k=1,\ 2)$$

note $\dfrac{\partial E}{\partial b_k}$ 는 직접 구할 수 없으므로 체인 룰 $\dfrac{\partial E}{\partial b_k} = \dfrac{\partial E}{\partial y} \cdot \dfrac{\partial y}{\partial u_k} \cdot \dfrac{\partial u_k}{\partial b_k}$ 을 이용하여 계산한다.

①~④의 방법을 통해 가중치와 기준치를 업데이트하면서 오차를 최소화하고, 최종적으로 원하는 출력을 만들어 내는 가중치와 기준치 값을 찾아내는 것을 신경망의 학습이라 하며, 오차를 최소화하기 위해 쓰이는 최적화 기법의 하나가 경사하강법입니다. 경사하강법에서 기울기를 직접 구하기 어렵기 때문에 수학적 요리법을 써서 기울기를 구하는 방법을 오차역전파법back propagation이라 부릅니다. 오차역전파법을 정리하면 다음과 같습니다.

경사하강법의 **기울기**를 효과적으로 구하기 위한 수학적 기법

$\dfrac{\partial E}{\partial w}$, $\dfrac{\partial E}{\partial b}$ 기울기, w 가중치, b 기준치

y 출력, t 교시값(정답), u 은닉층의 출력, x 입력

$$\frac{\partial E}{\partial w_1^1} = (y-t)(1-y)yw_1^2(1-u_1)u_1x$$

$$\frac{\partial E}{\partial w_2^1} = (y-t)(1-y)yw_2^2(1-u_2)u_2x$$

$$\frac{\partial E}{\partial w_1^2} = (y-t)(1-y)yu_1$$

$$\frac{\partial E}{\partial w_2^2} = (y-t)(1-y)yu_2$$

$$\frac{\partial E}{\partial b_1} = (y-t)(1-y)yw_1^2(1-u_1)u_1$$

$$\frac{\partial E}{\partial b_2} = (y-t)(1-y)yw_2^2(1-u_2)u_2$$

$$\frac{\partial E}{\partial b} = (y-t)(1-y)y$$

☞ 업데이트시키기 위한 가중치, 기준치의 개수만큼 수식이 필요함.

경사하강법과 오차역전파법의 관계

인공신경망의 학습은 가중치와 기준치를 다음과 같이 변화시켜 간다(반복 계산).

$$w_k^1 \Rightarrow w_k^1 - \alpha\,\frac{\partial E}{\partial w_k^1} \quad\leftarrow\quad \frac{\partial E}{\partial w_k^1} = (y-t)(1-y)\cdot y\cdot w_k^2(1-u_k)\cdot u_kx$$

$$w_k^2 \Rightarrow w_k^2 - \alpha\,\frac{\partial E}{\partial w_k^2} \quad\leftarrow\quad \frac{\partial E}{\partial w_k^2} = (y-t)\cdot(1-y)\cdot y\cdot u_k$$

업데이트

$$b_k \Rightarrow b_k - \alpha\,\frac{\partial E}{\partial b_k} \quad\leftarrow\quad \frac{\partial E}{\partial b_k} = (y-t)(1-y)\cdot y\cdot w_k^2(1-u_k)\cdot u_k$$

$$b \Rightarrow b - \alpha\,\frac{\partial E}{\partial b} \quad\leftarrow\quad \frac{\partial E}{\partial b} = (y-t)\cdot(1-y)\cdot y$$

$k=1, 2$

계산식

경사하강법 　　　 오차역전파법

코로나 19 방역을 하지 않는다면 50일 후에 감염자는 몇 명이나 될까?

여러분은 수학 시간에 로그에 대해 배운 적이 있을 것입니다. 로그함수는 지수함수의 역함수 정도로만 알고 있다면 로그를 너무 무시하는 것입니다. 사실 로그는 너무너무 위대하고 편리한 수학적 도구입니다. 70년대 초까지만 해도 전자계산기가 없었는데, 그때까지는 대부분의 과학자, 공학자들이 로그스케일로 된 로그자(계산자)라는 것을 이용해 복잡한 계산을 했습니다. 로그자의 원리나 모양에 대해서는 인터넷을 통해 확인해 보세요. 여하튼 로그는 복잡한 계산을 간편하게 할 수 있도록 도와주는 아주 고마운 존재입니다. (곱셈을 덧셈으로 바꿔주고, 나눗셈을 뺄셈으로 바꾸어 줍니다. 이는 로그의 성질을 참조하세요.)

2020년은 코로나로 인해 전 세계인이 많은 고통을 받은 한 해입니다. 방역을 잘하여 피해가 적은 나라도 있고, 그렇지 못한 나라도 있었습니다. 그렇다면 방역을 전혀 하지 않고 방치한다면 감염자 수는 과연 어떻게 증가할까요? 계산을 간단하게 하기 위해 하루에 한 명이 두 사람에게 코로나를 감염시킨다고 가정해 보겠습니다.

76쪽의 그림을 보면 알 수 있듯이, 한 사람이 두 사람에게 감염시켜 나간다면 n번째 날에는 2의 n승만큼의 감염자가 발생함을 알 수 있습니다. 만약에 n이 100이라면 어느 정도 크기의 숫자일까요? 단순하게 $2 \times 2 \times 2 \cdots\cdots \times 2$로 2를 100번 곱해서 계산할 수도 있다면, 이때 로그를 쓰면 아주 편리합니다. 2^{100}에 log를 취하면 $\log 2^{100} = 100 \times \log 2 = 100 \times 0.3 = 30$이라는 계산 결과가 나옵니다($\log 2 =$약 0.3은 꼭 외워 두세요. 아주 요긴하게 쓸 수 있습니다). 계산 결과의 30은 무엇을 의미할까요?

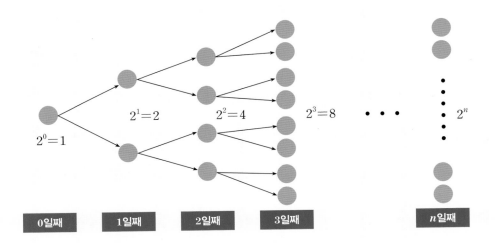

| 0일째 | 1일째 | 2일째 | 3일째 | | n일째 |

일반로그는 log의 밑이 10이므로 10의 몇 승인가, 즉 뒤에 0이 몇 개가 붙었는가를 의미합니다. 예를 들어 $2^{10}=1024$인데, $\log 2^{10}=10 \times \log 2=10 \times 0.3=3$이 되므로 뒤에 0이 3개 붙은 숫자 1000을 의미함을 알 수 있습니다. 실제의 계산값은 1024이므로, 약간의 오차가 있습니다만(실제로 $\log 2=0.3010299566 \cdots$이기에 오차가 발생합니다.), 대략적인 계산값을 암산으로도 구할 수 있습니다.

그렇다면 2^{100}은 어떤 수인지는 모르지만 뒤에 0이 30개 붙은 수에 가깝다는 것을 알 수가 있습니다. 즉, 1000000000000000000000000000000이라는 값에 가깝습니다. 이 숫자는 셀 수도 없는 숫자이기에 이미 전 인류가 감염되었음을 뜻합니다. 그렇다면 50일째인 2^{50}은 얼마나 큰 수일까요? $50 \times 0.3=15$이므로 1000000000000000가 되며 1000조라는 엄청난 큰 수임을 알 수 있습니다. 코로나나 역병에서 방역이 왜 중요한지 잘 아시겠지요?

종이를 몇 번 접으면 그 두께가 달에 도달하는가? 라는 유명한 문제가 있습니다. 이 역시 로그를 사용하면 아주 쉽게 계산할 수 있습니다. 종이를 n번 접는 문제이므로 결국 2^n의 값을 구하는 문제이기 때문입니다. 종이를 몇 번 접어야 달까지 닿는지는 손으로 계산해도 되지만, 다음 장에서 배울 파이썬을 활용하면 간단한 프로그램으로 만들 수도 있습니다.

신경망으로 인공지능 설계하기

앞 장에서 우리는 은닉층이 포함된 단순한 신경망 모델을 통해 인공신경망이 어떻게 작동하는 지와 신경망 학습의 핵심 내용인 '경사하강법'과 '오차역전파법'에 대해 알아보았습니다. 이번 장에서는 다양한 예제를 통해 실생활을 인공지능 모델로 바꾸고, 직접 학습해 보는 연습을 하 겠습니다.

파이썬은 현재 세계에서 가장 많이 사용되는 컴퓨터 프로그래밍 언어 중 하나로 인공지능 개발과 관련된 다양한 모듈이 제공되므로, 인공지능 학습 및 개발에 있어 가장 강력한 툴이라 할 수 있습니다. 아래의 지시에 따라 프로그램을 다운로드하여 설치하도록 합니다.

(1) 파이썬 설치하기

① https://www.python.org/에 접속하여 [Downloads]를 클릭합니다.

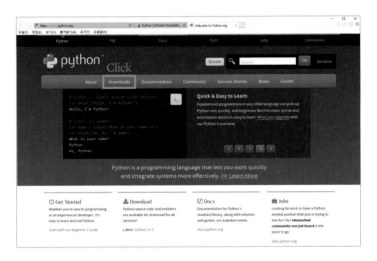

② 3.7.7 버전의 [Download]를 클릭합니다. ☞ 최신 버전이 아니라 3.7.7을 다운로드하세요.

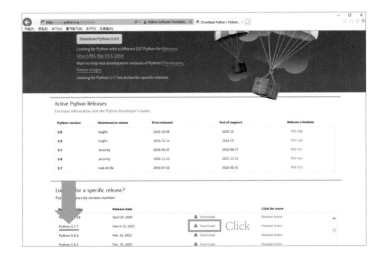

③ 아래 [Files] 목록에서 자신의 컴퓨터와 맞는 버전을 선택한 후 다운로드하여 실행합니다.

④ [Install Now]로 설치를 완료합니다.

☞ 파이썬이 설치될 패스 또는 폴더명에 영어가 아닌 다른 글자가 포함되면 안 되니 주의하시기 바랍니다.

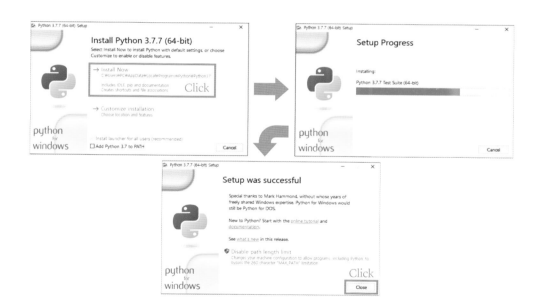

3. 신경망으로 인공지능 설계하기

(2) 비주얼 스튜디오 코드 설치하기

① https://code.visualstudio.com/에 접속하여 자신의 컴퓨터에 맞는 버전의 파일을 선택한 후 다운로드합니다.

☞ 윈도 사용 시 반드시 64bit 버전을 설치하여야 합니다.

② 다운받은 설치파일을 실행하여 자신의 컴퓨터에 설치합니다.

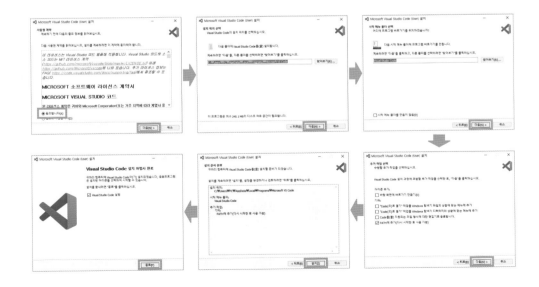

③ 실행 후, [File] - [Open Folder]로 프로젝트 파일이 들어있는 폴더를 열어줍니다.

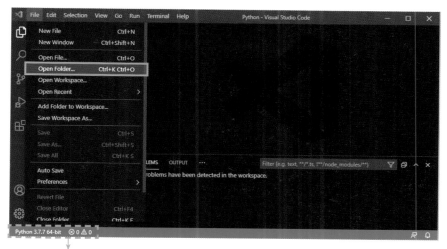

☞ 왼쪽 하단에 반드시 python 3.7.7 64bit가 표시되어야 합니다. 표시되지 않았다면 임의의 파이썬 파일(XXX.py)을 만들거나 선택하여 열어주면 자동으로 파이썬 인터프리터와 연결됩니다. 파일 만들기는 84쪽을 참고하세요.

④ 프로젝트 파일 중 하나를 클릭하여 열어줍니다. 이때, 아직 install되지 않은 것이 있으면 우측 하단과 설정 아이콘 등에 표시되니 이를 클릭하여 마저 install하고 나면 우측 상단에 실행 버튼이 생깁니다.

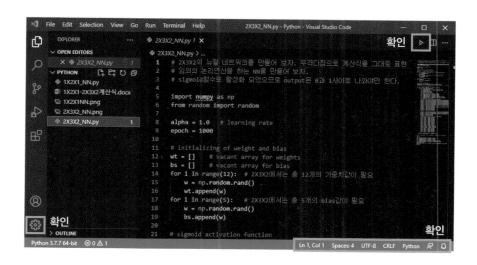

(3) 비주얼 스튜디오 코드로 프로젝트 실행하기

① 폴더명의 우측에 표시된 ⊕ 아이콘을 누르면 새로운 폴더 또는 파일을 만들 수도 있습니다(파일명: xxxx.py). 파일 확장자가 '.py'이면 VS Code가 자동으로 python을 연결해 줍니다. 오른쪽 하단 파워셸powershell 부분의 쓰레기통을 누르면 현재 터미널terminal 창을 없애고 새로 만들 수 있습니다.

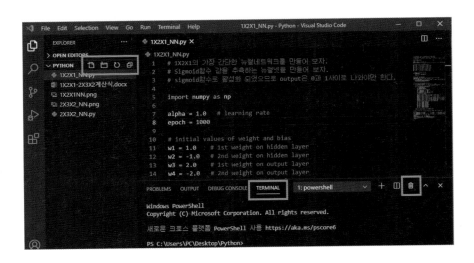

② 우측 상단의 실행 버튼을 클릭하여 실행하면 아래와 같이 오류가 뜹니다. 해당되는 파이썬 모듈은 google에서 'pypi'를 검색하거나 'https://pypi.org/' 사이트에서 찾을 수 있습니다.

③ 모듈 설치의 예: 먼저 검색창에서 'tensorflow'를 검색한 뒤 'tensorflow2.X.X'(최신 버전)를 클릭합니다. 바뀐 창에서 'pip install tensorflow' 옆의 'clipboard'에 마우스 왼쪽 버튼을 클릭하면 복사됩니다.

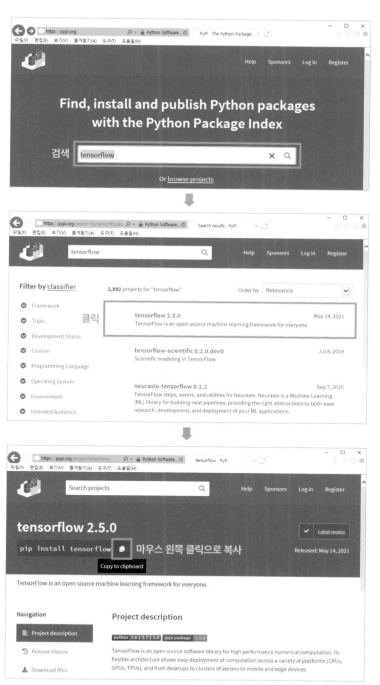

④ 복사된 것을 'Visual Studio Code'의 터미널 창에 'py -m'과 함께 붙여넣기 한 뒤쪽에 ==2.0을 입력
해 버전을 지정하고 Enter 를 누르면 설치가 시작됩니다. 나머지 모듈들도 같은 방법으로 설치 후
완료합니다.

$py - m + \text{'Ctrl} + \text{v'} + == 2.0$
(단축키로 붙여넣기)

Tensorflow
설치 완료

☞ 텐서플로 최신 버전은 다른 모듈과 충돌이 일어나는 경우가 있으니 2.0.0 버전을 설치하세요.

⑤ 모든 패키지의 설치가 완료되었으면 실행 버튼을 눌러 프로그램을 실행하고, 오류가 없이 실
행되고 완료되는지 확인합니다.

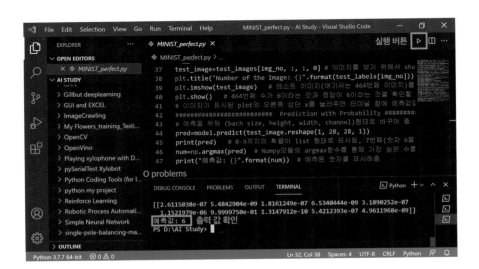

VS Code를 사용할 때 유용한 사용법 몇 가지를 소개합니다. 프로그램 개발에 아주 유용한 팁이니 꼭 숙지해 주기 바랍니다. 이외에도 단축키 사용 등 사용법과 관련된 정보는 인터넷을 검색하여 찾아보기 바랍니다.

① 실행 중 강제 종료할 경우 터미널 창에 콘솔을 놓고 단축키 Ctrl+c를 누른다.

② 코드를 입력하면서 주기적으로 단축키 Ctrl+s를 눌러 수시로 저장한다(맨 왼쪽 위의 숫자가 사라지는 것을 확인).

③ 영역을 선택하고 Ctrl+/를 누르면 주석문으로 바뀐다(아주 유용).

④ Nvidia GPU를 가진 PC의 경우: tensorflow install은 아래와 같이 → py -m pip install tensorflow==2.0으로 인스톨한다.

⑤ py -m pip list: pip로 인스톨된 모듈들을 확인할 수 있다.

⑥ py -m pip show keras: keras 관련 정보를 확인할 수 있다.

⑦ py -m pip install - -upgrade- 모듈명: 모듈을 업그레이드할 수 있다.

⑧ print(dir(   )): 사용 가능한 함수들의 리스트를 확인할 수 있다.

⑨ print(dir(random)): random 함수의 사용 정보를 확인할 수 있다.

⑩ tensorflow, keras, matplotlib는 반드시 버전을 확인한다.

　　예) tensorflow 2.0.0, keras 2.3.1, matplotlib 3.2.1

　　→ ⑤로 확인 후, 버전이 안 맞을 경우 'uninstall'하고 맞는 버전으로 재인스톨한다.

　　→ py -m pip uninstall keras

　　→ py -m pip install keras==2.3.1

⑪ PIL은 'pillow'를 인스톨해야 한다. → py -m pip install pillow

1. 간단한 신경망 만들기

이제부터 본격적으로 우리의 일상생활에서 흔히 일어나는 사례를 들어 다양한 형태의 신경망을 설계하고, 파이썬으로 프로그래밍해 보겠습니다. 설계 과정은 부록의 인공지능 학습 맵을 참고해 주세요.

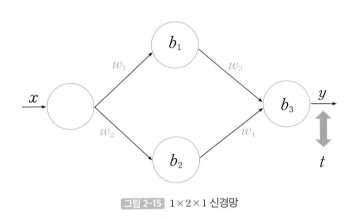

그림 2-15 $1 \times 2 \times 1$ 신경망

프로그래밍은 어떻게 할까?
☞ 가중치 및 기준치 값 초기화 → 10개의 데이터 입력 후 시그모이드 함수로 학습 데이터 만들기 → 5,000번 반복 학습 중 출력값, 오차역전파법, 경사하강법의 계산을 통해 오차값 출력 → 예측 값 및 정답을 출력하는 순으로 진행합니다.

📓 프로그래밍 및 학습

☞ 프로그램 앞쪽에 #이 붙은 것은 설명을 위한 주석문이며 프로그램에 직접적인 영향을 주는 부분은 아닙니다. 주석문의 설명을 읽어가며, 프로그램을 전체적으로 살펴보세요.

p84 > 1X2X1_NN.py

```
# 1X2X1의 가장 간단한 신경망 만들기
# 시그모이드 함수 값을 추측하는 신경망 만들기
# 시그모이드 함수로 활성화되었으므로 출력값은 0과 1사이의 수로 나와야만 함.

import numpy as np  # py -m pip install numpy로 인스톨, numpy는 수학처리용 모듈
```

```python
alpha = 1.0    # 학습률(learning rate)
epoch = 5000   # 몇 번을 반복하여 학습할 것인가? 여기서는 5000번 반복 학습

# 가중치 및 기준치의 초깃값 설정
w1 = 1.0   # 은닉층 첫 번째 가중치 초깃값
w2 = -1.0  # 은닉층 두 번째 가중치 초깃값
w3 = 2.0   # 출력층 첫 번째 가중치 초깃값
w4 = -2.0  # 출력층 두 번째 가중치 초깃값
b1 = -1.0  # 은닉층 첫 번째 기준치 초깃값
b2 = 1.0   # 은닉층 두 번째 기준치 초깃값
b3 = 2.0   # 출력층 기준치 초깃값

# 시그모이드 활성화 함수
def sigmoid(x):
    y = 1 / (1 + np.exp(-x))
    return y

# 입력 및 학습 데이터 만들기
input_data = np.array([-4, -3, -2, -1, 0, 1, 2, 3, 4, 5])  # 입력 데이터 10개를 배열에 저장하기
teaching_data = []                          # 빈 학습 데이터를 만들고
for i in input_data:                        # 입력 데이터 수만큼 반복하기
    teaching_data.append(sigmoid(i))  # 각각의 입력값으로 시그모이드 함수 호출하여 계산하기

# 입력값과 학습 데이터로 1000번 반복 학습하기
for n in range(1, epoch+1):  # 1부터 epoch까지 반복하기
    for i in range(len(input_data)):
        x = input_data[i]      # 입력값 input_data[0]~[9]까지를 x로 변환하기
        t = teaching_data[i]   # 학습 데이터도 각각 교시값 t로 변환
        ########## 순방향 계산(출력값) ########
        u1 = sigmoid(w1 * x + b1)
        u2 = sigmoid(w2 * x + b2)
        y = sigmoid(w3 * u1 + w4 * u2 + b3)
        ########## 역방향 계산(오차역전파법) ##########
        E = 0.5 * (y - t)**2               # 손실함수
        dE_dw_3 = (y-t) * (1-y) * y * u1   # 출력층 가중치
        dE_dw_4 = (y-t) * (1-y) * y * u2   # 출력층 가중치
        dE_db_3 = (y-t) * (1-y) * y        # 출력층 기준치
```

```
        dE_dw_1 = (y-t) * (1-y) * y * w3 * (1-u1) * u1 * x      # 은닉층 가중치
        dE_dw_2 = (y-t) * (1-y) * y * w4 * (1-u2) * u2 * x      # 은닉층 가중치
        dE_db_1 = (y-t) * (1-y) * y * w3 * (1-u1) * u1          # 은닉층 기준치
        dE_db_2 = (y-t) * (1-y) * y * w4 * (1-u2) * u2          # 은닉층 기준치
        ####### 가중치, 기준치 업데이트(경사하강법) ######
        w1 = w1 - alpha * dE_dw_1
        w2 = w2 - alpha * dE_dw_2
        w3 = w3 - alpha * dE_dw_3
        w4 = w4 - alpha * dE_dw_4
        b1 = b1 - alpha * dE_db_1
        b2 = b2 - alpha * dE_db_2
        b3 = b3 - alpha * dE_db_3

    print("{} EPOCH-ERROR: {}".format(n, E)) # 손실함수 값(오차) 출력

# Test: 입력값 x에 대하여 본 신경망으로 예측된 값과 정답값 출력하기
x = 0.5
u1 = sigmoid(w1 * x + b1)              # 입력에 대한 출력값 계산(순방향 계산)
u2 = sigmoid(w2 * x + b2)              # 입력에 대한 출력값 계산(순방향 계산)
y = sigmoid(w3 * u1 + w4 * u2 + b3)    # 입력에 대한 출력값 계산(순방향 계산)
print("")
print("신경망의 예측값: {}".format(y)) # 출력하기
print("계산된 값(정답): {}".format(sigmoid(x)))
print("")
```

위 프로그램은 −4에서 5까지 10개의 입력값 x에 대해 시그모이드 함수의 계산값(정답 t) $t = \sigma(x) = \dfrac{1}{1 + e^{-x}}$을 알려 주고, 이를 학습시킨 후, 신경망이 값을 제대로 유추할 수 있는지 테스트하기 위한 것입니다. 그럼, 프로그램을 실행하여 인공지능의 예측값이 얼마나 정확한지 한번 살펴볼까요?

실행 결과

```
4991 EPOCH-ERROR: 4.6675715540544374e-05
4992 EPOCH-ERROR: 4.6664677097089184e-05
4993 EPOCH-ERROR: 4.6653640991421313e-05
4994 EPOCH-ERROR: 4.6642607221942384e-05
4995 EPOCH-ERROR: 4.663157578706537e-05
4996 EPOCH-ERROR: 4.662054668519848e-05
4997 EPOCH-ERROR: 4.660951991475055e-05
4998 EPOCH-ERROR: 4.6598495474139605e-05
4999 EPOCH-ERROR: 4.65874733617757e-05
5000 EPOCH-ERROR: 4.657645357607487e-05

신경망의 예측값: 0.6269623051001055
계산된 값(정답): 0.6224593312018546
```

※ 시그모이드 함수로 활성화하였으므로 출력값은 0과 1 사이로 나옵니다.

테스트용 데이터는 $x = 0.5$로, 이 값은 학습되지 않은 데이터입니다. 이 신경망은 단순하지만, 꽤 정확히 값을 유추해낼 수 있음을 알 수 있습니다. 신기하지 않나요?

가중치, 기준치의 초깃값, 학습률, 학습 횟수epoch, 테스트용 입력값 등을 바꾸어 가며 한번 테스트해 보세요.

이제부터 본격적으로 일상생활에서 흔히 일어나는 사례를 들어 다양한 형태의 신경망을 설계하고, 파이썬을 써서 프로그래밍해 보겠습니다. 설계 과정은 부록의 인공지능 학습맵을 참고해 주세요.

2. 엄마는 얼마나 화를 낼까?

나는 고1 학생이며, 게임을 좋아합니다. 엄마는 내가 게임을 할 때마다 화를 냅니다. 그래서 나는 엄마와 약속을 하나 했습니다. 게임을 하려면 반드시 공부도 그만큼 할 것이라고…. 요 며칠 나는 게임과 공부를 병행하면서 엄마의 기분을 살폈습니다. 그래서 얻은 결과로 [STEP 1]의 데이터셋을 준비할 수 있었으며, 나는 이 데이터를 토대로 싫어하는 공부 시간을 가능한 한 줄일 방법을 찾아보기로 하였습니다.

▷ STEP 1 **데이터셋 준비**

게임 시간	공부 시간	조건	엄마 기분
0	0	게임과 공부를 모두 안 하면?	−1(살짝 나쁨)
0	1	게임을 안 하고 공부만 하면?	3(아주 좋음)
1	0	게임만 하면?	−3(아주 나쁨)
1	1	게임과 공부를 모두 많이 하면?	1(살짝 좋음)
0.5	0.5	게임과 공부 시간을 모두 반으로 줄이면?	?

게임과 공부를 모두 안 했더니, 엄마는 기분이 좋지 않네요(−1). 게임을 안 하고 공부만 했더니 엄마의 기분은 아주 좋고(3), 반대로 게임만 했더니 엄마는 화를 많이 냅니다

(−3). 게임과 공부를 둘 다 많이 했더니 엄마의 기분은 살짝 좋네요(1). 그렇다면 게임과
공부 시간을 모두 반으로 줄이면 엄마는 화를 낼까요, 안 낼까요?

위의 문제를 풀기 위해 우선 인공신경망을 설계해 보겠습니다. 먼저 입력은 게임 시간과
공부 시간이 있으므로 2개가 되고, 출력은 엄마의 기분을 나타내는 1개면 될 것 같네요.
은닉층의 노드(셀) 개수는 3개로 설정해 보겠습니다. 자, 그럼 인공신경망을 만들어 볼까요.

STEP 2 신경망 모델 구축(2×3×1 신경망)

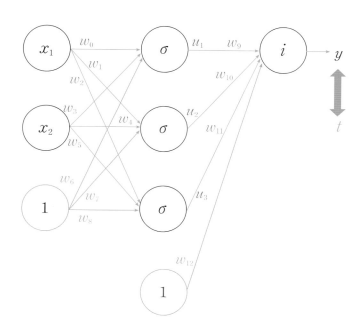

위 그림에서 x_1, x_2는 입력이고, y는 출력입니다. t는 학습을 하기 위한 정답(교시)이고,
σ와 i는 활성화 함수입니다. 여기서 σ는 시그모이드 함수이며, i는 항등함수 identity function 입
니다. 항등함수는 $f(x)=x$와 같은 입력과 출력이 같은 함수를 뜻하며, 출력 부분에 항등
함수를 사용한 것은 −(화냄)부터 +(기뻐함)까지 엄마의 기분을 그대로 나타내기 위해
서입니다. 항등함수를 미분하면 1이 되므로, 수학적으로도 계산하기 쉽습니다. 빨간색으
로 표시된 부분은 기준치가 가중치로 바뀐 부분입니다. 자, 그럼 위의 모델을 수학식으로
바꾸어 계산해 볼까요?

3. 신경망으로 인공지능 설계하기 **089**

평균제곱 오차: $E = \dfrac{1}{2}(y - t)^2$

손실함수의 미분: $\dfrac{\partial E}{\partial y} = (y - t)$

출력층의 출력값: 항등함수로 활성화하였기에 가중합이 그대로 출력됩니다.

$$y = w_9 u_1 + w_{10} u_2 + w_{11} u_3 + w_{12}$$

은닉층의 출력값: 시그모이드 함수로 활성화하여 출력됩니다.

$$u_1 = \sigma(w_0 x_1 + w_3 x_2 + w_6)$$
$$u_2 = \sigma(w_1 x_1 + w_4 x_2 + w_7)$$
$$u_3 = \sigma(w_2 x_1 + w_5 x_2 + w_8)$$

최적화: 미분값에 학습률을 곱해서 빼 줍니다.

$$w_0 = w_0 - \alpha \frac{\partial E}{\partial w_0},\ w_1 = w_1 - \alpha \frac{\partial E}{\partial w_1},\ w_2 = w_2 - \alpha \frac{\partial E}{\partial w_2},\ \cdots$$
$$w_{10} = w_{10} - \alpha \frac{\partial E}{\partial w_{10}},\ w_{11} = w_{11} - \alpha \frac{\partial E}{\partial w_{11}},\ w_{12} = w_{12} - \alpha \frac{\partial E}{\partial w_{12}},\ \cdots$$

미분값 $\dfrac{\partial E}{\partial w}$ 계산: [STEP 3~4]를 이용하여 계산합니다.

$$\frac{\partial E}{\partial w_0}=\frac{\partial E}{\partial y}\frac{\partial y}{\partial u_1}\frac{\partial u_1}{\partial w_0}=(y-t)w_9(1-u_1)u_1x_1$$

$$\frac{\partial E}{\partial w_1}=\frac{\partial E}{\partial y}\frac{\partial y}{\partial u_2}\frac{\partial u_2}{\partial w_1}=(y-t)w_{10}(1-u_2)u_2x_1$$

$$\frac{\partial E}{\partial w_2}=\frac{\partial E}{\partial y}\frac{\partial y}{\partial u_3}\frac{\partial u_3}{\partial w_2}=(y-t)w_{11}(1-u_3)u_3x_1$$

$$\frac{\partial E}{\partial w_3}=\frac{\partial E}{\partial y}\frac{\partial y}{\partial u_1}\frac{\partial u_1}{\partial w_3}=(y-t)w_9(1-u_1)u_1x_2$$

$$\frac{\partial E}{\partial w_4}=\frac{\partial E}{\partial y}\frac{\partial y}{\partial u_2}\frac{\partial u_2}{\partial w_4}=(y-t)w_{10}(1-u_2)u_2x_2$$

$$\frac{\partial E}{\partial w_5}=\frac{\partial E}{\partial y}\frac{\partial y}{\partial u_3}\frac{\partial u_3}{\partial w_5}=(y-t)w_{11}(1-u_3)u_3x_2$$

$$\frac{\partial E}{\partial w_6}=\frac{\partial E}{\partial y}\frac{\partial y}{\partial u_1}\frac{\partial u_1}{\partial w_6}=(y-t)w_9(1-u_1)u_1$$

$$\frac{\partial E}{\partial w_7}=\frac{\partial E}{\partial y}\frac{\partial y}{\partial u_2}\frac{\partial u_2}{\partial w_7}=(y-t)w_{10}(1-u_2)u_2$$

$$\frac{\partial E}{\partial w_8}=\frac{\partial E}{\partial y}\frac{\partial y}{\partial u_3}\frac{\partial u_3}{\partial w_8}=(y-t)w_{11}(1-u_3)u_3$$

$$\frac{\partial E}{\partial w_9}=\frac{\partial E}{\partial y}\frac{\partial y}{\partial w_9}=(y-t)u_1$$

$$\frac{\partial E}{\partial w_{10}}=\frac{\partial E}{\partial y}\frac{\partial y}{\partial w_{10}}=(y-t)u_2$$

$$\frac{\partial E}{\partial w_{11}}=\frac{\partial E}{\partial y}\frac{\partial y}{\partial w_{11}}=(y-t)u_3$$

$$\frac{\partial E}{\partial w_{12}}=\frac{\partial E}{\partial y}\frac{\partial y}{\partial w_{12}}=(y-t)$$

p92 > AngryMom.py

```python
# 2X3X1의 인공신경망 만들기
# 입력부에 1을 추가하여 bias 대체
# 출력부 활성화 함수로 항등함수(identity function) 사용

# 게임 및 공부할 때 엄마의 기분을 학습하기
# 게임시간    공부시간      엄마의 기분(y)
#    0           0          -1 (살짝 나쁨)
#    0           1           3 (아주 좋음)
#    1           0          -3 (아주 나쁨)
#    1           1           1 (살짝 좋음)
#    0.5         0.5          ?
#  게임도 공부도 평소보다 덜했을 때 엄마의 기분은 어떨까?

import numpy as np
from random import random

alpha = 0.3                # 학습률(learning rate)
epoch = 1000

# 가중치의 초기화(initializing of weight)
wt = []                    # 빈 리스트를 만들고, 나중에 append를 통해 추가

for i in range(13):        # 2X3X1에서 총 13개의 가중치 값 필요
    w = np.random.rand()
    wt.append(w)

# 시그모이드 활성화 함수
def sigmoid(x):
    y = 1 / (1 + np.exp(-x))
    return y

# 입력(input)값과 정답(teaching data)
input_data = np.array([[0,0], [0,1], [1,0], [1,1]])
teaching_data = np.array([[-1], [3], [-3], [1]])
# 입력값과 정답 데이터를 통해 학습 시작
for n in range(1, epoch+1): # 1부터 epoch까지 반복
```

```
for i in range(len(input_data)):
    x1 = input_data[i][0]          # i번째 행의 첫 번째 숫자 입력
    x2 = input_data[i][1]          # i번째 행의 두 번째 숫자 입력
    t  = teaching_data[i]          # i번째 행의 숫자
    ########## 순방향 계산 #########
    u1 = sigmoid(wt[0]*x1 + wt[3]*x2 + wt[6])
    u2 = sigmoid(wt[1]*x1 + wt[4]*x2 + wt[7])
    u3 = sigmoid(wt[2]*x1 + wt[5]*x2 + wt[8])
    y  = wt[9]*u1 + wt[10]*u2 + wt[11]*u3 + wt[12]
    ######## 역방향 계산(오차역전파) ########
    E = 0.5 * (y - t)**2
    dE_dw_0 = (y-t)*wt[9]* (1-u1)*u1*x1
    dE_dw_1 = (y-t)*wt[10]*(1-u2)*u2*x1
    dE_dw_2 = (y-t)*wt[11]*(1-u3)*u3*x1
    dE_dw_3 = (y-t)*wt[9]* (1-u1)*u1*x2
    dE_dw_4 = (y-t)*wt[10]*(1-u2)*u2*x2
    dE_dw_5 = (y-t)*wt[11]*(1-u3)*u3*x2
    dE_dw_6 = (y-t)*wt[9]* (1-u1)*u1
    dE_dw_7 = (y-t)*wt[10]*(1-u2)*u2
    dE_dw_8 = (y-t)*wt[11]*(1-u3)*u3
    dE_dw_9 =  (y-t)*u1
    dE_dw_10 = (y-t)*u2
    dE_dw_11 = (y-t)*u3
    dE_dw_12 = (y-t)
    ########## 가중치 업데이트(경사하강법) #########
    wt[0] = wt[0] - alpha * dE_dw_0
    wt[1] = wt[1] - alpha * dE_dw_1
    wt[2] = wt[2] - alpha * dE_dw_2
    wt[3] = wt[3] - alpha * dE_dw_3
    wt[4] = wt[4] - alpha * dE_dw_4
    wt[5] = wt[5] - alpha * dE_dw_5
    wt[6] = wt[6] - alpha * dE_dw_6
    wt[7] = wt[7] - alpha * dE_dw_7
    wt[8] = wt[8] - alpha * dE_dw_8
    wt[9] = wt[9] - alpha * dE_dw_9
    wt[10] = wt[10] - alpha * dE_dw_10
    wt[11] = wt[11] - alpha * dE_dw_11
    wt[12] = wt[12] - alpha * dE_dw_12
```

```
    print("{} EPOCH-ERROR: {}".format(n, E))

# Test: 입력값 x1, x2에 대하여 본 신경망으로 예측(순방향 계산)
x1 = 0.5                     # 게임 시간 지정
x2 = 0.5                     # 공부 시간 지정
u1 = sigmoid(wt[0]*x1 + wt[3]*x2 + wt[6])
u2 = sigmoid(wt[1]*x1 + wt[4]*x2 + wt[7])
u3 = sigmoid(wt[2]*x1 + wt[5]*x2 + wt[8])
y  = wt[9]*u1 + wt[10]*u2 + wt[11]*u3 + wt[12]
print("")
print("엄마의 기분은???")
print("게임:{}시간, 공부:{}시간 --> 엄마 기분:{}".format(x1, x2, y))
print("")
```

프로그램을 천천히 살펴보면, 위의 수학 모델에서 계산한 것을 그대로 프로그램으로 옮겼음을 알 수 있습니다. 13개의 초기 가중치 값은 random 함수를 사용하여 임의의 숫자로 설정했습니다. 그럼, 프로그램을 실행하여 결과를 한번 예측해 볼까요?

⌑ STEP 8 예측 결과

```
991 EPOCH-ERROR: [0.]
992 EPOCH-ERROR: [0.]
993 EPOCH-ERROR: [0.]
994 EPOCH-ERROR: [0.]
995 EPOCH-ERROR: [0.]
996 EPOCH-ERROR: [0.]
997 EPOCH-ERROR: [0.]
998 EPOCH-ERROR: [0.]
999 EPOCH-ERROR: [0.]
1000 EPOCH-ERROR: [0.]

엄마의 기분은???
게임:0.5시간, 공부:0.5시간 --> 엄마 기분:[-0.00202954]
```

결괏값을 보고 엄마의 기분을 말해 보세요.

게임과 공부를 모두 평소보다 반만 했을 때 위의 신경망이 예측한 결과, 엄마의 기분은 '아주 약간 좋지 않다'입니다. 단, 거의 0에 가까우므로 엄마의 기분은 '보통'이라고 말할 수도 있습니다. 실제로 신경망의 학습에 따라서는 0에 가까운 +값이 나오기도 합니다. 자, 그럼 프로그램에서 게임 0.3시간($0.3 \times 1 = 0.3$), 공부 0.6시간($0.3 \times 2 = 0.6$)으로 바꾸면 어떨까요? 아마도 엄마의 기분은 좋게 나오겠지만 3보다는 적은 수치이겠지요. 자, 여러분도 $\times 1$, $\times 2$의 조건을 바꾸어 가며 한번 테스트해 보세요. 꽤 그럴싸하게 결과가 나옴을 확인할 수 있을 것입니다.

3. 공이 자꾸 네트에 걸려요!

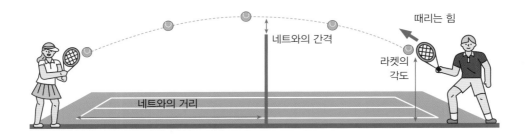

테니스를 할 때 상대방의 코트에 공을 넘기려면 공이 네트의 위를 통과해야 하고, 네트와의 간격은 좁을수록 좋습니다. 네트와의 간격이 너무 넓으면 상대방에게 공격을 당하고, ㅡ가 되면 네트에 걸리게 됩니다. 그럼 네트와의 간격을 결정하는 요인은 무엇일까요?

- 공을 때릴 때 라켓의 각도(0도~90도), 즉 라켓을 눕히면 0도, 세우면 90도예요.
- 공을 치는 힘(0N~10N) 중 10N은 약 1kg 무게의 힘이에요.
- 라켓과 네트의 거리(0m~12m), 즉 테니스 코트 한 면의 길이는 약 12m예요.

그렇다면, 네트 위를 살짝 넘겨 상대방에게 공격을 당하지 않으려면 어떻게 해야 할까요? 많은 연습을 통해 우리 몸으로 익히거나 역학이라 불리는 물리학을 통해 계산할 수도 있겠지만, 여기서는 테니스를 잘 치기 위한 인공지능 모델을 만들기 위해 몇 가지 실험을 하여 다음과 같이 데이터를 모아 보았습니다.

입력			출력
라켓의 각도 (0도~90도)	공을 치는 힘 (0N~10N)	네트와의 거리 (0m~12m)	네트와의 간격 (−1m~1m)
80	6	10	−0.5(네트에 걸림)
45	10	5	1(너무 높게 뜸)
70	8	9	0.1(살짝 넘어감)
60	6	8	0.05(간신히 넘어감)
60	5	3	−0.1(네트에 걸림)
50	5	4	0.5(높게 넘어감)
60	7	7	0(네트에 맞고 넘어감)
80	10	10	?
?	10	9	0.05 이하

코트의 뒷부분(10m)에서 라켓을 세워서(80도) 적당한 힘(6N)으로 공을 쳤더니, 라켓을 너무 세웠는지 네트의 중간(−0.5m)에 걸리고 말았습니다. 이번에는 코트 가운데(5m)에서 라켓을 눕히고(45도) 힘있게(10N) 쳐봤더니, 라켓을 너무 눕혀서 그런지 너무 높게 뜨고 말았습니다.

다양한 위치에서 다양한 각도와 힘으로 공을 친 결과, 위의 표와 같은 결과가 나왔습니다. 그렇다면 코트 뒷부분(10m)에서 라켓을 세우고(80도) 힘있게(10N) 공을 치면 네트에 걸릴까요? 아니면 넘어갈까요? 넘어간다면 네트 윗부분에서 어느 정도의 높이를 유지할까요? 공격을 위해 코트 뒷부분(9m)에서 힘있게(10N) 공을 때려 네트를 살짝 넘기기(0.05m) 위해서는 라켓의 각도를 얼마로 해야 할까요?

위의 문제를 풀기 위해서 우선 인공신경망의 설계를 해보도록 해요. 입력은 라켓 각도, 공을 치는 힘, 네트와의 거리로 3개가 되고, 출력은 네트와의 간격이므로 1개면 될 것 같네요. 은닉층의 노드(셀) 개수는 3개로 해봅시다. 자, 그럼 한번 인공신경망을 만들어 볼까요?

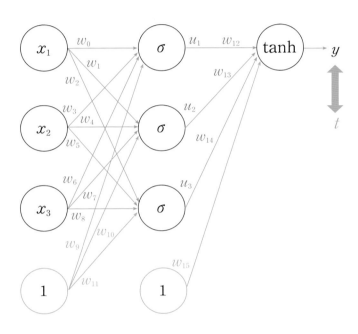

위 그림에서 x_1, x_2, x_3는 입력이고, y는 출력입니다. t는 학습을 하기 위한 정답(교시)이고, σ와 tanh는 활성화 함수입니다. 여기서 σ는 시그모이드 함수이며, tanh는 앞에서 설명한 하이퍼볼릭 탄젠트입니다. 출력 부분에 tanh 활성화 함수를 사용한 것은 출력이 -1에서 1 사이의 값이기 때문입니다. tanh는 미분하면 $(1+\text{tanh})(1-\text{tanh})$가 되는 것은 기억하고 있지요? 빨간색으로 표시된 부분은 기준치가 가중치로 바뀐 부분입니다. 자, 그럼 위의 모델을 수학식으로 바꾸어 계산해 봅시다.

STEP 3   손실함수 설정

평균제곱 오차: $E = \dfrac{1}{2}(y-t)^2$

손실함수의 미분: $\dfrac{\partial E}{\partial y} = (y-t)$

STEP 4   출력값 계산

출력층의 출력값: tanh로 활성화하였기에 다음과 같이 출력됩니다.

$$y = \tanh(w_{12}u_1 + w_{13}u_2 + w_{14}u_3 + w_{15})$$

은닉층의 출력값: 시그모이드 함수로 활성화하여 출력됩니다.

$$u_1 = \sigma(w_0 x_1 + w_3 x_2 + w_6 x_3 + w_9)$$
$$u_2 = \sigma(w_1 x_1 + w_4 x_2 + w_7 x_3 + w_{10})$$
$$u_3 = \sigma(w_2 x_1 + w_5 x_2 + w_8 x_3 + w_{11})$$

STEP 5   경사하강법

미분값에 학습률을 곱해서 빼 줍니다.

$$w_0 = w_0 - \alpha\,\frac{\partial E}{\partial w_0},\ w_1 = w_1 - \alpha\,\frac{\partial E}{\partial w_1},\ w_2 = w_2 - \alpha\,\frac{\partial E}{\partial w_2},\ \cdots$$

$$w_{13} = w_{13} - \alpha\,\frac{\partial E}{\partial w_{13}},\ w_{14} = w_{14} - \alpha\,\frac{\partial E}{\partial w_{14}},\ w_{15} = w_{15} - \alpha\,\frac{\partial E}{\partial w_{15}}$$

미분값 $\dfrac{\partial E}{\partial w}$ 계산: [STEP 3~4]를 이용하여 계산합니다.

$$\frac{\partial E}{\partial w_0} = \frac{\partial E}{\partial y}\frac{\partial y}{\partial u_1}\frac{\partial u_1}{\partial w_0} = (y-t)w_{12}(1+y)(1-y)(1-u_1)u_1 x_1$$

$$\frac{\partial E}{\partial w_1} = \frac{\partial E}{\partial y}\frac{\partial y}{\partial u_2}\frac{\partial u_2}{\partial w_1} = (y-t)w_{13}(1+y)(1-y)(1-u_2)u_2 x_1$$

$$\frac{\partial E}{\partial w_2} = \frac{\partial E}{\partial y}\frac{\partial y}{\partial u_3}\frac{\partial u_3}{\partial w_2} = (y-t)w_{14}(1+y)(1-y)(1-u_3)u_3 x_1$$

$$\frac{\partial E}{\partial w_3} = \frac{\partial E}{\partial y}\frac{\partial y}{\partial u_1}\frac{\partial u_1}{\partial w_3} = (y-t)w_{12}(1+y)(1-y)(1-u_1)u_1 x_2$$

$$\frac{\partial E}{\partial w_4} = \frac{\partial E}{\partial y}\frac{\partial y}{\partial u_2}\frac{\partial u_2}{\partial w_4} = (y-t)w_{13}(1+y)(1-y)(1-u_2)u_2 x_2$$

$$\frac{\partial E}{\partial w_5} = \frac{\partial E}{\partial y}\frac{\partial y}{\partial u_3}\frac{\partial u_3}{\partial w_5} = (y-t)w_{14}(1+y)(1-y)(1-u_3)u_3 x_2$$

$$\frac{\partial E}{\partial w_6} = \frac{\partial E}{\partial y}\frac{\partial y}{\partial u_1}\frac{\partial u_1}{\partial w_6} = (y-t)w_{12}(1+y)(1-y)(1-u_1)u_1 x_3$$

$$\frac{\partial E}{\partial w_7} = \frac{\partial E}{\partial y}\frac{\partial y}{\partial u_2}\frac{\partial u_2}{\partial w_7} = (y-t)w_{13}(1+y)(1-y)(1-u_2)u_2 x_3$$

$$\frac{\partial E}{\partial w_8} = \frac{\partial E}{\partial y}\frac{\partial y}{\partial u_3}\frac{\partial u_3}{\partial w_8} = (y-t)w_{14}(1+y)(1-y)(1-u_3)u_3 x_3$$

$$\frac{\partial E}{\partial w_9} = \frac{\partial E}{\partial y}\frac{\partial y}{\partial u_1}\frac{\partial u_1}{\partial w_9} = (y-t)w_{12}(1+y)(1-y)(1-u_1)u_1$$

$$\frac{\partial E}{\partial w_{10}} = \frac{\partial E}{\partial y}\frac{\partial y}{\partial u_2}\frac{\partial u_2}{\partial w_{10}} = (y-t)w_{13}(1+y)(1-y)(1-u_2)u_2$$

$$\frac{\partial E}{\partial w_{11}} = \frac{\partial E}{\partial y}\frac{\partial y}{\partial u_3}\frac{\partial u_3}{\partial w_{11}} = (y-t)w_{14}(1+y)(1-y)(1-u_3)u_3$$

$$\frac{\partial E}{\partial w_{12}} = \frac{\partial E}{\partial y}\frac{\partial y}{\partial w_{12}} = (y-t)(1+y)(1-y)u_1$$

$$\frac{\partial E}{\partial w_{13}} = \frac{\partial E}{\partial y}\frac{\partial y}{\partial w_{13}} = (y-t)(1+y)(1-y)u_2$$

$$\frac{\partial E}{\partial w_{14}} = \frac{\partial E}{\partial y}\frac{\partial y}{\partial w_{14}} = (y-t)(1+y)(1-y)u_3$$

$$\frac{\partial E}{\partial w_{15}} = \frac{\partial E}{\partial y}\frac{\partial y}{\partial w_{15}} = (y-t)(1+y)(1-y)$$

p101 > TennisPlay.py

```
# 테니스공을 네트 위로 살짝 넘기기 위한 계산용 인공지능
# 입력은 라켓 각도, 공을 치는 힘, 네트와의 거리
# 3X3X1의 인공신경망 만들기
# 입력부에 1을 추가하여 bias 대체
# 출력부 활성화 함수로 하이퍼볼릭 탄젠트 함수(tanh function) 사용

import numpy as np
from random import random

alpha = 0.3                  # 학습률(learning rate)
epoch = 5000

# 가중치의 초기화(initializing of weight)
wt = []                      # 빈 리스트를 만들고, 나중에 append를 통해 추가

for i in range(16):          # 3X3X1에서 총 16개의 가중치 값이 필요
    w = np.random.rand()
    wt.append(w)

# 시그모이드 활성화 함수
def sigmoid(x):
    y = 1 / (1 + np.exp(-x))
    return y
# 하이퍼볼릭 탄젠트 활성화 함수
def tanh(x):
    y = (np.exp(x)-np.exp(-x))/(np.exp(x)+np.exp(-x))
    return y

# 입력(input)값과 정답(teaching data) 데이터 지정
input_data = np.array([[80,6,10], [45,10,5], [70,8,9], [60,6,8], [60,5,3], [50,5,4], [60,7,7]])
teaching_data = np.array([[-0.3], [1], [0.1], [0.05], [-0.1], [0.5], [0]])

# 입력값과 정답을 통해 학습 시작
for n in range(1, epoch+1):  # 1부터 epoch까지 반복
    for i in range(len(input_data)):
```

```
x1 = input_data[i][0]/90   # i번째 행의 첫 번째 숫자/라켓 각도(최대 90도)
x2 = input_data[i][1]/10   # i번째 행의 두 번째 숫자/힘(최대 10N)
x3 = input_data[i][2]/12   # i번째 행의 세 번째 숫자/네트와의 거리(최대 12m)
t  = teaching_data[i]      # i번째 행의 숫자(네트와의 간격)
########## 순방향 계산 #########
u1 = sigmoid(wt[0]*x1 + wt[3]*x2 + wt[6]*x3 + wt[9])
u2 = sigmoid(wt[1]*x1 + wt[4]*x2 + wt[7]*x3 + wt[10])
u3 = sigmoid(wt[2]*x1 + wt[5]*x2 + wt[8]*x3 + wt[11])
y  = tanh(wt[12]*u1 + wt[13]*u2 + wt[14]*u3 + wt[15])
######## 역방향 계산(오차역전파법) ########
E = 0.5 * (y - t)**2
dE_dw_0 = (y-t)*wt[12]*(1+y)*(1-y)*(1-u1)*u1*x1
dE_dw_1 = (y-t)*wt[13]*(1+y)*(1-y)*(1-u2)*u2*x1
dE_dw_2 = (y-t)*wt[14]*(1+y)*(1-y)*(1-u3)*u3*x1
dE_dw_3 = (y-t)*wt[12]*(1+y)*(1-y)*(1-u1)*u1*x2
dE_dw_4 = (y-t)*wt[13]*(1+y)*(1-y)*(1-u2)*u2*x2
dE_dw_5 = (y-t)*wt[14]*(1+y)*(1-y)*(1-u3)*u3*x2
dE_dw_6 = (y-t)*wt[12]*(1+y)*(1-y)*(1-u1)*u1*x3
dE_dw_7 = (y-t)*wt[13]*(1+y)*(1-y)*(1-u2)*u2*x3
dE_dw_8 = (y-t)*wt[14]*(1+y)*(1-y)*(1-u3)*u3*x3
dE_dw_9 = (y-t)*wt[12]*(1+y)*(1-y)*(1-u1)*u1
dE_dw_10 = (y-t)*wt[13]*(1+y)*(1-y)*(1-u2)*u2
dE_dw_11 = (y-t)*wt[14]*(1+y)*(1-y)*(1-u3)*u3
dE_dw_12 = (y-t)*(1+y)*(1-y)*u1
dE_dw_13 = (y-t)*(1+y)*(1-y)*u2
dE_dw_14 = (y-t)*(1+y)*(1-y)*u3
dE_dw_15 = (y-t)*(1+y)*(1-y)
########## 가중치 업데이트(경사하강법) #########
wt[0] = wt[0] - alpha * dE_dw_0
wt[1] = wt[1] - alpha * dE_dw_1
wt[2] = wt[2] - alpha * dE_dw_2
wt[3] = wt[3] - alpha * dE_dw_3
wt[4] = wt[4] - alpha * dE_dw_4
wt[5] = wt[5] - alpha * dE_dw_5
wt[6] = wt[6] - alpha * dE_dw_6
wt[7] = wt[7] - alpha * dE_dw_7
wt[8] = wt[8] - alpha * dE_dw_8
wt[9] = wt[9] - alpha * dE_dw_9
```

```
            wt[10] = wt[10] - alpha * dE_dw_10
            wt[11] = wt[11] - alpha * dE_dw_11
            wt[12] = wt[12] - alpha * dE_dw_12
            wt[13] = wt[13] - alpha * dE_dw_13
            wt[14] = wt[14] - alpha * dE_dw_14
            wt[15] = wt[15] - alpha * dE_dw_15

     print("{} EPOCH-ERROR: {}".format(n, E))

# Test: 입력값 x에 대하여 본 신경망으로 예측(순방향 계산)
x1 = 80/90        # 라켓의 각도(많이 세운 상태, 최대 90도 중, 80도)
x2 = 10/10        # 공을 치는 힘(가장 큰 힘, 최대 10 중, 10N)
x3 = 10/12        # 네트와의 거리(코트의 뒤쪽, 최대 12 중, 10m)
u1 = sigmoid(wt[0]*x1 + wt[3]*x2 + wt[6]*x3 + wt[9])
u2 = sigmoid(wt[1]*x1 + wt[4]*x2 + wt[7]*x3 + wt[10])
u3 = sigmoid(wt[2]*x1 + wt[5]*x2 + wt[8]*x3 + wt[11])
y  = np.tanh(wt[12]*u1 + wt[13]*u2 + wt[14]*u3 + wt[15])
print("")
print("공을 쳤습니다. 네트와의 간격은??")
print("각도:{}도, 힘:{}N, 거리:{}m ─→ 네트와의 간격:{}m".format(x1*90, x2*10, x3*12, y))
if y > 0:
    print("공은 네트 위로 넘어갔어요!")
else:
    print("공이 네트에 걸렸네요. ㅠㅠ")
print("")
```

🏳 STEP 8   예측 결과

위의 프로그램을 실행하면, 코트 뒷부분(10m)에서 라켓을 세우고(80도) 힘있게(10N) 공을 쳤을 때 네트와의 간격이 0.2m 정도가 되는 것을 알 수 있습니다. 그렇다면 0.05m 이하로 공을 넘기려면 라켓 각도를 몇 도로 하면 좋을까요? 라켓 각도가 85도이면 살짝 넘어가고, 87도로 너무 세우면 네트에 걸리는 것을 확인할 수 있습니다. 여러분 스스로 x1의 값을 85도와 87도 사이에서 다양한 각도를 넣어가며, 네트와의 간격을 최소화하는 라켓 각도를 찾아보세요.

위의 프로그램에서 데이터를 입력할 때, 최대치로 나누어진 것을 볼 수 있습니다. 이는 가중치, 시그모이드 등의 값이 0과 1 사이이므로 스케일(크기)을 맞추기 위한 것입니다. 이러한 작업을 정규화normalization라 합니다. 실제로 인공지능 모델을 만들고 학습을 시키려면 정규화 과정이 아주 중요합니다. 가장 간단한 정규화 방법은 가장 큰 값으로 나누는 것입니다. 단, 이 경우는 −1에서 1 사이의 값이 나오게 되므로 0과 1 사이의 값으로 바꾸는 방법은 다음과 같은 것이 있습니다.

여기서 잠깐! | 정규화

임의의 입출력 데이터를 특정 범위(0~1) 내의 숫자로 변환해야 하는 경우에 이용.
데이터의 편향성을 없애거나, 활성화 함수의 출력값에 맞추어야 하는 경우 매우 유용함.

최소-최대 정규화(min-max normalization)	
특징	가장 일반적인 방법으로 0과 1사이의 값으로 변환. 모든 데이터의 scale이 동일함. 임의의 값 x에 대해 최대·최소 정규화를 하면 다음과 같다. $$x \rightarrow (X-MIN)/(MAX-MIN) \qquad x = \frac{x - x_{min}}{x_{max} - x_{min}}$$
| 프로그래밍 | ```python
def min_max_normalize(lst):
    normalized = []
    for value in lst:
        normalized_num = (value - min(lst)) / (max(lst) - min(lst))
        normalized.append(normalized_num)
    return normalized
``` |
| Z-점수 정규화(Z-score normalization) | |
| 특징 | 특정 영역에서 많이 벗어나는 이상치(outlier)가 존재하는 경우, 데이터를 균일하게 분포시키고자 하는 정규화 기법은 다음과 같다.

$$x \rightarrow (X-평균)/표준편차 \qquad x = \frac{x - m}{\sigma}$$ |
| 프로그래밍 | ```python
def z_score_normalize(lst):
    normalized = []
    for value in lst:
        normalized_num = (value - np.mean(lst)) / np.std(lst)
        normalized.append(normalized_num)
    return normalized
``` |

4. 마라톤에서 금메달 따자!

마라톤은 42.195km를 달려야 하는 힘든 운동 경기입니다. 처음부터 달리는 속도가 빠르면 빨리 지치게 되고, 속도가 느리면 다른 선수들에게 뒤처지게 됩니다. 마라톤에서 좋은 기록을 유지하려면 자신의 체력을 감안하여 속도를 조절해야만 합니다. 특히 처음 구간의 속도는 아주 중요합니다. 그럼, 마라톤 기록을 향상시키기 위한 인공지능 학습용 데이터셋을 만들어 볼까요?

처음 체력을 10이라 하고, 체력이 1 떨어지면, 속도는 3km/h 감소한다고 가정하겠습니다. 세계 최정상급 선수의 평균 속도는 20.5km/h, 즉 시속 20.5입니다. [거리＝속도×시간]이라는 물리 공식을 활용하여 계산해 주세요.

입력	출력			
처음 15km 구간 평균 속도 (소요 시간)	15km 지점 체력 저하 (속도 감소)	30km 지점 체력 저하 (속도 감소)	(0~15km 소요 시간)+ (15~30km 소요 시간)+ (30~42km 소요 시간)	최종 기록 (시간)
25(0.6)	−2(−6)	−2(−6)	0.6+0.79+0.92	2.31
30(0.5)	−3(−9)	−4(−12)	0.5+0.71+1.33	2.54
20(0.75)	−1(−3)	−2(−3)	0.75+0.88+0.86	2.49
17(0.88)	0(0)	−1(−3)	0.88+0.88+0.86	2.62
27(0.56)	−2(−6)	−3(−9)	0.56+0.71+1	2.27
28	?	?	−	?

표 맨 위의 데이터를 [시간＝거리/속도] 공식으로 계산해 보겠습니다.

$0{\sim}15km$구간(거리 $15km$): 소요 시간$=\dfrac{15(\mathrm{km})}{25(\mathrm{km/h})}=0.6$시간

$15{\sim}30km$구간(거리 $15km$): 소요 시간$=\dfrac{15(\mathrm{km})}{(25-6)(\mathrm{km/h})}=\dfrac{15}{19}=0.79$시간

$30{\sim}42km$구간(거리 $12km$): 소요 시간$=\dfrac{12(\mathrm{km})}{(19-6)(\mathrm{km/h})}=\dfrac{12}{13}=0.92$시간

마라톤 전 구간 소요 시간＝0.6시간＋0.79시간＋0.92시간＝2.31시간

2.31시간＝2＋(60분×0.31)＝2시간18.6분＝2시간18분＋(60초×0.6)

＝<u>2시간 18분 36초</u>

위의 학습용 데이터셋을 보면 처음 구간의 평균 속도가 시속 27km일 때 기록이 가장 좋다는 것을 알 수 있습니다. 그렇다면 조금 더 분발하여 처음 구간의 평균 속도를 시속 28km로 올린다면 중간 지점 체력 저하와 최종 결과는 어떻게 될까요? 적당한 신경망을 설계하여 예측해 봅시다. 은닉층의 노드(셀) 개수는 3개로 해 보도록 하지요. 자, 그럼 한 번 인공신경망을 만들어 볼까요?

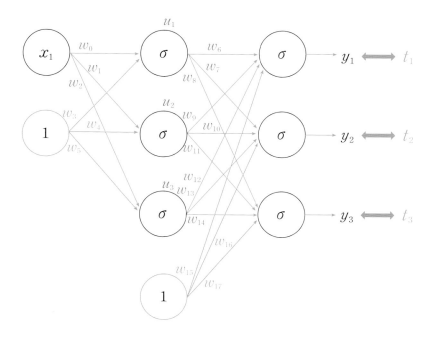

위 그림에서 x_1은 입력이고, y_1, y_2, y_3는 출력입니다. t_1, t_2, t_3는 각각의 출력값에 대해 학습을 하기 위한 정답(교시)이고, σ(시그모이드)는 활성화 함수입니다. 입력은 처음 구간의 평균 속도이고, 출력은 두 번째 구간의 속도 감소, 세 번째 구간의 속도 감소 그리고 최종 기록(시간)입니다. 데이터를 입력할 때 주의해야 할 점은 시그모이드 함수의 출력값, 가중치 초깃값은 0과 1 사이의 값이므로, 입력값과 출력값도 0과 1 사이의 값으로 조정해야 한다는 점입니다. 앞에서 설명한 정규화 방법을 써도 되겠지만, 여기서는 좀 더 간단히 계산하기 위해 다음과 같이 데이터를 변경하여 입력하겠습니다.

- 처음 구간 평균 속도: $\dfrac{3}{100}$을 곱해 줌($25 \rightarrow 25 \times \dfrac{3}{100} = 0.75$)
- 구간 속도 감소: -15로 나누어 줌($-9 \rightarrow \dfrac{-9}{-15} = 0.6$)
- 최종 기록: 시간의 소수점 이하 부분만 사용($2.31 \rightarrow 0.31$)

빨간색으로 표시된 부분은 기준치가 가중치로 바뀐 부분입니다. 자, 그림 위의 모델을 수학식으로 바꾸어 계산해 볼까요?

STEP 3 손실함수 설정

평균제곱 오차: $E = \dfrac{1}{2}\displaystyle\sum_{i=1}^{3}(y_i - t_i)^2 = \dfrac{1}{2}\{(y_1 - t_1)^2 + (y_2 - t_2)^2 + (y_3 - t_3)^2\}$

손실함수의 미분: $\dfrac{\partial E}{\partial y_1} = (y_1 - t_1)$

$$\dfrac{\partial E}{\partial y_2} = (y_2 - t_2)$$

$$\dfrac{\partial E}{\partial y_3} = (y_3 - t_3)$$

STEP 4 출력값 계산

출력층의 출력값: 시그모이드로 활성화하였기에 다음과 같이 출력됩니다.

$$y_1 = \sigma(w_6 u_1 + w_9 u_2 + w_{12} u_3 + w_{15})$$

$$y_2 = \sigma(w_7 u_1 + w_{10} u_2 + w_{13} u_3 + w_{16})$$

$$y_3 = \sigma(w_8 u_1 + w_{11} u_2 + w_{14} u_3 + w_{17})$$

은닉층의 출력값: 시그모이드로 활성화하여 출력됩니다.

$$u_1 = \sigma(w_0 x + w_3)$$

$$u_2 = \sigma(w_1 x + w_4)$$

$$u_3 = \sigma(w_2 x + w_5)$$

STEP 5 경사하강법

미분값에 학습률을 곱해서 빼 줍니다.

$$w_0 = w_0 - \alpha\,\dfrac{\partial E}{\partial w_0},\; w_1 = w_1 - \alpha\,\dfrac{\partial E}{\partial w_1},\; w_2 = w_2 - \alpha\,\dfrac{\partial E}{\partial w_2},\; \cdots$$

$$w_{15} = w_{15} - \alpha\,\dfrac{\partial E}{\partial w_{15}},\; w_{16} = w_{16} - \alpha\,\dfrac{\partial E}{\partial w_{16}},\; w_{17} = w_{17} - \alpha\,\dfrac{\partial E}{\partial w_{17}}$$

미분값 $\dfrac{\partial E}{\partial w}$ 계산: [STEP 3~4]를 이용하여 계산합니다.

$$\frac{\partial E}{\partial w_0}=\frac{\partial E}{\partial y_1}\frac{\partial y_1}{\partial u_1}\frac{\partial u_1}{\partial w_0}+\frac{\partial E}{\partial y_2}\frac{\partial y_2}{\partial u_1}\frac{\partial u_1}{\partial w_0}+\frac{\partial E}{\partial y_3}\frac{\partial y_3}{\partial u_1}\frac{\partial u_1}{\partial w_0}$$

$$=(y_1-t_1)(1-y_1)y_1w_6(1-u_1)u_1x+(y_2-t_2)(1-y_2)y_2w_7(1-u_1)u_1x$$
$$+(y_3-t_3)(1-y_3)y_3w_8(1-u_1)u_1x$$

$$\frac{\partial E}{\partial w_1}=\frac{\partial E}{\partial y_1}\frac{\partial y_1}{\partial u_2}\frac{\partial u_2}{\partial w_1}+\frac{\partial E}{\partial y_2}\frac{\partial y_2}{\partial u_2}\frac{\partial u_2}{\partial w_1}+\frac{\partial E}{\partial y_3}\frac{\partial y_3}{\partial u_2}\frac{\partial u_2}{\partial w_1}$$

$$=(y_1-t_1)(1-y_1)y_1w_9(1-u_2)u_2x+(y_2-t_2)(1-y_2)y_2w_{10}(1-u_2)u_2x$$
$$+(y_3-t_3)(1-y_3)y_3w_{11}(1-u_2)u_2x$$

$$\frac{\partial E}{\partial w_2}=\frac{\partial E}{\partial y_1}\frac{\partial y_1}{\partial u_3}\frac{\partial u_3}{\partial w_2}+\frac{\partial E}{\partial y_2}\frac{\partial y_2}{\partial u_3}\frac{\partial u_3}{\partial w_2}+\frac{\partial E}{\partial y_3}\frac{\partial y_3}{\partial u_3}\frac{\partial u_3}{\partial w_2}$$

$$=(y_1-t_1)(1-y_1)y_1w_{12}(1-u_3)u_3x+(y_2-t_2)(1-y_2)y_2w_{13}(1-u_3)u_3x$$
$$+(y_3-t_3)(1-y_3)y_3w_{14}(1-u_3)u_3x$$

$$\frac{\partial E}{\partial w_3}=\frac{\partial E}{\partial y_1}\frac{\partial y_1}{\partial u_1}\frac{\partial u_1}{\partial w_3}+\frac{\partial E}{\partial y_2}\frac{\partial y_2}{\partial u_1}\frac{\partial u_1}{\partial w_3}+\frac{\partial E}{\partial y_3}\frac{\partial y_3}{\partial u_1}\frac{\partial u_1}{\partial w_3}$$

$$=(y_1-t_1)(1-y_1)y_1w_6(1-u_1)u_1+(y_2-t_2)(1-y_2)y_2w_7(1-u_1)u_1$$
$$+(y_3-t_3)(1-y_3)y_3w_8(1-u_1)u_1$$

$$\frac{\partial E}{\partial w_4}=\frac{\partial E}{\partial y_1}\frac{\partial y_1}{\partial u_2}\frac{\partial u_2}{\partial w_4}+\frac{\partial E}{\partial y_2}\frac{\partial y_2}{\partial u_2}\frac{\partial u_2}{\partial w_4}+\frac{\partial E}{\partial y_3}\frac{\partial y_3}{\partial u_2}\frac{\partial u_2}{\partial w_4}$$

$$=(y_1-t_1)(1-y_1)y_1w_9(1-u_2)u_2+(y_2-t_2)(1-y_2)y_2w_{10}(1-u_2)u_2$$
$$+(y_3-t_3)(1-y_3)y_3w_{11}(1-u_2)u_2$$

$$\frac{\partial E}{\partial w_5}=\frac{\partial E}{\partial y_1}\frac{\partial y_1}{\partial u_3}\frac{\partial u_3}{\partial w_5}+\frac{\partial E}{\partial y_2}\frac{\partial y_2}{\partial u_3}\frac{\partial u_3}{\partial w_5}+\frac{\partial E}{\partial y_3}\frac{\partial y_3}{\partial u_3}\frac{\partial u_3}{\partial w_5}$$

$$=(y_1-t_1)(1-y_1)y_1w_{12}(1-u_3)u_3+(y_2-t_2)(1-y_2)y_2w_{13}(1-u_3)u_3$$
$$+(y_3-t_3)(1-y_3)y_3w_{14}(1-u_3)u_3$$

$$\frac{\partial E}{\partial w_6}=\frac{\partial E}{\partial y_1}\frac{\partial y_1}{\partial w_6}=(y_1-t_1)(1-y_1)y_1u_1$$

$$\frac{\partial E}{\partial w_7}=\frac{\partial E}{\partial y_2}\frac{\partial y_2}{\partial w_7}=(y_2-t_2)(1-y_2)y_2u_1$$

$$\frac{\partial E}{\partial w_8} = \frac{\partial E}{\partial y_3}\frac{\partial y_3}{\partial w_8} = (y_3 - t_3)(1 - y_3)y_3 u_1$$

$$\frac{\partial E}{\partial w_9} = \frac{\partial E}{\partial y_1}\frac{\partial y_1}{\partial w_9} = (y_1 - t_1)(1 - y_1)y_1 u_2$$

$$\frac{\partial E}{\partial w_{10}} = \frac{\partial E}{\partial y_2}\frac{\partial y_2}{\partial w_{10}} = (y_2 - t_2)(1 - y_2)y_2 u_2$$

$$\frac{\partial E}{\partial w_{11}} = \frac{\partial E}{\partial y_3}\frac{\partial y_3}{\partial w_{11}} = (y_3 - t_3)(1 - y_3)y_3 u_2$$

$$\frac{\partial E}{\partial w_{12}} = \frac{\partial E}{\partial y_1}\frac{\partial y_1}{\partial w_{12}} = (y_1 - t_1)(1 - y_1)y_1 u_3$$

$$\frac{\partial E}{\partial w_{13}} = \frac{\partial E}{\partial y_2}\frac{\partial y_2}{\partial w_{13}} = (y_2 - t_2)(1 - y_2)y_2 u_3$$

$$\frac{\partial E}{\partial w_{14}} = \frac{\partial E}{\partial y_3}\frac{\partial y_3}{\partial w_{14}} = (y_3 - t_3)(1 - y_3)y_3 u_3$$

$$\frac{\partial E}{\partial w_{15}} = \frac{\partial E}{\partial y_1}\frac{\partial y_1}{\partial w_{15}} = (y_1 - t_1)(1 - y_1)y_1$$

$$\frac{\partial E}{\partial w_{16}} = \frac{\partial E}{\partial y_2}\frac{\partial y_2}{\partial w_{16}} = (y_2 - t_2)(1 - y_2)y_2$$

$$\frac{\partial E}{\partial w_{17}} = \frac{\partial E}{\partial y_3}\frac{\partial y_3}{\partial w_{17}} = (y_3 - t_3)(1 - y_3)y_3$$

⌐ STEP 7 프로그래밍 및 학습

p110 > Marathon.py

```
# 마라톤에서 좋은 기록을 얻기 위한 예측 프로그램
# 초기 속도에 따른 최종 기록을 예측
# 입력은 처음 15km구간 평균 속도, 출력은 다음 구간의 속도 감소와 최종 기록
# 1X3X3의 인공신경망 만들기
# 입력부에 1을 추가하여 bias 대체
# 활성화 사용. 간단한 정규화로 데이터 입력

import numpy as np
from random import random

alpha = 0.3   # 학습률(learning rate)
epoch = 5000
```

```
# 가중치의 초기화(initializing of weight)
wt = []   # 빈 리스트를 만들고, 나중에 append를 통해 추가

for i in range(18):  # 1X3X3에서 총 18개의 가중치 값이 필요
    w = np.random.rand()
    wt.append(w)

# 시그모이드 활성화 함수
def sigmoid(x):
    y = 1 / (1 + np.exp(-x))
    return y

# 입력(input)값과 정답(teaching data) 데이터 저장하기
input_data = np.array([[25], [30], [20], [17], [27]])
teaching_data = np.array([[6,6,2.31], [9,12,2.54], [3,3,2.49], [0,3,2.62], [6,9,2.27]])

# 입력값과 정답을 통해 학습 시작
for n in range(1, epoch+1):        # 1부터 epoch까지 반복
    for i in range(len(input_data)):
        x = input_data[i]*3/10          # i번째 입력 데이터/초기 속도(곱하기3/10으로 정규화)
        t1 = teaching_data[i][0]/15     # i번째 행의 첫 번째 숫자/첫 번째 구간 속도 감소
                                        # 15로 나누어 정규화
        t2 = teaching_data[i][1]/15     # i번째 행의 두 번째 숫자/두 번째 구간 속도 감소
                                        # 15로 나누어 정규화
        t3 = teaching_data[i][2]-2      # i번째 행의 세 번째 숫자/최종 기록(빼기2로 정규화)
        ########## 순방향 계산 #########
        u1 = sigmoid(wt[0]*x + wt[3])
        u2 = sigmoid(wt[1]*x + wt[4])
        u3 = sigmoid(wt[2]*x + wt[5])
        y1 = sigmoid(wt[6]*u1 + wt[9]*u2 + wt[12]*u3 + wt[15])
        y2 = sigmoid(wt[7]*u1 + wt[10]*u2 + wt[13]*u3 + wt[16])
        y3 = sigmoid(wt[8]*u1 + wt[11]*u2 + wt[14]*u3 + wt[17])
        ######## 역방향 계산(오차역전파법) ########
        E = 0.5*(y1 - t1)**2 + 0.5*(y2 - t2)**2 + 0.5*(y3 - t3)**2
        dE_dw_0 = (y1-t1)*(1-y1)*y1*wt[6]*(1-u1)*u1*x+(y2-t2)*(1-y2)*y2*wt[7]*
                  (1-u1)*u1*x+(y3-t3)*(1-y3)*y3*wt[8]*(1-u1)*u1*x
        dE_dw_1 = (y1-t1)*(1-y1)*y1*wt[9]*(1-u2)*u2*x+(y2-t2)*(1-y2)*y2*wt[10]*
                  (1-u2)*u2*x+(y3-t3)*(1-y3)*y3*wt[11]*(1-u2)*u2*x
```

```
dE_dw_2 = (y1-t1)*(1-y1)*y1*wt[12]*(1-u3)*u3*x+(y2-t2)*(1-y2)*y2*wt[13]*
          (1-u3)*u3*x+(y3-t3)*(1-y3)*y3*wt[14]*(1-u3)*u3*x
dE_dw_3 = (y1-t1)*(1-y1)*y1*wt[6]*(1-u1)*u1+(y2-t2)*(1-y2)*y2*wt[7]*
          (1-u1)*u1+(y3-t3)*(1-y3)*y3*wt[8]*(1-u1)*u1
dE_dw_4 = (y1-t1)*(1-y1)*y1*wt[9]*(1-u2)*u2+(y2-t2)*(1-y2)*y2*wt[10]*
          (1-u2)*u2+(y3-t3)*(1-y3)*y3*wt[11]*(1-u2)*u2
dE_dw_5 = (y1-t1)*(1-y1)*y1*wt[12]*(1-u3)*u3+(y2-t2)*(1-y2)*y2*wt[13]*
          (1-u3)*u3+(y3-t3)*(1-y3)*y3*wt[14]*(1-u3)*u3
dE_dw_6 = (y1-t1)*(1-y1)*y1*u1
dE_dw_7 = (y2-t2)*(1-y2)*y2*u1
dE_dw_8 = (y3-t3)*(1-y3)*y3*u1
dE_dw_9 = (y1-t1)*(1-y1)*y1*u2
dE_dw_10 = (y2-t2)*(1-y2)*y2*u2
dE_dw_11 = (y3-t3)*(1-y3)*y3*u2
dE_dw_12 = (y1-t1)*(1-y1)*y1*u3
dE_dw_13 = (y2-t2)*(1-y2)*y2*u3
dE_dw_14 = (y3-t3)*(1-y3)*y3*u3
dE_dw_15 = (y1-t1)*(1-y1)*y1
dE_dw_16 = (y2-t2)*(1-y2)*y2
dE_dw_17 = (y1-t3)*(1-y3)*y3
########## 가중치 업데이트(경사하강법) #########
wt[0] = wt[0] - alpha * dE_dw_0
wt[1] = wt[1] - alpha * dE_dw_1
wt[2] = wt[2] - alpha * dE_dw_2
wt[3] = wt[3] - alpha * dE_dw_3
wt[4] = wt[4] - alpha * dE_dw_4
wt[5] = wt[5] - alpha * dE_dw_5
wt[6] = wt[6] - alpha * dE_dw_6
wt[7] = wt[7] - alpha * dE_dw_7
wt[8] = wt[8] - alpha * dE_dw_8
wt[9] = wt[9] - alpha * dE_dw_9
wt[10] = wt[10] - alpha * dE_dw_10
wt[11] = wt[11] - alpha * dE_dw_11
wt[12] = wt[12] - alpha * dE_dw_12
wt[13] = wt[13] - alpha * dE_dw_13
wt[14] = wt[14] - alpha * dE_dw_14
wt[15] = wt[15] - alpha * dE_dw_15
wt[16] = wt[16] - alpha * dE_dw_16
wt[17] = wt[17] - alpha * dE_dw_17
```

```
    print("{} EPOCH-ERROR: {}".format(n, E))


# Test: 입력값 x에 대하여 본 신경망으로 예측(순방향 계산)
x = 28 *3/10        # 처음 15km구간의 평균 속도(3/10을 곱해서 정규화)
u1 = sigmoid(wt[0]*x + wt[3])
u2 = sigmoid(wt[1]*x + wt[4])
u3 = sigmoid(wt[2]*x + wt[5])
y1 = sigmoid(wt[6]*u1 + wt[9]*u2 + wt[12]*u3 + wt[15])
y2 = sigmoid(wt[7]*u1 + wt[10]*u2 + wt[13]*u3 + wt[16])
y3 = sigmoid(wt[8]*u1 + wt[11]*u2 + wt[14]*u3 + wt[17])
print("")
print("이 선수, 첫구간 15km 평균 속도가 시속 {}km 이네요.".format(x*10/3))
print("다음 15km 구간에서 속도가 {}km/h 만큼 떨어졌어요. ".format(y1*15))
print("저런, 마지막 12km 구간에서 속도가 {}km/h 만큼 떨어졌어요. ".format(y2*15))
print("아아! 최종 기록은 2시간 {}분 입니다!!".format(y3*60))
print("")
```

🏳 STEP 8   예측 결과

프로그램을 실행해 보면 초기 속도가 28km/h일 때, 최종 기록은 2시간 28분 정도로 나옴을 알 수 있습니다. 첫 번째 구간에서의 속도 감소는 4.7km/h 정도이고, 두 번째 구간에서의 속도 감소는 6.5km/h 정도임도 알 수 있습니다.

```
4993 EPOCH-ERROR: [0.04207492]
4994 EPOCH-ERROR: [0.04207475]
4995 EPOCH-ERROR: [0.04207458]
4996 EPOCH-ERROR: [0.0420744]
4997 EPOCH-ERROR: [0.04207423]
4998 EPOCH-ERROR: [0.04207406]
4999 EPOCH-ERROR: [0.04207389]
5000 EPOCH-ERROR: [0.04207372]

이 선수, 첫구간 15km 평균 속도가 시속 28.0km 이네요.
다음 15km 구간에서 속도가 [4.70257365]km/h 만큼 떨어졌어요.
저런, 마지막 12km 구간에서 속도가 [6.56036231]km/h 만큼 떨어졌어요.
아아! 최종 기록은 2시간 [28.55493194]분 입니다!!
```

단, 이 신경망은 노드의 개수가 적고, 데이터의 양이 많지 않기 때문에 결과치가 정확하다고는 할 수 없습니다. 여러분도 다양한 데이터(학습용, 테스트용)를 만들어 프로그래밍하여 예측해 보면 재미있을 것입니다.

해적과 금화

비트코인bitcoin과 같은 암호화폐cryptocurrency 또는 가상화폐에 대해 들어본 적이 있을 것입니다. 이의 핵심은 블록체인blockchain이라고 하는, 금액과 소유자의 정보 등이 들어있는 장부를 관리하는 기술과 암호 해독을 통해 화폐를 만들어 내는 채굴mining 기법이라 할 수 있습니다. 암호는 다양한 형태로 만들어 낼 수 있습니다만, 컴퓨터가 쉽게 풀지 못하는 수학적 기법을 사용하는 경우가 많습니다.

가장 많이 사용되는 암호는 2, 3, 5, 7, 11, 13 …과 같은 소수prime number를 이용하는 것입니다. 왜냐하면 큰 숫자의 소수는 컴퓨터로도 쉽게 계산해 내지 못하기 때문입니다. 실제로 많은 사람이 수억 개의 소수를 학습하여 소수를 쉽게 찾아내는 인공지능을 만들려고 애쓴 바 있습니다만, 모두 실패하였습니다. 그런 이유로 우리는 경제 시스템의 여러 곳에서 아주 큰 소수를 이용하고 있습니다.

암호화 문제와 관련해 유명한 또 한 가지가 5인의 해적과 100개의 금화 이야기입니다.

어떤 섬에서 5인의 해적이 모여 약탈해 온 100개의 금화를 어떻게 배분할지 논의하였습니다. 5인의 해적은 계급이 정해져 있고, 가장 높은 해적왕이 금화의 배분 방법을 제안하여 전원 투표를 하고, 찬성표가 반수(50%) 이상이면 제안한 방법대로 분배하기로 결론을 내렸습니다. 여기서 반대표가 과반수에 이르면 제안한 해적왕을 죽이고, 2번째 높은 해적이 다시 배분 방법을 제안하여 투표하는 방식입니다. 그렇다면 내가 해적왕이라면 어떤 제안을 해야 죽지 않고 가능한 한 많은 금화를 얻을 수 있을까요? 또, 내가 막내 해적이라면 어떤 제안에 찬성표를 던져야 할까요?

5인의 해적은 모두 논리적이면서 탐욕스럽고, 죽지 않기 위해 노력을 합니다. 해적의 금화 분배 문제는 아주 유명한 이야기로 매우 수학적이면서도 답을 구하는 것이 그리 간단하지 않은 문제입니다. 이 이야기의 정답은 해적왕 98개, 2번째 0개, 3번째 1개, 4번째 0개, 5번째 1개입니다. 이를 풀기위해서 우리는 아주 간단한 상황부터 이해해 볼 필요가 있습니다. 이를 귀납 추론(또는 귀납법)이라고 합니다.

우리는 이해하기 어렵거나 풀기 어려운 문제에 봉착했을 때, 귀납적 추론을 이용해 풀면 의외로 간단히 풀리는 경우가 많습니다. 예를 들어 머신러닝의 오차역전파법을 이해할 때, 일반화를 통한 연역법적 풀이를 하기보다는 $1 \times 2 \times 1$과 같은 간단한 사례에 대해 먼저 이해하고 이를 $2 \times 3 \times 2$와 같이 확장해 나가면 전체적인 패턴을 찾을 수 있고, 최종적으로 일반적 풀이에 도달할 수 있게 됩니다. 귀납 추론은 수학적인 문제뿐만 아니라 다른 복잡한 문제도 이해하기 쉽게 하고 해답을 구할 수 있는 방법을 제시하니 다양한 사례에 많이 적용해 보기 바랍니다.

귀납 추론을 해적과 금화 문제에 적용해 보겠습니다. 먼저 해적이 오로지 한 명이라면 한 사람이 100개를 모두 가질 수 있으므로 정답은 100입니다. 해적이 두 명이라면 1명이 반대해도 반수를 넘으므로 역시 해적왕이 100개의 금화를 가져갈 수 있습니다. 즉, 답은 (0, 100)으로 쓸 수 있습니다.

그렇다면 해적이 3명이라면 어떨까요? 해적왕이 100개를 다 가져가려 한다면 나머지 2명이 반대표를 던지게 되고, 결과적으로 과반수 찬성에 도달하지 못하여 해적왕은 죽게 됩니다. 따라서 해적왕은 막내 해적에게 최소 한 개의 금화를 약속해야 그가 찬성표를 던지게 됩니다. 왜냐하면 해적왕이 죽는다면 해적이 2명일 때의 결과와 같아져 막내는 한 개도 못 건지기 때문입니다. 따라서 정답은 (1, 0, 99)입니다.

다른 답도 있을 것 같다고요? 아닙니다. 잘 따져보면 답은 이 한 가지밖에 없다는 것을 알 수 있습니다. 같은 방법으로 4명일 때와 5명일 때의 상황을 따져보면 다음과 같은 결론을 얻게 됩니다.

해적의 인원	해적왕이 살아서 많은 금화를 갖기 위한 조건
1인	100
2인	0, 100
3인	1, 0, 99
4인	0, 1, 0, 99
5인	1, 0, 1, 0, 98
6인	?

그렇다면 해적의 인원수가 6명 이상이라면 결과는 과연 어떨까요? 이 이야기의 재미있는 부분이 바로 여기입니다. 인원이 많아질수록 해적왕은 죽을 확률이 증가하며 배분도 복잡해지는데, 컴퓨터로 계산하면 쉽게 답이 구해질 것 같지만 그렇지 않다는 점입니다. 실제로 컴퓨터로 계산해 보면 4명까지는 바로 답이 구해지지만, 5명부터 시간이 걸리기 시작하고 6명이 되면 시간은 기하급수적으로 늘어납니다. 해적과 금화 문제를 파이썬 프로그램으로 구현해 보면 다음과 같습니다.

p117 > pirates_coins1.py

```
import sys

def generate_proposal(member, coin):
    if member == 0:
        yield [coin]
    else:
        for i in range(coin, -1, -1):
            for proposal in generate_proposal(member - 1, coin - i):
                yield [i] + proposal

def main(num_pirates, coin):
    optimal_proposal = []
    for member in range(num_pirates):
        best_coin = -1
        best_proposal = None
        optimal_proposal.append(-1)
        for proposal in generate_proposal(member, coin):
            vote = sum(1 for i in range(member + 1) if proposal[i] > optimal_proposal[i])
            if vote * 2 >= (member + 1) and proposal[-1] > best_coin:
                best_coin = proposal[-1]
                best_proposal = proposal
        if best_proposal:
            optimal_proposal = best_proposal

        print(member + 1, optimal_proposal)

if __name__ == '__main__':
    main(int(5), int(100))   # 해적 5명, 금화 100개인 경우
```

프로그램은 보는 바와 같이 매우 간결합니다. 마지막 줄의 main 함수에 해적의 수와 금화의 수를 상황에 따라 입력해 가며 정답을 뽑아 보세요. 해적의 수가 많아지면 계산이 오래 걸리고, 답도 복잡해짐을 알 수 있습니다. 그렇다면 해적의 인원수가 1명부터 50명까지일 때 금화의 개수가 10개뿐이라면 어떤 일이 벌어질까요? 다음은 이를 풀기 위한 프로그램입니다.

p117 > pirates_coins2.py

```python
import sys

def main(num_pirates, coin):

    def solve(proposal):
        necessary_vote = len(proposal) // 2
        ranks = sorted((n, i) for i, n in enumerate(proposal))
        necessary_coin = sum(n + 1 for n, _ in ranks[:necessary_vote])
        if coin >= necessary_coin:
            return [(n + 1 if ranks.index((n, i)) < necessary_vote else 0)
                        for i, n in enumerate(proposal)] + [coin - necessary_coin]
        return proposal + [-1]

    def pretty(x):
        if x == -1:
            return 'x'
        if x > 9:
            return 'G'
        return str(x)

    optimal_proposal = []

    for member in range(num_pirates):
        optimal_proposal = solve(optimal_proposal)
        print('{:4}: {}'.format(member + 1,
                            ''.join(pretty(x) for x in optimal_proposal)))

if __name__ == '__main__':
    main(int(50), int(10))  # 해적 50명에 금화는 10개
```

프로그램을 돌려보면 다음과 같은 결과를 얻습니다. 금화가 10개 이상은 편의상 G로 표시하였습니다. 결과의 X는 제안자가 아무리 애써도 죽는 경우입니다. 즉, 금화가 적고 해적 수가 많아지면 많은 사람이 죽어야 하는 불상사가 생김을 알 수 있습니다.

118

 1: G

 2: 0G

 3: 109

 4: 0109

 5: 10108

 6: 010108

 7: 1010107

 8: 01010107

 9: 101010106

10: 0101010106

11: 10101010105

12: 010101010105

13: 1010101010104

14: 01010101010104

15: 101010101010103

16: 0101010101010103

17: 10101010101010102

18: 010101010101010102

19: 1010101010101010101

20: 01010101010101010101

21: 101010101010101010100

22: 0101010101010101010100

23: 0101010101010101010100x

24: 10101010101010101010100000

25: 10101010101010101010100000x

26: 10101010101010101010100000xx

27: 10101010101010101010100000xxx

28: 010101010101010101010100000000

29: 010101010101010101010100000000x

30: 010101010101010101010100000000xx

31: 010101010101010101010100000000xxx

32: 010101010101010101010100000000xxxx

33: 010101010101010101010100000000xxxxx

34: 010101010101010101010100000000xxxxxx

35: 010101010101010101010100000000xxxxxxx

36: 101010101010101010100000000000000000

37: 101010101010101010100000000000000000x

38: 101010101010101010100000000000000000xx

39: 101010101010101010100000000000000000xxx

40: 101010101010101010100000000000000000xxxx

41: 101010101010101010100000000000000000xxxxx

42: 101010101010101010100000000000000000xxxxxx

43: 101010101010101010100000000000000000xxxxxxx

44: 101010101010101010100000000000000000xxxxxxxx

45: 101010101010101010100000000000000000xxxxxxxxx

46: 101010101010101010100000000000000000xxxxxxxxxx

47: 101010101010101010100000000000000000xxxxxxxxxxx

48: 101010101010101010100000000000000000xxxxxxxxxxxx

49: 101010101010101010100000000000000000xxxxxxxxxxxxx

50: 101010101010101010100000000000000000xxxxxxxxxxxxxx

위에서 우리는 해적의 인원수와 금화의 개수를 변수로 하여 다양한 결과(패턴)가 생겨남을 알 수가 있습니다. 또 해적과 금화의 수가 많아지면 컴퓨터는 간단한 프로그램을 돌리는 것도 힘들어함을 알 수 있습니다. 이를 활용하면 우리는 다양한 암호나 암호화폐를 만들 수도 있을 것입니다. 이러한 논리 문제의 핵심은 소수 문제와 마찬가지로 수식으로 풀기가 어렵다는 것입니다. 단, 프로그램에 의한 단순 반복 계산에 따른 해답 찾기는 가능하며, 컴퓨터가 위력을 발휘하는 부분이기도 합니다.

4

신경망의 일반화

앞 장에서 다양한 형태의 신경망에 대해 계산을 하고, 그 풀이 과정을 알아보았습니다. 그렇다면 i개의 입력, j개의 은닉층 노드 수, k개의 출력을 갖는 $i \times j \times k$ 형태의 일반적 신경망은 어떻게 계산하면 좋을까요? 여기서부터는 조금 복잡한 내용일 수 있으니, 수학에 자신이 없는 사람은 건너뛰어도 좋습니다. 단, 중간에 나오는 **오미입, 오메가미입**은 수학을 몰라도 신경망의 프로그램을 자유자재로 할 수 있는 마법과 같은 공식이니 꼭 이해하고 활용해 보기 바랍니다.

1. 일반적 신경망 만들기

여기서 잠시 $2 \times 3 \times 2$ 형태의 신경망에 대해 살펴보겠습니다. 2-3장에서 배운 $1 \times 2 \times 1$ 신경망과 비교하여 얼마나 복잡해지고, 또 어떻게 수학적 패턴이 변하는지 살펴보기 바랍니다. 신경망이 복잡해지면 수학 모델도 복잡해지지만, 사실은 그 복잡함 속에 일정한 패턴이 숨어있다는 것을 발견할 수 있을 것입니다.

☐ STEP 1 신경망 모델 구축($2 \times 3 \times 2$ 신경망)

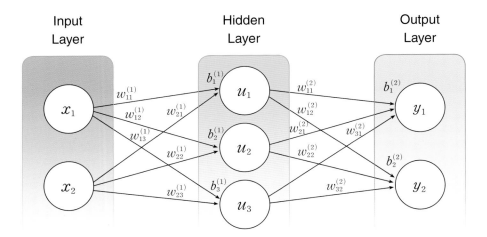

☐ STEP 2 수학 모델 계산하기

① 손실함수: $E = \dfrac{1}{2}\{(y_1 - t_1)^2 + (y_2 - t_2)^2\}$

② 출력값: $y_1 = \sigma(w_{11}^{(2)} u_1 + w_{21}^{(2)} u_2 + w_{31}^{(2)} u_3 + b_1^{(2)})$

$\qquad\qquad y_2 = \sigma(w_{12}^{(2)} u_1 + w_{22}^{(2)} u_2 + w_{32}^{(2)} u_3 + b_2^{(2)})$

$\qquad\qquad u_1 = \sigma(w_{11}^{(1)} x_1 + w_{21}^{(1)} x_2 + b_1^{(1)})$

$\qquad\qquad u_2 = \sigma(w_{12}^{(1)} x_1 + w_{22}^{(1)} x_2 + b_2^{(1)})$

$\qquad\qquad u_3 = \sigma(w_{13}^{(1)} x_1 + w_{23}^{(1)} x_2 + b_3^{(1)})$

③ 손실함수의 미분값:

$$\frac{\partial E}{\partial y_1} = (y_1 - t_1)$$

$$\frac{\partial E}{\partial y_2} = (y_2 - t_2)$$

$$\frac{\partial}{\partial x}\sigma(x) = \sigma(x)(1 - \sigma(x))$$

(출력층 부분)

$$\frac{\partial E}{\partial w_{11}^{(2)}} = \frac{\partial E}{\partial y_1}\frac{\partial y_1}{\partial w_{11}^{(2)}} = (y_1 - t_1)y_1(1 - y_1)u_1$$

$$\frac{\partial E}{\partial w_{12}^{(2)}} = \frac{\partial E}{\partial y_2}\frac{\partial y_2}{\partial w_{12}^{(2)}} = (y_2 - t_2)y_2(1 - y_2)u_1$$

$$\frac{\partial E}{\partial w_{21}^{(2)}} = \frac{\partial E}{\partial y_1}\frac{\partial y_1}{\partial w_{21}^{(2)}} = (y_1 - t_1)y_1(1 - y_1)u_2$$

$$\frac{\partial E}{\partial w_{22}^{(2)}} = \frac{\partial E}{\partial y_2}\frac{\partial y_2}{\partial w_{22}^{(2)}} = (y_2 - t_2)y_2(1 - y_2)u_2$$

$$\frac{\partial E}{\partial w_{31}^{(2)}} = \frac{\partial E}{\partial y_1}\frac{\partial y_1}{\partial w_{31}^{(2)}} = (y_1 - t_1)y_1(1 - y_1)u_3$$

$$\frac{\partial E}{\partial w_{32}^{(2)}} = \frac{\partial E}{\partial y_2}\frac{\partial y_2}{\partial w_{32}^{(2)}} = (y_2 - t_2)y_2(1 - y_2)u_3$$

$$\frac{\partial E}{\partial b_1^{(2)}} = \frac{\partial E}{\partial y_1}\frac{\partial y_1}{\partial b_1^{(2)}} = (y_1 - t_1)y_1(1 - y_1)$$

$$\frac{\partial E}{\partial b_2^{(2)}} = \frac{\partial E}{\partial y_2}\frac{\partial y_2}{\partial b_2^{(2)}} = (y_2 - t_2)y_2(1 - y_2)$$

(은닉층 부분)

$$\frac{\partial E}{\partial w_{11}^{(1)}} = \frac{\partial E}{\partial y_1}\frac{\partial y_1}{\partial u_1}\frac{\partial u_1}{\partial w_{11}^{(1)}} + \frac{\partial E}{\partial y_2}\frac{\partial y_2}{\partial u_1}\frac{\partial u_1}{\partial w_{11}^{(1)}}$$
$$= (y_1 - t_1)y_1(1 - y_1)w_{11}^{(2)}u_1(1 - u_1)x_1 + (y_2 - t_2)y_2(1 - y_2)w_{12}^{(2)}u_1(1 - u_1)x_1$$

$$\frac{\partial E}{\partial w_{12}^{(1)}} = \frac{\partial E}{\partial y_1}\frac{\partial y_1}{\partial u_2}\frac{\partial u_2}{\partial w_{12}^{(1)}} + \frac{\partial E}{\partial y_2}\frac{\partial y_2}{\partial u_2}\frac{\partial u_2}{\partial w_{12}^{(1)}}$$
$$= (y_1 - t_1)y_1(1 - y_1)w_{21}^{(2)}u_2(1 - u_2)x_1 + (y_2 - t_2)y_2(1 - y_2)w_{22}^{(2)}u_2(1 - u_2)x_1$$

$$\frac{\partial E}{\partial w_{13}^{(1)}} = \frac{\partial E}{\partial y_1}\frac{\partial y_1}{\partial u_3}\frac{\partial u_3}{\partial w_{13}^{(1)}} + \frac{\partial E}{\partial y_2}\frac{\partial y_2}{\partial u_3}\frac{\partial u_3}{\partial w_{13}^{(1)}}$$
$$= (y_1 - t_1)y_1(1 - y_1)w_{31}^{(2)}u_3(1 - u_3)x_1 + (y_2 - t_2)y_2(1 - y_2)w_{32}^{(2)}u_3(1 - u_3)x_1$$

$$\frac{\partial E}{\partial w_{21}^{(1)}} = \frac{\partial E}{\partial y_1}\frac{\partial y_1}{\partial u_1}\frac{\partial u_1}{\partial w_{21}^{(1)}} + \frac{\partial E}{\partial y_2}\frac{\partial y_2}{\partial u_1}\frac{\partial u_1}{\partial w_{21}^{(1)}}$$

$$= (y_1-t_1)y_1(1-y_1)w_{11}^{(2)}u_1(1-u_1)x_2 + (y_2-t_2)y_2(1-y_2)w_{12}^{(2)}u_1(1-u_1)x_2$$

$$\frac{\partial E}{\partial w_{22}^{(1)}} = \frac{\partial E}{\partial y_1}\frac{\partial y_1}{\partial u_2}\frac{\partial u_2}{\partial w_{22}^{(1)}} + \frac{\partial E}{\partial y_2}\frac{\partial y_2}{\partial u_2}\frac{\partial u_2}{\partial w_{22}^{(1)}}$$

$$= (y_1-t_1)y_1(1-y_1)w_{21}^{(2)}u_2(1-u_2)x_2 + (y_2-t_2)y_2(1-y_2)w_{22}^{(2)}u_2(1-u_2)x_2$$

$$\frac{\partial E}{\partial w_{23}^{(1)}} = \frac{\partial E}{\partial y_2}\frac{\partial y_2}{\partial u_3}\frac{\partial u_3}{\partial w_{23}^{(1)}} + \frac{\partial E}{\partial y_2}\frac{\partial y_2}{\partial u_3}\frac{\partial u_3}{\partial w_{23}^{(1)}}$$

$$= (y_1-t_1)y_1(1-y_1)w_{31}^{(2)}u_3(1-u_3)x_2 + (y_2-t_2)y_2(1-y_2)w_{32}^{(2)}u_3(1-u_3)x_2$$

$$\frac{\partial E}{\partial b_1^{(1)}} = \frac{\partial E}{\partial y_1}\frac{\partial y_1}{\partial u_1}\frac{\partial u_1}{b_1^{(1)}} + \frac{\partial E}{\partial y_2}\frac{\partial y_2}{\partial u_1}\frac{\partial u_1}{b_1^{(1)}}$$

$$= (y_1-t_1)y_1(1-y_1)w_{11}^{(2)}u_1(1-u_1) + (y_2-t_2)y_2(1-y_2)w_{12}^{(2)}u_1(1-u_1)$$

$$\frac{\partial E}{\partial b_2^{(1)}} = \frac{\partial E}{\partial y_1}\frac{\partial y_1}{\partial u_2}\frac{\partial u_2}{b_2^{(1)}} + \frac{\partial E}{\partial y_2}\frac{\partial y_2}{\partial u_2}\frac{\partial u_2}{b_2^{(1)}}$$

$$= (y_1-t_1)y_1(1-y_1)w_{21}^{(2)}u_2(1-u_2) + (y_2-t_2)y_2(1-y_2)w_{22}^{(2)}u_2(1-u_2)$$

$$\frac{\partial E}{\partial b_3^{(1)}} = \frac{\partial E}{\partial y_1}\frac{\partial y_1}{\partial u_3}\frac{\partial u_3}{b_3^{(1)}} + \frac{\partial E}{\partial y_2}\frac{\partial y_2}{\partial u_3}\frac{\partial u_3}{b_3^{(1)}}$$

$$= (y_1-t_1)y_1(1-y_1)w_{31}^{(2)}u_3(1-u_3) + (y_2-t_2)y_2(1-y_2)w_{32}^{(2)}u_3(1-u_3)$$

위의 미분값(기울기값)을 계산한 수식에서 알 수 있듯이, 출력층의 미분값은 (y_1-t_1) $y_1(1-y_1)u_1$의 형태로 표현됨을 알 수 있습니다. 앞부분의 y_1-t_1은 오차를 나타내며, 중간부분의 $y_1(1-y_1)$은 시그모이드 함수의 미분과 같습니다. 마지막의 u_1은 은닉층으로부터의 입력입니다. 즉, 오차역전파를 위한 출력층의 미분값은 출력층 오차×출력층 활성화 함수의 미분×출력층의 입력의 형태가 됩니다. **오(오차)미(미분)입(입력)**은 아주 중요한 일반화 공식이니 꼭 **오미입**이라고 외워 두기 바랍니다.

그럼 은닉층의 미분값은 어떨까요? 위의 식을 살펴보면 $(y_1-t_1)y_1(1-y_1)w_{11}^{(2)}u_1(1-u_1)x_1 + (y_2-t_2)y_2(1-y_2)w_{12}^{(2)}u_1(1-u_1)x_1$의 형태가 됨을 알 수가 있습니다.

즉, 은닉층의 미분값＝(출력층 오차×출력층 미분×출력층 가중치)를 모두 더한 값×은닉층 미분×은닉층의 입력의 형태가 됨을 알 수 있습니다. 여기서 (출력층 오차×출력층 미분× 출력층 가중치)는 사실 은닉층의 오차가 됩니다. 따라서 은닉층의 미분값도 **오미입**의 형태라 할 수 있습니다.

은닉층의 미분값은 **오**(오차)**메**(미분)**가**(가중치)**미입**으로 외워 두면 편리합니다. 여기서 **오메가**는 뒤쪽(출력층)의 오차×미분×입력을 모두 더한 값입니다. **오메가**는 은닉층에 숨어살고, 뒷집(출력층)의 모든 것을 훔쳐와 자기 것으로 만드는 도둑과 같은 존재이므로, '괴도 오메가'라 불러도 좋을 것 같습니다.

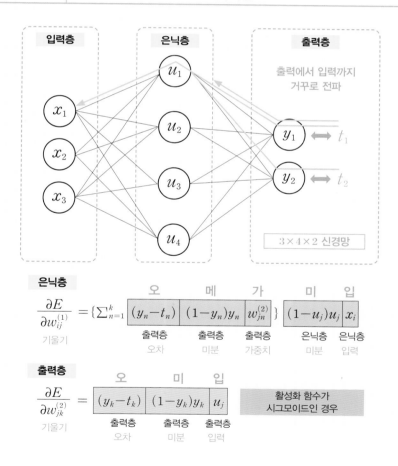

🖐️ **여기서 잠깐!** | **마법의 주문 <오미입, 오메가미입>**

은닉층

$$\frac{\partial E}{\partial w_{ij}^{(1)}} = \{\sum_{n=1}^{k} \underbrace{(y_n - t_n)}_{\substack{\text{출력층}\\\text{오차}}} \underbrace{(1-y_n)y_n}_{\substack{\text{출력층}\\\text{미분}}} \underbrace{w_{jn}^{(2)}}_{\substack{\text{출력층}\\\text{가중치}}}\} \underbrace{(1-u_j)u_j}_{\substack{\text{은닉층}\\\text{미분}}} \underbrace{x_i}_{\substack{\text{은닉층}\\\text{입력}}}$$

기울기   오   메   가   미   입

출력층

$$\frac{\partial E}{\partial w_{jk}^{(2)}} = \underbrace{(y_k - t_k)}_{\substack{\text{출력층}\\\text{오차}}} \underbrace{(1-y_k)y_k}_{\substack{\text{출력층}\\\text{미분}}} \underbrace{u_j}_{\substack{\text{출력층}\\\text{입력}}}$$

기울기   오   미   입

활성화 함수가
시그모이드인 경우

이를 파이썬 프로그램으로 표현하면 다음과 같습니다. 앞의 **오미입** 공식과 비교해 보세요.

```
                                                    p126 > 2X3X2_NN.py
########## forward(순방향) ########
u1 = sigmoid(wt[0]*x1 + wt[1]*x2 + bs[0])
u2 = sigmoid(wt[2]*x1 + wt[3]*x2 + bs[1])
u3 = sigmoid(wt[4]*x1 + wt[5]*x2 + bs[2])
y1 = sigmoid(wt[6]*u1 + wt[7]*u2 + wt[8]*u3 + bs[3])
y2 = sigmoid(wt[9]*u1 + wt[10]*u2 + wt[11]*u3 + bs[4])
########## backward(역방향) ########
E = 0.5 * (y1 - t1)**2 + 0.5 * (y2 - t2)**2
dE_dw_0 = ((y1-t1)*(1-y1)*y1*wt[6] + (y2-t2)*(1-y2)*y2*wt[9])* (1-u1)*u1*x1
           오      메    가    오      메    가      미   입
dE_dw_1 = ((y1-t1)*(1-y1)*y1*wt[7] + (y2-t2)*(1-y2)*y2*wt[10])*(1-u2)*u2*x1
dE_dw_2 = ((y1-t1)*(1-y1)*y1*wt[8] + (y2-t2)*(1-y2)*y2*wt[11])*(1-u3)*u3*x1
dE_dw_3 = ((y1-t1)*(1-y1)*y1*wt[6] + (y2-t2)*(1-y2)*y2*wt[9])* (1-u1)*u1*x2
dE_dw_4 = ((y1-t1)*(1-y1)*y1*wt[7] + (y2-t2)*(1-y2)*y2*wt[10])*(1-u2)*u2*x2
dE_dw_5 = ((y1-t1)*(1-y1)*y1*wt[8] + (y2-t2)*(1-y2)*y2*wt[11])*(1-u3)*u3*x2
dE_dw_6 = (y1-t1)*(1-y1)*y1*u1
           오      미   입
dE_dw_7 = (y1-t1)*(1-y1)*y1*u2
dE_dw_8 = (y1-t1)*(1-y1)*y1*u3
dE_dw_9 = (y2-t2)*(1-y2)*y2*u1
dE_dw_10 = (y2-t2)*(1-y2)*y2*u2
dE_dw_11 = (y2-t2)*(1-y2)*y2*u3
dE_db_0 = ((y1-t1)*(1-y1)*y1*wt[6] + (y2-t2)*(1-y2)*y2*wt[9])* (1-u1)*u1 *1
           오      메    가    오      메    가      미   입(1)
dE_db_1 = ((y1-t1)*(1-y1)*y1*wt[7] + (y2-t2)*(1-y2)*y2*wt[10])* (1-u2)*u2 *1
dE_db_2 = ((y1-t1)*(1-y1)*y1*wt[8] + (y2-t2)*(1-y2)*y2*wt[11])* (1-u3)*u3 *1
dE_db_3 = (y1-t1)*(1-y1)*y1 *1
           오      미   입(1)
dE_db_4 = (y2-t2)*(1-y2)*y2
```

앞의 패턴을 보다 일반화하여 수식으로 표현하면 다음과 같습니다.

① 손실함수

$$E = \frac{1}{2}\{(y_1 - t_1)^2 + (y_2 - t_2)^2 + \cdots\} \;\rightarrow\; E = \sum_{n=1}^{k} (y_n - t_n)^2$$

② 은닉층 및 출력층의 출력값

$$u_j = \sigma(w_{1j}^{(1)} x_1 + w_{2j}^{(1)} x_2 + \cdots + b_j^{(1)}) \;\rightarrow\; u_j = \sigma(\sum_{n=1}^{i} w_{nj}^{(1)} x_n + b_j^{(1)})$$

$$y_k = \sigma(w_{1k}^{(2)} u_1 + w_{2k}^{(2)} u_2 + \cdots + b_k^{(2)}) \;\rightarrow\; y_k = \sigma(\sum_{n=1}^{j} w_{nk}^{(1)} x_n + b_k^{(2)})$$

③ 은닉층 및 출력층의 손실함수 미분값 (가중치 부분)

$$\frac{\partial E}{\partial w_{ij}^{(1)}} = \{(y_1 - t_1)(1 - y_1)y_1 w_{j1}^{(2)} + (y_2 - t_2)(1 - y_2)y_2 w_{j2}^{(2)} + \cdots\}(1 - u_j)u_j x_i \;\rightarrow$$

$$\frac{\partial E}{\partial w_{ij}^{(1)}} = \{\textstyle\sum_{n=1}^{k}(y_n - t_n)(1 - y_n)y_n w_{jn}^{(2)}\}(1 - u_j)u_j x_i \qquad \text{(은닉층: 오메가미입)}$$

$$\frac{\partial E}{\partial w_{ik}^{(2)}} = (y_k - t_k)(1 - y_k)y_k u_j \qquad \text{(출력층: 오미입)}$$

④ 은닉층 및 출력층의 손실함수 미분값 (bias 부분)

$$\frac{\partial E}{\partial b_j^{(1)}} = \{(y_1 - t_1)(1 - y_1)y_1 w_{j1}^{(2)} + (y_2 - t_2)(1 - y_2)y_2 w_{j2}^{(2)} + \cdots\}(1 - u_j)u_j \;\rightarrow$$

$$\frac{\partial E}{\partial b_j^{(1)}} = \{\textstyle\sum_{n=1}^{k}(y_n - t_n)(1 - y_n)y_n w_{jn}^{(2)}\}(1 - u_j)u_j \qquad \text{(은닉층: 오메가미입), 입력이 1}$$

$$\frac{\partial E}{\partial b_k^{(2)}} = (y_k - t_k)(1 - y_k)y_k \qquad \text{(출력층: 오미입), 입력이 1}$$

(bias 생략 모델에서는 입력에 1이 추가되므로, 입력 1이 곱해진 것입니다.)

2. 델타 규칙

앞의 일반화 식에서 오차×활성화 함수의 미분 부분을 보통 δ델타로 표현하는 경우가 많습니다. 이는 오차역전파법의 핵심이기도 하며, 아주 중요한 개념입니다. δ에 관한 수학적인 표현과 프로그래밍 기법에 대해 조금 더 자세히 살펴보겠습니다.

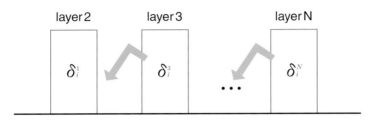

그림 2-16 단위 오차의 역전파

j번째 layer에 있어서의 단위 오차unit error를 δ_i^j라 하면, $\delta_i^j = \dfrac{\partial E}{\partial z_i^j}$가 됩니다.

여기서 E: 손실함수

z: $wx+b$ 가중합

$j = 2, 3, \cdots N$ j번째 층

$i = 1, 2, 3, \cdots$ i번째 노드

$$\frac{\partial E}{\partial w_{11}^2} = \boxed{\frac{\partial E}{\partial z_1^2} \; \frac{\partial z_1^2}{\partial w_{11}^2}} \;\Rightarrow\; z_1^2 = w_{11}^2 x_1 + w_{12}^2 x_2 + \cdots b_1^2$$

체인 룰

$$\Rightarrow\; \boxed{\frac{\partial z_1^2}{\partial w_{11}^2} = x_1} \quad \boxed{\frac{\partial E}{\partial z_{11}^2} = \delta_1^2} \;\Rightarrow\; \boxed{\frac{\partial E}{\partial w_{11}^2} = \delta_1^2 x_1}$$

$$\frac{\partial E}{\partial b_1^2} = \frac{\partial E}{\partial z_1^2} \frac{\partial z_1^2}{\partial b_1^2} \;\Rightarrow\; \boxed{\frac{\partial E}{\partial b_1^2} = \delta_1^2} \;\Rightarrow\; \text{계속 확장해 가면}$$

$$\boxed{\frac{\partial E}{\partial w_{ij}^n} = \delta_i^n x_j^{n-1}} \quad \boxed{\frac{\partial E}{\partial b_i^n} = \delta_i^n} \quad n = 2, \; 3, \; \cdots$$

이와 같이 번잡한 미분 계산을 점화식(수열) 형태로 표현할 수 있습니다.

체인 룰

$$\delta_1^2 = \frac{\partial E}{\partial z_1^2} = \frac{\partial E}{\partial z_1^3} \frac{\partial z_1^3}{\partial x_1^2} \frac{\partial x_1^2}{\partial z_1^2} + \frac{\partial E}{\partial z_2^3} \frac{\partial z_2^3}{\partial x_1^2} \frac{\partial x_1^2}{\partial z_1^2} \qquad \cdots\cdots(1)$$

$$\boxed{\frac{\partial E}{\partial z_1^3} = \delta_1^3} \qquad \boxed{\frac{\partial E}{\partial z_2^3} = \delta_2^3} \qquad \boxed{\frac{\partial z_1^3}{\partial x_1^2} = w_{11}^3} \qquad \boxed{\frac{\partial z_2^3}{\partial x_1^2} = w_{21}^3} \qquad \cdots\cdots(2)$$

활성화 함수 $a(z)$를 적용하면

입력에 대한 출력의 변화량＝활성화 함수의 미분 $\qquad \boxed{\frac{\partial x_1^2}{\partial z_1^2} = a'(z_1^2)} \qquad \cdots\cdots(3)$

$(2), (3)$을 (1)식에 대입하면 $\qquad \delta_1^2 = (\delta_1^3 w_{11}^3 + \delta_2^3 w_{21}^3) a'(z_1^2)$

➡ $\delta_2^2, \delta_3^2, \cdots$에 대해 같은 방법으로 풀고 일반화하면

$$\delta_i^n = (\delta_1^{n+1} w_{1i}^{n+1} + \delta_2^{n+1} w_{2i}^{n+1} + \cdots + \delta_m^{n+1} w_{mi}^{n+1}) a'(z_i^n)$$

$\delta_i^n = (\delta_1^{n+1} w_{1i}^{n+1} + \delta_2^{n+1} w_{2i}^{n+1} + \cdots + \delta_m^{n+1} w_{mi}^{n+1}) a'(z_i^n)$는 n번째 층의 역점화식이며, m은 $n+1$번째 층의 노드 수, n은 2 이상의 수입니다. 따라서 일반적인 신경망에서는 각 가중치를 다음과 같이 업데이트하면 오차역전파에 의한 학습이 가능하게 됩니다. 이를 델타(δ) 규칙Delta rule이라 합니다.

☞ 수열, 점화식에 대한 자세한 내용은 259, 260쪽을 참고하세요.

$$w_{ij} \;\leftarrow\; w_{ij} + \alpha \delta_i x_j$$
$$\delta_i = a'(v_i)e_i$$

여기서 e_i = 출력 노드 i의 오차

v_i = 출력 노드 i의 가중합

a' = 활성화 함수 a의 도함수

위의 델타 규칙의 식을 보면, 앞에서 나온 **오미입** 공식과 완벽히 일치함을 알 수 있습니다. 델타와 오미입 공식의 관계는 다음과 같이 나타낼 수 있습니다.

Delta = 활성화 함수의 미분 × 오차 = <오미입> 공식의 '오미' 부분

델타 규칙이 너무 어렵게 느껴진다면, 너무 애써서 이해하려 하지 말고, 여러분은 **오미입**(출력층 기울기), **오메가미입**(은닉층 기울기) 공식을 활용하여 모델을 수학적으로 표현하고 프로그램을 짜는 것이 좋습니다.

3. 아빠는 코로나 19에 감염되었을까?

요즘 코로나 바이러스로 전 세계가 힘들어하고 있어요. 마스크도 늘 착용하고 가능한 한 외출도 자제하고 있지만, 그래도 혹시 나도 모르게 코로나 19에 감염되었는지 항상 걱정입니다. 오늘은 갑자기 아빠가 열이 나고 기침을 한다고 감기 또는 독감인지 코로나 19인지 걱정이 된다고 하네요. 나 역시 너무 걱정되어 그동안 알려진 코로나 19의 증상을 모아 데이터 셋을 만들고, 신경망으로 학습을 시켜 보았습니다. 물론 아빠는 방금 PCR 검사를 받으러 갔습니다.

⌐STEP 1 데이터셋 준비

데이터셋은 다음과 같습니다.

코로나 19 증상(입력)				감염 여부(출력)	
발열	미후각 장애	기침	가슴 통증	감기/독감 감염(1), 비감염(0)	코로나 감염(1), 비감염(0)
1	0	0	1	0 (비감염)	1 (감염)
1	0	0	0	0.5 (50%확률)	0.5 (50%확률)
0	0	1	1	1 (감염)	0 (비감염)
0	1	0	0	0 (비감염)	0 (비감염)
1	1	0	0	0 (비감염)	1 (감염)
0	1	0	1	0 (비감염)	0.5 (50%확률)
0	0	1	0	1 (감염)	0 (비감염)
1	0	1	0	? (감염 확률)	? (감염 확률)

p132 > COVID19.py

```python
# (i) X (j) X (k)의 일반화 신경망을 만들어 보자(오미입, 오메가미입 공식 활용).
# 시그모이드 함수로 활성화되었으므로 output은 0과 1사이로 나와야만 한다.
# 공식에 충실한 모델이므로 잘 이해하자.

import numpy as np
from random import random
import matplotlib.pyplot as plt

######################### hyper parameter ######################
alpha = 0.1        # 학습률(learning rate)
epoch = 3000       # 학습 횟수
n_hidden = 4       # 은닉층 노드 수

############# 가중치 초기화 함수(weight initialize) #############
wt = []            # 가중치의 빈 리스트(vacant array for weights)
bs = []            # bias의 빈 리스트(vacant array for bias)
def init_weight(n_input, n_output):
    global wt, bs
    for i in range(n_input*n_hidden + n_hidden*n_output):
        w = np.random.rand()
        wt.append(w)
    for i in range(n_hidden + n_output):
        w = np.random.rand()
        bs.append(w)

######## 시그모이드 활성화 함수(sigmoid activation function) ######
def sigmoid(x):
    y = 1 / (1 + np.exp(-x))
    return y

####################### 순방향(forward) 계산 ####################
def forward(x, n_output):
    u = []; y = []      # 은닉층 출력값과 출력층 출력값의 빈 list
    n_input = len(x)
    # 은닉층 출력값
    for j in range(n_hidden):      # 은닉층 노드 개수
        sum = 0
        for n in range(n_input):   # 입력 개수
```

```python
        # 2X3X2의 경우: u1=s(w0x0+w3x1+b0), u2=s(w1x0+w4x1+b1), u3=s(w2x0+w5x1+b2)
            tmp = wt[n*n_hidden+j] * x[n]
            sum = sum + tmp
        u.append(sigmoid(sum + bs[j]))  # 가중합을 시그모이드로 활성화


    # 출력층 출력값
    for k in range(n_output):
        sum = 0
        for n in range(n_hidden):
        # 2X3X2의 경우: y0=s(w6u0+w8u1+w10u2+b3), y1=s(w7u0+w9u1+w11u2+b4)
            tmp = wt[n_input*n_hidden + n*n_output+k] * u[n]
            sum = sum + tmp
        y.append(sigmoid(sum+bs[n_hidden+k]))  # 가중합을 시그모이드로 활성화


    return u, y


############## 오차역전파 역방향 기울기 계산(back propagation) ##############
def backpropagate(x, u, y, t):
    dE_dw = []      # 가중치 기울기 값의 빈 리스트
    dE_db = []      # Bias 기울기 값의 빈 리스트
    n_input = len(x); n_output = len(t)
    for i in range(n_input):
        for j in range(n_hidden):
            sum = 0
            for n in range(n_output):
                tmp = (y[n]-t[n])*(1y[n])*y[n]*wt[n_input*n_hidden+j+n_hidden*n]
                # "오메가" 부분을 우선적으로 계산
                sum = sum + tmp
            dE_dw.append(sum*(1-u[j])*u[j]*x[i])
                # 은닉층의 기울기 공식: 오메가 x 미입


    for j in range(n_hidden):
        sum = 0
        for k in range(n_output):
            dE_dw.append((y[k]-t[k])*(1-y[k])*y[k]*u[j])  # 오미입
            # 출력층의 기울기 공식: 오미입
            tmp = (y[k]-t[k])*(1-y[k])*y[k]*wt[n_input*n_hidden+j+n_hidden*k]
            sum = sum + tmp
        dE_db.append(sum*(1-u[j])*u[j])
```

```python
            # 은닉층 bias에 대한 기울기 공식: 오메가 x 미입 (입력은 1)

    for i in range(n_output):
        tmp = (y[i]-t[i])*(1-y[i])*y[i]
        dE_db.append(tmp)
            # 출력층 bias에 대한 기울기 공식: 오미입 (입력은 1)

    return dE_dw, dE_db

################## 최적화(경사하강법) 계산(gradient descent) ##################
def update_weight(dE_dw, dE_db):
    global wt, bs
    for i in range(len(wt)):
        wt[i] = wt[i] - alpha * dE_dw[i]
    for i in range(len(bs)):
        bs[i] = bs[i] - alpha * dE_db[i]


##################### 손실함수(loss function) 계산 #####################
def calc_error(y, t):
    err = 0
    for i in range(len(t)):
        tmp = 0.5*(y[i]-t[i])**2
        err = err + tmp
    return err

def error_graph(error):  # 학습이 진행됨(epoch)에 따른 Error값 변화를 가시화
    plt.ylim(0.0, 1.0)          # 오차 그래프의 y축(오차값)의 표시 범위 설정
    plt.plot(np.arange(0, error.shape[0]), error)
    plt.show()

################## 신경망으로 학습(learning by NN) ##################
def train(X, T):

    error = np.zeros(epoch)           # 손실함수(오차) 초기화

    n_input = X.shape[1]              # 입력 노드 수
    n_output = T.shape[1]             # 출력 노드 수

    # 가중치 초기화
    init_weight(n_input, n_output)
```

```python
###### 입력과 정답으로 학습(train with input and teaching datum) ######
for n in range(epoch):              # epoch수 만큼 반복
    for i in range(X.shape[0]):     # 입력 데이터 개수
        x = X[i, :]                 # x: 입력값 처음부터 끝까지
        t = T[i, :]                 # t: 출력값 처음부터 끝까지

        ### 신경망 순방향 계산(forward) ##########
        u, y = forward(x, n_output)

        ### 오차역전파 역방향 계산(backpropagation) ##########
        dE_dw, dE_db = backpropagate(x, u, y, t)

        ### 경사하강법, 가중치 업데이트(weight update) #####
        update_weight(dE_dw, dE_db)

        ### 에러 계산(calculate error) #####
        error[n] = calc_error(y, t)
    print("{} EPOCH-ERROR: {}".format(n, error[n]))

error_graph(error)


################## 신경망 모델에 의한 예측(prediction) ##################
def predict(x, n_output):
    u, y = forward(x, n_output)
    return u, y   # 예측이란 신경망의 가중치가 업데이트된 후의 순방향 계산을 말함


if __name__ == '__main__':
#################### 학습용 입력 데이터 및 정답 데이터 ####################
    X = np.array([[1,0,0,1], [1,0,0,0], [0,0,1,1], [0,1,0,0], [1,1,0,0], [0,1,0,1], [0,0,1,0]])  # 입력
    T = np.array([[0, 1], [0.5, 0.5], [1, 0], [0, 0], [0, 1], [0, 0.5], [1, 0]])  # 정답

    train(X, T)


#################### 테스트용 입력 데이터 입력 및 예측 ####################
    x = np.array([1, 0, 1, 0])       # 테스트용 입력 데이터(발열과 기침)
    u, y = predict(x, T.shape[1])    # 테스트용 입력 데이터에 의한 예측
    print("")
    print("Cold or Corona?")
    print("Fever, Cough -> Cold? : {:.2f} %, Corona Virus ? : {:.2f} % ".format(y[0]*100, y[1]*100))
    print("")
```

예측 결과는 다음과 같습니다. 아빠의 증상인 발열과 기침은 데이터셋에는 정답이 없지만, 예측 결과 97% 감기 또는 독감으로 나오네요. PCR 검사 결과가 나와 보아야 알겠지만 일단은 안심입니다.

```
2990 EPOCH-ERROR: 0.0001457870535732274
2991 EPOCH-ERROR: 0.0001457066036750711
2992 EPOCH-ERROR: 0.00014562624139289283
2993 EPOCH-ERROR: 0.00014554596659083056
2994 EPOCH-ERROR: 0.00014546577913328806
2995 EPOCH-ERROR: 0.00014538567888494036
2996 EPOCH-ERROR: 0.00014530656657107182
2997 EPOCH-ERROR: 0.0001452257394758303
2998 EPOCH-ERROR: 0.00014514590004573478
2999 EPOCH-ERROR: 0.00014506614728617453

Cold or Corona?
Fever, Cough -> Cold? : 96.81 %, Corona Virus ? : 0.87 %
```

STEP 2의 프로그램은 $(i) \times (j) \times (k)$ 형태의 일반적 신경망에 대해 **오미입** 공식을 충실히 적용한 좋은 사례이니, 꼭 이해하고 다양하게 변형해 가며 사용해 보기 바랍니다. 프로그램은 파이썬의 비교적 간단한 문법만 사용하였으니, 이해하기는 어렵지 않을 것입니다. forward 부분의 식이 다소 어렵다면 $2 \times 3 \times 2$의 식을 만들어 보고, 비교해 가며 이해해 보기 바랍니다.

p136 > NumberGame.py

다양한 예측 프로그램을 만들어 보자!
본 교재는 어떠한 수, 어떠한 데이터셋에도 대응할 수 있는 정규화가 포함된 일반화 프로그램을 제공합니다. 본 교재에서 제공하는 소스 코드를 다운받고, 이를 활용하여 다양한 예측 프로그램을 만들어 보세요. 이 프로그램은 숫자를 이용한 인공지능과 사람의 대결을 체험할 수 있는 프로그램입니다. 임의의 숫자를 조합하여 데이터셋을 만들고, 사람과 인공지능 중 누가 빨리 예측할 수 있는지 친구들과 게임을 해 보세요. 인공지능의 위력을 실감할 수 있을 것입니다.

일반적 신경망의 python 프로그램(변형)

앞의 프로그램과 마찬가지로 아래의 프로그램도 $(i) \times (j) \times (k)$의 노드 수를 갖는 일반적 신경망의 프로그램으로, 다양하게 활용될 수 있으니 잘 살펴보기 바랍니다. 또한 학습용 데이터를 바꾸어 다양한 응용을 해가며 델타 규칙과 일반적 표현법에 대해서도 익숙해지기 바랍니다. 파이썬 프로그래밍의 많은 기법이 들어가 있으니 다소 어려울 수 있습니다. 이해가 어려우면 그대로 활용하는 것이 가장 좋습니다.

프로그래밍

p137 > Neural_XOR.py

```python
import numpy as np
import math
import random
import matplotlib.pyplot as plt    # from matplotlib import pyplot
# 자세한 내용은 일반화 수식 부분을 참조할 것


class Neural:    # 뉴럴넷 클래스를 정의
    def __init__(self, n_input, n_hidden, n_output):
        # 맨 끝에 1이 더해진 것은 bias를 의미함
        self.hidden_weight = np.random.random_sample((n_hidden, n_input + 1))
        self.output_weight = np.random.random_sample((n_output, n_hidden + 1))
        self.hidden_momentum = np.zeros((n_hidden, n_input + 1))
        self.output_momentum = np.zeros((n_output, n_hidden + 1))
        # momentum은 수렴 속도를 향상시키기 위한 방법의 하나로,
        # "가중치의 수정량 + (계수 X 지난 회의 가중치 수정량)"으로 계산
        # 모멘텀 계산식: v = delta*v - alpha*dx,  x += v

    def train(self, X, T, alpha, delta, epoch):
        # X:입력, T:출력, alpha:학습률, delta:델타(단위 오차)
        self.error = np.zeros(epoch)
        N = X.shape[0]                         # N:입력 개수
        for epo in range(epoch):
            for i in range(N):
                x = X[i, :]                    # x: 입력값 처음부터 끝까지
                t = T[i, :]                    # t: 출력값 처음부터 끝까지
```

4. 신경망의 일반화 137

```python
                self.__update_weight(x, t, alpha, delta)

            self.error[epo] = self.__calc_error(X, T)

    def predict(self, X):
        N = X.shape[0]                      # 테스트 데이터를 직접 입력할 경우, 지워 주세요.
        Y = np.zeros((N, X.shape[1]))       # 테스트 데이터를 직접 입력할 경우, 지워 주세요.
        for i in range(N):                  # 테스트 데이터를 직접 입력할 경우, 지워 주세요.
            x = X[i, :]                     # 테스트 데이터를 직접 입력할 경우, 지워 주세요.
            z, y = self.__forward(x)

            Y[i] = y                        # 테스트 데이터를 직접 입력할 경우, 지워 주세요.

        return Y

    def error_graph(self):
        plt.ylim(0.0, 2.0)
        plt.plot(np.arange(0, self.error.shape[0]), self.error)
        plt.show()

# 시그모이드 활성화 함수의 정의
    def __sigmoid(self, arr):
        return np.vectorize(lambda x: 1.0 / (1.0 + math.exp(-x)))(arr)

    def __forward(self, x):
        # z: 은닉층 출력값, y: 출력층 출력값, # dot는 행렬의 곱셈(벡터의 내적)
        z = self.__sigmoid(self.hidden_weight.dot(np.r_[np.array([1]), x]))
        y = self.__sigmoid(self.output_weight.dot(np.r_[np.array([1]), z]))

        return (z, y)

    def __update_weight(self, x, t, alpha, delta):
        z, y = self.__forward(x)

        # 출력층 가중치 업데이트
        output_delta = (y - t) * y * (1.0 - y)          # 델타 = 오차x미분
        _output_weight = self.output_weight            # r_는 2개의 배열을 옆 또는 위아래로 붙이는 것
        self.output_weight -= alpha * output_delta.reshape((-1, 1)) *
```

```
            np.r_[np.array([1]), z] - delta * self.output_momentum  # 위 명령문과 연결됨
        self.output_momentum = self.output_weight - _output_weight

        # 은닉층 가중치 업데이트
        hidden_delta = (self.output_weight[:, 1:].T.dot(output_delta)) * z * (1.0 - z)
        _hidden_weight = self.hidden_weight

        # reshape((-1, 2))는 2개의 열을 가진 배열로 재배치(-1)함을 의미
        self.hidden_weight -= alpha * hidden_delta.reshape((1, 1)) * np.r_[np.array([1]), x]
        self.hidden_momentum = self.hidden_weight - _hidden_weight

def __calc_error(self, X, T):  # 손실함수 계산 부분
    N = X.shape[0]
    err = 0.0
    for i in range(N):
        x = X[i, :]
        t = T[i, :]

        z, y = self.__forward(x)
        err += (y - t).dot((y - t).reshape((-1, 1))) / 2.0

    return err
```

4. 가산기 만들기

137쪽의 프로그램을 이용하여 1장에서 배운 가산기(XOR와 AND로 구성된 덧셈을 하는 회로)를 만들어 본다면 다음과 같습니다. 가산기란 아래와 같은 회로로 구성되어 있고, 여기서 합을 구해주는 S를 출력하는 부분은 $XOR(A\cdot\overline{B}+\overline{A}\cdot B)$, 자리올림의 C를 출력하는 부분은 AND로 구성되어 있습니다.

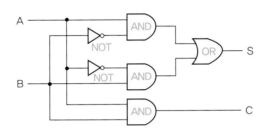

XOR와 AND의 계산값은 다음과 같습니다.

입력값		출력값	
A	B	C(AND)	S(XOR)
0	0	0	0
0	1	0	1
1	0	0	1
1	1	1	0

자, 그럼 다음 프로그램이 실제로 가산기와 같은 계산 결과가 나오는지 확인해 볼까요?

p137 > Neural_XOR_main.py

```python
# XOR와 AND로 구성된 가산기 만들기

from Neural_XOR import *   # Neural_XOR.py의 모두(*)를 import함

if __name__ == '__main__':
    X = np.array([[0, 0], [0, 1], [1, 0], [1, 1]])      # 입력값(A, B의 값은 2진수로 입력)
    T = np.array([[0, 0], [0, 1], [0, 1], [1, 0]])      # 출력값(정답): [AND, XOR]
    N = X.shape[0]   # number of data                   # 입력 데이터 개수: 4개
                                                        # X.shape=(4,2)

    input_size = X.shape[1]                             # 입력 노드 수: 2개
    hidden_size = 3                                     # 은닉층 노드 수
    output_size = 2                                     # 출력 노드 수
    alpha = 0.1                                         # 학습률
    delta = 0.5                                         # Momentum Coefficient
    epoch = 10000                                       # 학습 횟수


    nn = Neural(input_size, hidden_size, output_size)   # Neural Class의 Instance
    nn.train(X, T, alpha, delta, epoch)                 # Instance에 의한 method 호출
    nn.error_graph()


    Y = nn.predict(X)


    for i in range(N):
        x = X[i, :]
        y = Y[i]
        print("Input : {}".format(x))                  # 입력값 A, B
        print("Output: {}".format(y))                  # 앞부분은 C(AND)값, 뒷부분은 S(XOR)값

        for j in range(2):
            if y[j] > 0.5:                              # 출력값이 0.5 초과하면 1로 처리
                y[j]=1
            else:                                      # 출력값이 0.5 이하이면 0으로 처리
                y[j]=0
        print("Output(Binary):{}".format(y))           # 2진값 출력
        print("")
```

Part 2. 신경망 완전정복

5. 최적화 기법

최적화 기법이란 특정한 집합 또는 영역 안에서 함수 또는 어떤 값이 최대 또는 최소가 되는 상태를 해석하기 위한 방법을 말하며, 인공지능에서 최적화란 손실함수의 값을 최소화하도록 가중치 또는 기준치를 업데이트하는 방법을 말합니다. 앞 장에서 배운 경사 하강법은 가장 단순한 형태의 최적화 기법입니다.

모멘텀은 일반적 경사하강법의 단점을 극복하기 위해 고안된 것으로, 최적화 문제를 물리학적 관점에서 해석하여 가속도를 주는 개념으로 설계한 것입니다. [그림 2-17]처럼 위쪽에 있는 공이 굴러떨어질 때 위치 에너지가 운동 에너지로 바뀌며, 모멘텀이 붙는 것을 활용한 기법이며, 학습을 가속화해 보다 빨리 수렴할 수 있게 하는 장점이 있습니다.

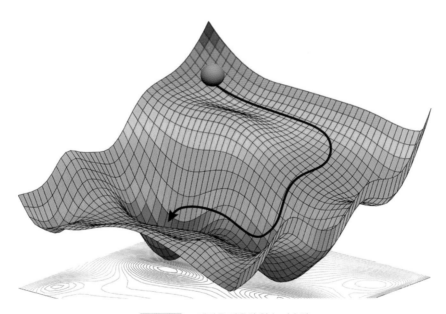

그림 2-17 모멘텀을 이용한 학습 가속화

수학적으로 아래와 같이 표현하며, 여기서 a는 학습률, m은 모멘텀 계수를 뜻합니다. 수식에서 보이듯이 $m=0$이 된다면 일반적 경사하강법이 됨을 알 수 있습니다. 왼쪽 수식은 일반적 표현이며, 오른쪽은 프로그래밍적으로 간단히 표현한 것입니다.

일반적 표현

$$V(t)=m \cdot V(t-1)-a \frac{\partial}{\partial w} \text{Cost}(w)$$
$$W(t+1)=W(t)+V(t)$$

프로그래밍적 표현

$$v=\text{delta}*v-\text{alpha}*dx$$
$$x+=v$$

모멘텀 계수 m(혹은 delta)은 보통 $0.5 \sim 0.9$ 정도로 설정하며, 이 값을 가변적으로 설정하는 경우도 있습니다.

● 최적화 기법의 종류와 특징

모멘텀 기법 외에도 다양한 최적화 기법들이 존재하니 용어 정도는 꼭 익혀 두기 바랍니다. 최적화 기법의 수식은 다소 어려운 내용이 될 수 있으나, 텐서플로를 통해 인공지능 모델을 프로그래밍할 때 용어가 자주 등장하기 때문입니다.

최적화 기법	효과	파이썬 코드	텐서플로 코드	중요도
확률적 경사하강법 (SGD)	더 빨리, 더 자주 업데이트를 하여 속도 개선을 꾀함. 기본적으로 일반적 경사하강법과 동일하다 봐도 무방함.	weight[i] += − learning _ rate * gradient	tf.optimizers.SGD(lr=0.1)	중요 (자주 사용)
모멘텀 (momentum)	관성을 추가하여 진동과 폭을 줄이는 효과. 밥그릇과 같은 형태의 그래프에서 경사하강법은 지그재그로 크게 움직임. 모멘텀은 이를 줄일 수 있음.	v=delta * v−learning _ rate * gradient weight[i] += v	optimize = tf.train. MomentumOptimizer (learning _ rate=0.01, momentum=0.9). minimize(loss)	보통 (가끔씩 사용)

최적화 기법	효과	파이썬 코드	텐서플로 코드	중요도
네스테로프 모멘텀 (NAG)	모멘텀이 적용된 지점에서 gradient값을 계산하여 불필요한 이동을 줄이는 효과	v=delta * v − learning _ rate * gradient(weight [i−1]+m * v) weight[i]+=v	optimize = tf.train. MomentumOptimizer (learning _ rate=0.01, momentum=0.9, use _ nesterov=True). minimize(loss)	보통 (가끔씩 사용)
아다그라드 (adagrad)	변수의 업데이트가 많아지면 학습률을 작게 하여 보폭을 줄여가는 방법으로 처음에는 보폭을 크게, 최적치에 가까워지면 보폭을 작게 함(효율적 이동).	g+=gradient ** 2 weight[i] += − learning _ rate (gradient / (np.sqrt(g)+e)	optimizer = tf.train. AdagradOptimizer (learning _ rate=0.01). minimize(loss)	보통 (가끔씩 사용)
알엠에스 프롭 (RMS prop)	아다그라드의 g(t)값이 커지는 문제를 해결하고, 보폭 민감도를 보완한 방법	g=gamma * g + (1−gamma) * gradient ** 2 weight[i]+= −learning _ rate * gradient / (np.sqrt(g)+e)	optimize=tf.train. RMSPropOptimizer (learning _ rate=0.01, decay=0.9, momentum=0.0, epsilon=1e−10). minimize(cost)	중요 (자주 사용)
아담 (adam)	모멘텀과 알엠에스 프롭의 장점을 합친 방법	optimizer = tf.train.AdamOptimizer (learning _ rate=0.001, beta1=0.9, beta2=0.999, epsilon=1e−08). minimize(loss)		매우 중요

☞ 다양한 최적화 기법에 관한 자세한 내용은 271~275쪽을 참고하세요.

세상에서
가장 아름다운 수식

<박사가 사랑한 수식>이라는 일본 영화를 아는지요? 이 영화에는 기억상실증에 걸린 수학 박사와 그에게 영향을 받아 고등학교 수학교사가 되는 소년이 등장하는데, 세상에서 가장 아름다운 수식 이야기와 함께 영화가 진행됩니다. 그 수식은 다음과 같습니다. 이를 '오일러의 공식' 또는 '오일러의 항등식'이라 하는데, 실제로 이 수식은 미국의 저명한 수학 잡지사가 실시한 설문조사에서 가장 아름다운 수식으로 선정된 바 있습니다.

$$e^{i\pi}+1=0$$

위의 수식을 보면 초월수 e가 등장합니다. e는 자연대수의 밑 또는 네이피어 수Napier's number라 불리는 값으로 2.718281…과 같이 무한히 반복되는 초월수입니다. 초월수의 정의는 각자 찾아보시기 바라며, 원주율 π와 같이 규칙성 없이 소수점 이하가 반복되는 수입니다. 자연 현상을 수학적으로 풀다 보면 너무 자주 등장하기에 '신의 수'라 부르는 사람도 있습니다.

이러한 e의 지수에 허수 i와 원주율을 나타내는 또 다른 초월수 π가 등장하면 아주 단순한 수인 -1로 바뀐다는 것입니다. 세상에서 가장 복잡한 수 3가지를 조합하였더니 아주 단순한 수로 바뀌었다는 점이 매우 신기하지 않나요? e는 자연 현상을 나타내는 신의 숫자, i는 다른 차원을 연결하는 고리의 숫자, π는 우주의 아름다움을 상징하는 원주율, 이 셋이 뭉치면 아주 단순하게 바뀐다는 의미이니 이 간단한 수식 안에는 우주의 신비가 들어있음이 틀림없습니다.

오일러의 공식은 다음 수식의 특수한 형태($x=\pi$)인데, 이는 기계·전자·통신 등의 공학 분야, 양자 역학을 포함한 물리 분야 등에서 자주 이용되는 멋진 수식입니다.

$$e^{ix}=\cos x+i\sin x$$

위의 식을 보면 알겠지만, 지수함수와 삼각함수를 연결해 주는 아주 아름다운 항등식입니다.

☞ e와 지수함수에 관한 자세한 내용은 245, 246쪽을 참고해 주세요.

그렇다면 이 수식을 한번 증명해 볼까요. 증명을 위해서는 망델브로 집합에서도 등장한 복소평면을 활용해야 합니다. 복소평면상의 임의의 한 점 Z를 극좌표계로 표시하면, 다음과 같습니다.

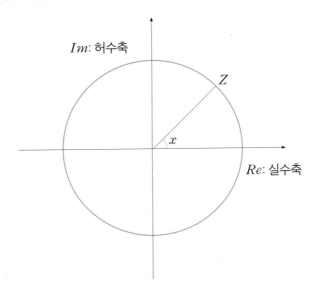

$$\boxed{z=\cos x+i\sin x}$$

$$\frac{dz}{dx}=-\sin x+i\cos x$$

$$(-i)\frac{dz}{dx}=\cos x+i\sin x=z$$

$$\frac{dz}{dx}=iz$$

$$\frac{dz}{z}=idx \qquad \longleftarrow \text{양변을 적분하면}$$

$$\int \frac{dz}{z} = \int i \, dx$$

$$lnz = ix + C$$

$$e^{lnz} = e^{ix+c}$$

$$z = Ae^{ix} (x=0 \text{ 일 때 } z=1 \text{ 이므로, } A=1)$$

따라서 $z = e^{ix}$ 가 되고, $e^{ix} = \cos x + i \sin x$가 됩니다.

위의 식은 인공지능에서 활성화 함수로 자주 사용되는 tanh하이퍼볼릭 탄젠트를 이해하는 데에도 많은 도움이 됩니다. tanh 함수는 다음과 같이 정의됩니다. $\tanh(x) = \frac{e^x - e^{-x}}{e^x + e^{-x}}$, tanh는 -1에서 1 사이의 값을 표현할 수도 있고, 미분 또한 쉽습니다. 이를 미분하면 $(1-\tanh)(1+\tanh)$가 되는 것은 꼭 기억해 두기 바랍니다. 더욱 훌륭한 것은 tanh를 미분한 값은 최대치가 1이므로, 기울기 소실 문제도 잘 발생하지 않습니다.

그렇다면 지수함수로 구성된 tanh는 삼각함수 tan와 무슨 관계가 있을까요?
$\tanh(x) = -i \tan(ix)$입니다. 왜 그런지 '세상에서 가장 아름다운 수식'을 통해 여러분 스스로 계산해 보기 바랍니다.

다음은 $\tanh(x)$의 미분 최대치가 1이 되는지 확인하기 위한 파이썬 프로그램입니다. 2~3장의 실습 환경 설정이 끝났다면, 꼭 한번 실행하여 확인해 보세요.

p148 > tanh_graph.py

```python
# y=f(x) 형태의 함수 그려보기
# 증분을 위한 매개 변수 t를 사용하여 프로그래밍함.

from matplotlib import pyplot as plt
from math import pi, sin, cos, sqrt, exp, tanh

def draw_graph(x, y, title, color, marker, linewidth):
    plt.title(title)
    plt.plot(x, y, color=color, marker=marker, linewidth=linewidth)
    plt.grid(True)       # 그래프에 격자(Grid)를 넣어 표현
    plt.show()

# frange()는 range() 함수의 부동소수점 버전
def frange(start, final, increment=0.1): # increment를 0.01로 하면 촘촘히 표현
    numbers = []

    while start < final:   # start: x축 최소치, final: x축 최대치
        numbers.append(start)
        start = start + increment # 최소치에서 increment 설정치만큼씩 증가시킴.
    return numbers

x_min = -10      # x축 최소치 설정
x_max = 10       # x축 최대치 설정
def draw_function():
    intervals = frange(x_min, x_max)
    x = []         # x축 데이터를 위한 빈 리스트를 만듦.
    y = []         # y축 데이터를 위한 빈 리스트를 만듦.

    for t in intervals: # 아래의 두 줄이 tanh 도함수를 나타내는 방정식
        x.append(t)
        # y.append(tanh(t)) # tanh 함수 그리기
        y.append((1+tanh(t))*(1-tanh(t))) # tanh 함수의 도함수 그리기

    draw_graph(x, y, title='Graph', color='red', marker='*', linewidth=2)

if __name__ == '__main__':
    try:
        draw_function()
    except KeyboardInterrupt: # 단축키 Ctrl+C를 누르면 중단
        pass
```

PART

3

딥러닝
맛보기

1 이미지 학습
2 다양한 딥러닝 기법들

Part 3의 예제 소스 파일은 아래와 같습니다.

씨마스 에듀 홈페이지(https://cmassedumall.com)에서 내려 받아 사용하세요.

폴더 > 파일명	설명
p153 > RGB Control.xlsm Pattern.xlsm	RGB값을 설정하고 색상을 확인하는 프로그램. 1×2×1신경망을 이용한 다양한 그래프 패턴 학습 프로그램
p161 > MNIST.py	필기체 숫자 인식을 위한 CNN 프로그램(흑백 이미지)
p162 > Fashion_MINIST.py	패션 잡화 이미지 학습용 프로그램(일반 신경망 사용)
p165 > CIFAR10.py Cifar_Check.py	10종류 물체 컬러 이미지 CNN 학습 및 예측(32개를 묶어서 한꺼번에 예측)하고, Check 프로그램으로 각각의 이미지 확인함.
p167 > iCrawler_Crawling.py	포털 사이트 네이버를 통해 이미지를 자동 다운로드
p169 > Google_Crawling.py	Google 이미지 다운로드 프로그래밍. chromdriver.exe를 다운받아 해당 폴더에 넣어 주어야 함.
p174 > Flowers_train.py Flowers_test.py	5종의 꽃 이미지를 학습하고, 학습된 모델을 저장하는 프로그램. 학습된 모델을 이용하여 자신이 만든 테스트용 이미지를 잘 예측하는지 알아보는 프로그램 *추천
p188 > DCGAN.py	GAN을 이용해 새로운 이미지를 생성하는 프로그램
p196 > yolo_v3.py	물체를 실시간으로 인식하고 위치를 검출하는 프로그램. 첨부된 cfg, weights 파일을 같은 폴더에 넣고 실행해야 함.
p203 > Mountain_Car.py	강화 학습의 한 종류인 Q-Learning 프로그램. 시뮬레이션 환경을 위해 gym을 import해야 함.
p209 > ExchangeRate.py	LSTM모델을 이용해 시간적으로 변하는 데이터를 학습. 앞의 3일치 데이터로 내일의 환율을 예측할 수 있음.
p214 > Hand_Mediapipe.py	손가락 특징점 인식 및 스켈레톤(뼈대)표시용 프로그램
p216 > poseTraking.py	몸의 특징점 인식 및 스켈레톤(뼈대)표시용 프로그램 *추천
p219 > AI_Visualization.py	가중치, 학습률 등의 변화에 따른 신경망 학습의 과정을 보여줌. Xylobot과 연동 가능 *추천
p227 > Heart_Graph.py	수식을 그래프로 표현해 주는 프로그램. 하트 방정식을 그래프화
p229 > Heart_Graph_Polar.py	하트 방정식을 극좌표를 이용하여 그래프화
p234 > SecretaryProblem.py	<비서 문제>를 시뮬레이션 한 프로그램

1

이미지 학습

앞 장에서 우리는 일반적 신경망을 어떻게 만들고 학습하는지 실습을 통해 알아보았습니다. '오미입'이라는 일반적 신경망의 공식도 배웠습니다. 이번 장에서는 인공지능의 기술적 도약과 새로운 시대를 이끈 주역이며, 가장 대표적인 모델이라 할 수 있는 CNN(합성곱 신경망)과 그 응용에 대해 알아보겠습니다.

1. 이미지의 형태 표현

CNN을 이해하기 전에 먼저 이미지의 형태 표현에 대해 알아보겠습니다. 이미지는 사진이나 모니터 영상과 같은 2차원적 데이터를 의미하는데 여기서는 모니터의 영상을 예로들어 설명하겠습니다.

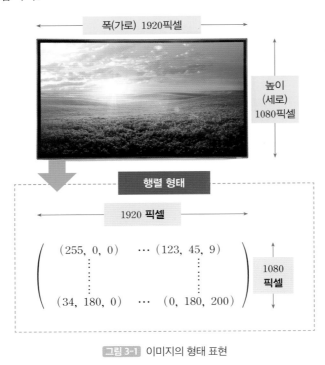

그림 3-1 이미지의 형태 표현

일반 컴퓨터 모니터 또는 TV를 자세히 살펴보면 빛을 내는 많은 점들로 이루어져 있습니다. 이를 픽셀pixel이라 부릅니다. 픽셀이 많을수록 고해상도 또는 고화질이라 부르며, 선명한 이미지를 제공합니다. 영화를 많이 보는 분들은 알겠지만 해상도는 720p, 1080p, 3K, 4K와 같은 표현을 씁니다. 여기서 p는 픽셀을 뜻하며, K는 대략 1000을 뜻합니다. 즉, 720p는 높이(세로) 방향으로 720개의 픽셀이 있다는 뜻이며, 3K는 폭(가로) 방향으로 3000개의 픽셀이 있다는 뜻입니다. 높이가 1080p의 경우 폭의 픽셀 수는 보통 1920p입니다.

행렬 안에 표시된 (255, 0, 0)과 같은 값들은 색상color을 뜻합니다. 색상은 RGB라 불리는 빨강, 초록, 파랑의 3원색으로 표현되며, 각각의 색상은 디지털의 8bit(또는 1Byte 또는 0에서 255)로 표현됩니다. (8bit Red, 8bit Green, 8bit Blue)

즉, (255, 0, 0)이면 빨간색이 되며, (0, 0, 255)이면 파란색이 됩니다. (255, 255, 0)이면 노란색이 되고, (255, 255, 255)는 하얀색이 됩니다. 그렇다면 (71, 237, 53)은 무슨 색일까요? 웹상에서 다양한 방법으로 확인할 수 있으니 한번 알아보세요. (또는 제공되는 프로그램 p153 > RGB Control.xlsm 을 통해 확인해 보세요.) 일반적으로 색상의 총수는 $256 \times 256 \times 256 = 1680$만 색입니다.

여기서 우리가 영화나 사진을 볼 때 가장 많이 사용하는 1080p 해상도에 대해 표현 가능한 데이터 양을 한번 계산해 볼까요? 1920(가로)×1080(세로)은 대략 200만 화소이고, 여기에 1680만 색상을 곱하면 34조bit라는 어마어마한 데이터 양이 됩니다. 단, 이미지에 따라 각 픽셀의 색상이 정해지기 때문에 이미지 1개당 데이터는 1920×1080이 됩니다. CNN으로 학습을 하기 위해서는 많은 수의 이미지(사진, 그림)가 필요합니다. 일반적으로 컴퓨터는 이미지를 메모리에 저장하여 처리하게 되는데, 고해상도의 많은 사진이 동시에 저장되면 오버플로overflow가 일어나 처리할 수 없게 되므로 이미지를 여러 장 묶어서 처리하게 됩니다. 이를 배치batch라 하며, 16장씩 이미지를 묶어서 처리한다고 하면 배치 사이즈batch size는 16이 됩니다. 이 과정을 도시하면 [그림 3-2]와 같습니다.

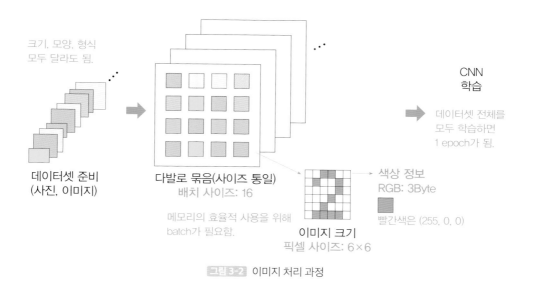

크기, 모양, 형식 모두 달라도 됨.

데이터셋 준비 (사진, 이미지)

다발로 묶음(사이즈 통일) 배치 사이즈: 16

메모리의 효율적 사용을 위해 batch가 필요함.

이미지 크기 픽셀 사이즈: 6×6

색상 정보 RGB: 3Byte

빨간색은 (255, 0, 0)

CNN 학습

데이터셋 전체를 모두 학습하면 1 epoch가 됨.

그림 3-2 이미지 처리 과정

[그림 3-2]와 같이 많은 이미지를 다발로 묶고 CNN을 학습시키기 위해서는 메모리 공간상에 데이터를 저장해야 하고, 저장하기 위해서는 수학적인 형태로 표현되어야 합니다. 일반적으로 이미지 데이터셋(이미지 데이터들의 집합)은 텐서tensor 형태로 표현하게 됩니다.

✋ 여기서 잠깐! | 텐서

CNN 학습을 시키기 위해 이미지를 수학적인 형태로 표현하는 방식

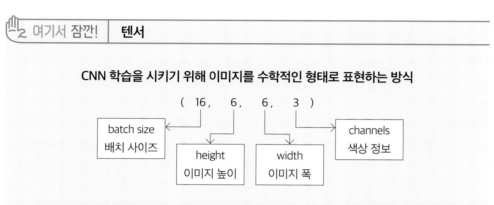

여기서 맨 앞의 16은 배치 사이즈를 의미하며, 둘째 6은 이미지의 높이(세로) 방향 픽셀 수, 셋째 6은 이미지의 폭(가로) 방향 픽셀 수, 마지막의 3은 채널이라 부르는 색상 정보입니다. 3은 RGB의 컬러 이미지를 의미합니다. 예를 들어, (16, 6, 6, 1)일 경우 채널 정보가 1이므로 흑백 이미지를 의미합니다. 텐서는 물리학적으로 복합한 개념이지만 1차원의 벡터vector, 2차원의 행렬matrix을 3차원 이상으로 확장한 개념으로 보면 됩니다.

2. CNN이란?

CNN은 Convolution Neural Network의 약자로 우리말로는 '합성곱 신경망'이라고 합니다. 이미지 인식과 학습에 특화된 모델이며, 이미지 데이터를 처리하고 압축하여 신경망이 효율적인 학습을 할 수 있도록 만들어 줍니다. CNN의 일반적 구조는 [그림 3-3]과 같습니다.

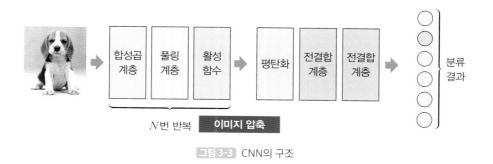

그림 3-3 CNN의 구조

이미지를 처리하는 첫 단계의 합성곱 계층은 특징 맵feature map이라 불리는 특징점을 찾아내는 과정입니다. 여기서 특징점이란, 예를 들면 개는 주둥이가 길고, 고양이는 주둥이가 짧고…등과 같이 이미지를 구분하기 위한 주요 특징의 집합을 의미합니다. 합성곱 계층은 특징점을 기반으로 이미지를 압축하여 두 번째의 풀링pooling 계층으로 이미지 데이터를 넘겨줍니다.

풀링 계층은 넘겨받은 데이터를 구간으로 나누고, 가장 큰(또는 가장 작은) 데이터만 남기는 방식으로 다시 한 번 데이터를 압축합니다.

활성 함수는 앞 장에서 배웠던 활성화 함수를 뜻하며, CNN에서는 다양한 함수 중, 주로 렐루 함수를 사용합니다. 렐루 함수는 0보다 작은 구간은 모두 0이 되고, 0보다 큰 구간은 항등 함수가 되는 함수입니다. 렐루 함수는 이미지를 특정 값 이상만 남기고, 모두 삭제하는 필터 역할을 해줍니다. 예를 들어 검은색에 가까운 색들이 음수의 값을 가지고, 흰색에 가까운 색들이 양수의 값들을 가진다면, 렐루를 통해 검은색에 가까운 색들을 지워버린다는 의미입니다. 렐루 함수는 이미지의 데이터 양을 축소하는 역할도 하고, 단순하기 때문에 역전파가 잘되는 특성도 가지고 있어서 CNN의 활성화 함수로 많이 쓰입니다.

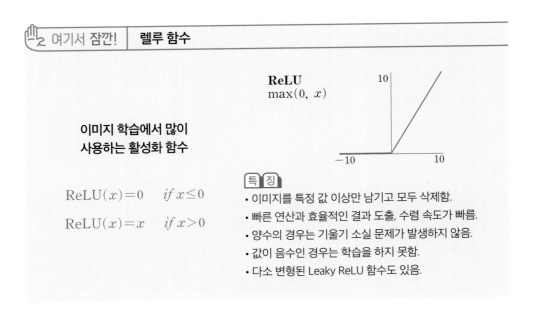

여기서 잠깐! | 렐루 함수

이미지 학습에서 많이 사용하는 활성화 함수

ReLU
$\max(0, x)$

$\text{ReLU}(x) = 0 \quad if\ x \leq 0$

$\text{ReLU}(x) = x \quad if\ x > 0$

특징
- 이미지를 특정 값 이상만 남기고 모두 삭제함.
- 빠른 연산과 효율적인 결과 도출, 수렴 속도가 빠름.
- 양수의 경우는 기울기 소실 문제가 발생하지 않음.
- 값이 음수인 경우는 학습을 하지 못함.
- 다소 변형된 Leaky ReLU 함수도 있음.

[그림 3-3]에서 평탄화란 CNN에 의해 최종적으로 압축된 이미지를 펼쳐서 신경망의 입력 데이터로 만드는 과정을 말합니다. 이미지의 데이터 형태는 높이와 폭이 있는 행렬 형태가 되지만, 평탄화를 하면 이것이 한 줄로 펼쳐지기 때문에 벡터와 같은 형태가 됩니다.

평탄화 뒷부분의 전결합 계층은 앞 장에서 배웠던 신경망을 뜻합니다.

특징 맵과 풀링

CNN의 합성곱 계층의 특징 맵과 풀링에 대해 좀 더 자세히 살펴보겠습니다.

합성곱convolution이란 다음 그림과 같이 어떠한 이미지(여기서는 6×6의 픽셀을 갖는 이미지)에 필터(마스크 또는 커널Kernel이라고도 불림, 여기서는 대각선의 이미지)를 걸어 필터와 이미지가 겹치는 부분의 개수를 각각 데이터화하고, 특징 맵feature map을 만드는 과정을 말합니다.

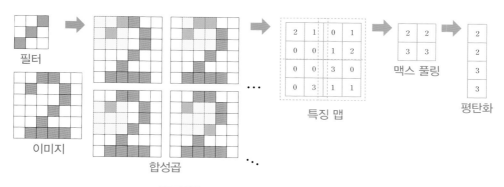

그림 3-4 CNN의 특징점 추출 및 풀링 과정

[그림 3-4]에서 노란색 부분을 오른쪽 옆과 아래쪽으로 한 칸씩 움직여 가며 특징 맵을 완성해 보세요. 필터(또는 마스크)는 다양한 크기와 형태로 설계가 가능합니다. 또 필터의 설계에 따라 특징점을 얼마나 잘 찾아낼 수 있는지가 결정됩니다. 필터는 3×3, 5×5와 같이 주로 홀수 개를 사용하며, 여러 종류의 필터를 만들어 사용합니다. 가장자리에 숫자를 채워 이미지 크기를 유지하는 패딩padding이나, 필터의 이동 폭을 조절하는 스트라이드stride라는 파라미터도 있으니, 궁금하면 인터넷에서 검색해 보기 바랍니다.

풀링 계층은 특징 맵을 상하좌우의 4구간으로 나누고, 각각의 구간에서 가장 큰 수만을 골라 다시 데이터화하는 과정입니다. 가장 큰 수를 골라 풀링하는 것을 맥스 풀링max pooling이라 합니다.

평탄화란 신경망에 데이터를 입력하기 위해 위아래로 펼치는 과정을 의미합니다. 평탄화가 끝난 데이터는 일반적인 신경망을 통해 최종적으로 학습하게 됩니다.

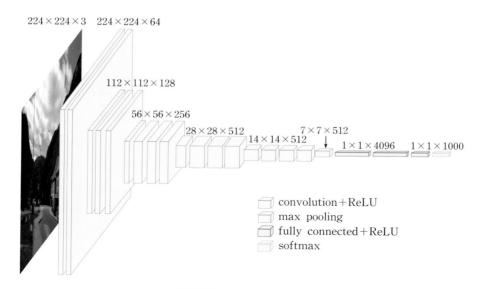

$224 \times 224 \times 3$ $224 \times 224 \times 64$

$112 \times 112 \times 128$

$56 \times 56 \times 256$

$28 \times 28 \times 512$ $14 \times 14 \times 512$ $7 \times 7 \times 512$

$1 \times 1 \times 4096$ $1 \times 1 \times 1000$

convolution+ReLU
max pooling
fully connected+ReLU
softmax

그림 3-5 VGG16 모델의 구조

[그림 3-5]는 VGG16이라는 CNN 모델의 구조로, 이미지 데이터는 (224, 224, 3)이며, 합성곱 계층과 풀링 계층을 통해 이미지가 점점 압축되어 가는 과정을 그림으로 보여주고 있습니다. [그림 3-5]에서 (224, 224, 3)이 (28, 28, 512)로 변했다면 224×224 크기의 컬러 이미지가 28×28 크기의 512장의 특징 맵으로 변했다는 뜻입니다.

여기서 잠깐! | **마법사 모듈, 프레임워크**

앞 장에서 일반적 신경망에 대해 프로그래밍을 통해 구현해 보는 실습을 하였지만, CNN과 같은 복잡한 모델은 프로그램으로 구현하기가 여간 까다롭지 않습니다. 여기서 우리는 복잡한 모델과 수학식을 쉽게 구현할 수 있는 강력한 도우미를 필요로 합니다. 그것이 바로 구글에서 개발한 인공지능 개발용 프레임워크인 텐서플로(Tensorflow)입니다. 인공지능 개발 도우미(프레임워크)로는 파이토치(PyTorch), 체이너(Chainer)… 등 다양하게 존재하지만, 가장 많이 쓰이는 것이 바로 텐서플로입니다. 텐서플로를 한마디로 정의하면 "복잡한 수학 문제를 국어 문제로 바꾸어 주는 마법사 모듈"입니다.

☞ 이 책에서는 Tensorflow2.0 버전과 Python3.7.7 버전을 이용한 다양한 사례를 다루고 있으니, 일단은 너무 의식하지 말고 예제를 실행해 보기 바랍니다. 텐서플로의 설치 방법은 81쪽을 참고하세요.

3. 이미지 데이터셋 만들기

CNN 학습 모델을 만들기 위해서는 많은 이미지 데이터가 필요합니다. 자신이 직접 사진을 찍어도 되지만, 수천 수만 장의 사진을 찍고 모으려면 시간이 많이 걸립니다. 다음 절에서 소개하는 인터넷상에서 자동으로 이미지를 긁어모으는 방법(이미지 크롤링)을 추천해 드립니다만, 우선은 CNN 모델 학습에서 가장 유명하고 초보자가 많이 사용하는 데이터셋인 MNIST와 CIFAR-10Canadian Institute For Advanced Research-10으로 학습을 시작해 보면 좋을 것 같습니다.

(1) 숫자 인식(MNIST)

[그림 3-6]과 같이 0에서 9까지의 필기체 숫자로 구성된 데이터셋입니다. 이 데이터셋은 28×28 픽셀 크기의 흑백 이미지와 레이블label이라 불리는 0~9까지의 정답으로 구성되어 있습니다. 총 6만 개의 이미지가 있고, 5만 개는 학습train용, 1만 개는 테스트test용으로 쓰입니다.

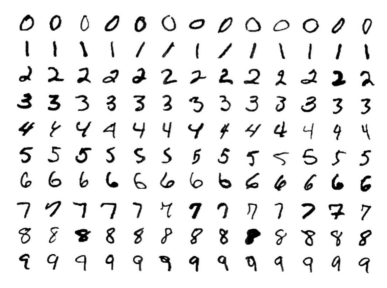

그림 3-6 필기체 숫자의 이미지와 정답으로 구성된 MNIST 데이터셋

CNN 구조는 다음과 같습니다.

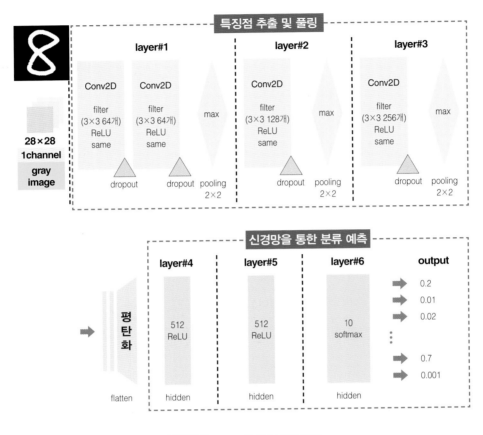

그림 3-7 MNIST의 CNN 모델 구조

[그림 3-7]에서 보이는 드롭아웃dropout이란 의도적으로 신경망의 일부를 끊어버리는 작업입니다. 신경망의 일부를 끊어버리면 여러 문제가 발생할 것 같지만, 실제는 신경망이 훨씬 더 강건해집니다. 딥러닝 신경망은 학습을 잘 했음에도 불구하고 예측을 잘 못하는 과적합overfitting이라는 문제가 자주 발생합니다. 과적합을 방지하기 위해서는 배치 정규화 batch normalization 등의 다양한 기술이 있습니다만, 드롭아웃은 아주 효율적으로 이를 해결하는 방법으로 알려져 있습니다.

프로그래밍

다음은 아주 잘 정리된 예제 코드입니다. 각 모듈과 파이썬 버전이 2-3장의 [실습 환경 준비하기]를 따라 설치가 잘되었다면, 문제없이 실행될 것입니다. 반드시 비주얼 스튜디오 코드를 이용하여 실행해 보고, 필기체 글자에 대해 얼마나 정확히 예측하는지 확인해 보기 바랍니다.

p161 > MNIST.py

```python
import tensorflow as tf  # tensorflow를 tf라는 이름으로 import함.
from keras import datasets, layers, models  # 신경망 구성을 위해 keras를 import함.
import matplotlib.pyplot as plt  # 이미지를 보여주거나 그래프를 그리기 위한 모듈
import numpy as np    # 다양한 수학적 처리를 위해 import
(train_images, train_labels), (test_images, test_labels)=datasets.mnist.load_data()
# MNIST 데이터셋을 가지고 와서 (학습 이미지, 정답), (테스트 이미지, 정답)으로 나누어 줌.
train_images=train_images.reshape((60000, 28, 28, 1))  # 학습용
# 6만 장을 batch size로 묶어 한꺼번에 처리, 28x28 크기, channel은 1이므로 흑백 이미지
test_images=test_images.reshape((10000, 28, 28, 1))   # 테스트용
# 만 장을 batch size로 묶어 한꺼번에 처리, 28x28 크기, channel은 1이므로 흑백 이미지
train_images, test_images=train_images/255, test_images/255
# RGB값 0~255를 0과 1사이로 표현해야 되므로 255로 나누어 정규화를 함.
################ Feature Extraction <Convolution Block> ################
model=models.Sequential()  # 신경망 모델을 만들고, 신경망을 순차적으로 연결해 줌.
model.add(layers.Conv2D(32, (3,3), activation='relu', input_shape=(28, 28, 1)))
# 합성곱(convolution) 계층(layer)을 만들어 신경망에 붙여 줌(add), 32는 필터의 개수
# (3,3)은 필터(마스크) 사이즈, 활성 함수는 reLU 사용, 이미지의 사이즈는 28x28, 흑백(1)
# padding, stride 등은 디폴트값 사용
model.add(layers.MaxPooling2D((2,2)))
# 풀링 계층을 추가해 줌. (2,2) 사이즈마다 최대치 추출
model.add(layers.Dropout(0.25))    # dropout을 통해 25% 이내의 범위에서 연결을 끊음.
# 위의 과정을 여러 번 반복, 신경망의 합성곱 계층의 노드 개수를 바꾸어도 됨.
model.add(layers.Conv2D(64, (3,3), activation='relu'))
model.add(layers.MaxPooling2D((2,2)))
model.add(layers.Conv2D(64, (3,3), activation='relu'))
model.add(layers.Dropout(0.25))    # 25% 이내의 범위에서 연결을 끊음.
```

Part 3. 딥러닝 맛보기

1. 이미지 학습 **161**

```
################### Fully Connected NN <Neural Net Block> ###################
model.add(layers.Flatten()) # 최종 출력된 이미지 배열을 평탄화해 입력해 줌.
model.add(layers.Dense(64, activation='relu')) # 은닉층, 노드 개수는 64
model.add(layers.Dense(10, activation='softmax')) # softmax를 써서 확률값으로 출력
####################### <Optimization Block> ##########################
# 최적화를 위해 adam을 사용. 손실함수로 cross entropy를 사용, 평가지표는 Accuracy(정확도)
model.compile(optimizer='adam', loss='sparse_categorical_crossentropy',
              metrics=['accuracy'])
# fit 함수를 통해 훈련(이미지 학습)을 시킴, epoch는 일단 1회로 설정
model.fit(train_images, train_labels, epochs=1)  # epoch는 1번만 했음.
######################## Image Test ####################
img_no=463     # 테스트 이미지의 번호 (463은 464번째 이미지)
test_image=test_images[img_no, :, :, 0] # 이미지 표시: shape을 (28x28)로 변경
plt.title("Number of the Image: {}".format(test_labels[img_no]))
plt.imshow(test_image)  # 테스트 이미지(여기서는 464번째 이미지)를 보여줌.
plt.show()  # 464번째 수가 6이라는 것과 정답이 6이라는 것을 확인할 수 있음.
# 이미지가 표시된 plot의 오른쪽 상단 x를 눌러주면 터미널 창에 예측값을 보여줌.
#################### Prediction with Probability #####################
# 예측을 위해 (batch size, height, width, channel)형태로 바꾸어 줌.
pred=model.predict(test_image.reshape(1, 28, 28, 1))
print(pred)  # 0~9까지 확률을 list형태로 표시, 7번째(숫자 6)의 확률이 가장 높음.
num=np.argmax(pred) # numpy모듈의 argmax함수를 통해 가장 확률이 높은 번호를 가지고 옴.
print("예측값: {}".format(num)) # 예측된 숫자를 표시해 줌.
```

텐서플로를 이용한 파이썬 코드는 주석문을 제외하고 30줄 정도로 아주 간결합니다.
10가지 종류의 패션 잡화를 학습하는 Fashion MNIST라는 프로그램도 있으니, 제공
되는 코드를 활용해 실습해 보기 바랍니다. p162 > Fashion_MINIST.py

☞ cross entropy(로그함수), softmax(확률), adam(다양한 최적화 기법)에 관한 내용은 248, 266, 271쪽을 참고
하세요.

(2) 물체 인식(CIFAR-10)

CIFAR-10은 [그림 3-8]과 같이 10종류로 분류된 이미지 데이터셋으로, 32 × 32 픽셀 크기의 컬러 이미지와 레이블label이라 불리는 정답으로 구성되어 있습니다. 여기에는 총 6만 개의 이미지가 있고, 이 중 1만 개는 테스트용으로 사용됩니다.

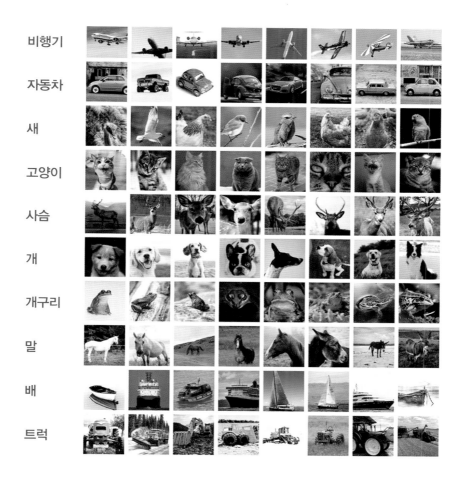

그림 3-8 10종류의 컬러 이미지와 정답으로 구성된 CIFAR-10의 데이터셋

CNN 구조는 [그림 3-9]와 같습니다.

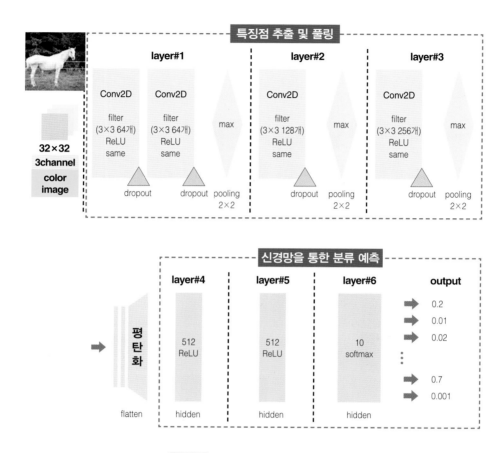

그림 3-9 CIFAR-10의 CNN 모델 구조

MNIST와 거의 같은 구조이나 이미지 데이터셋이 (32, 32, 3)으로 구성되어 있습니다. 32×32 픽셀의 더 높은 해상도(화질)와 3channel이므로 컬러 이미지라는 것을 알 수 있습니다. 이는 학습에 많은 시간이 소요된다는 것을 의미합니다.

CIFAR-10의 가장 깔끔한 프로그램 예제를 첨부하니 스스로 실습하여 보기 바랍니다.
기본 내용은 MNIST와 동일합니다.

```
                                                        p165 > CIFAR10.py
import tensorflow as tf
from keras import datasets, layers, models
import matplotlib.pyplot as plt
import numpy as np
(train_images, train_labels), (test_images, test_labels)=datasets.cifar10.load_data()
train_images, test_images=train_images/255, test_images/255
################ Feature Extraction <Convolution Block> ################
model=models.Sequential()
model.add(layers.Conv2D(32, (3,3), activation='relu', input_shape=(32, 32, 3)))
model.add(layers.MaxPooling2D((2,2)))
model.add(layers.Dropout(0.25))    # 25%의 연결을 끊음.
model.add(layers.Conv2D(64, (3,3), activation='relu'))
model.add(layers.MaxPooling2D((2,2)))
model.add(layers.Conv2D(64, (3,3), activation='relu'))
model.add(layers.Dropout(0.25))    # 25%의 연결을 끊음.
################## Fully Connected NN <Neural Net Block> ##################
model.add(layers.Flatten())
model.add(layers.Dense(64, activation='relu'))
model.add(layers.Dense(10, activation='softmax'))
######################## <Optimization Block> ########################
model.compile(optimizer='adam', loss='sparse_categorical_crossentropy',
              metrics=['accuracy'])    # 윗줄과 이어짐.
model.fit(train_images, train_labels, epochs=3)
######################## Batch Image Test ####################
test_batch=test_images[:31]    # 0에서 31까지의 총 32개의 이미지를 한꺼번에 테스트
print(test_batch.shape)        # shape가 (31, 32, 32, 3)임을 확인
###################### Prediction with Probability ####################
pred=model.predict(test_batch)
print(pred.shape)    # 32개의 테스트 이미지와 10개의 정답(출력)으로 구성됨.
numbers=np.argmax(pred, -1) # -1은 여러 개의 예측을 동시에 표시하기 위한 것
print("패널들의 그림 번호 예측: {}".format(numbers))
# 0: 비행기(plane)   1: 자동차(car)   2: 새(bird)   3: 고양이(cat)   4: 사슴(deer)
# 5: 개(dog)   6: 개구리(frog)   7: 말(horse)   8: 배(boat)   9: 트럭(truck)
```

이 프로그램은 0에서 31까지의 이미지를 한꺼번에 묶어서 예측하도록 만들었습니다. 실제 예측치와 맞는지 확인하려면 아래의 프로그램을 실행하여 각각의 이미지를 확인해 주세요. 이러한 프로그램은 앞으로도 여러 번 반복되니, 우선 실행해 보고 프로그램의 패턴을 익히는 것이 좋습니다.

p165 > Cifar_Check.py

```python
import matplotlib.pyplot as plt
from keras import datasets
cf=datasets.cifar10
(x_train, y_train), (x_test, y_test)=cf.load_data()

start_no_pannel=0    # 추측한 이미지(사진)들을 no_pannel 숫자를 바꾸어 가며 확인해 볼 것
finish_no_pannel=31
for i in range(start_no_pannel, finish_no_pannel):
    plt.title("<Number:{}>".format(y_test[i]))
    plt.imshow(x_test[i])
    plt.show()
```

(3) 이미지 모으기

앞의 2절과 3절에서 실습한 MNIST, CIFAR-10 등의 데이터셋은 다양한 사이트에서 다운로드받아 정해진 폴더에 보관하고 실습해 보는 것도 가능합니다. 하지만 학습해 보고자 하는 이미지 데이터셋이 없다면 어떻게 해야 할까요?

일일이 많은 사진을 찍기는 귀찮으니, 크롤링_{crawling}이라 불리는 기법으로 각종 포털 사이트나 검색 엔진을 통해 이미지를 모으는 것이 좋습니다.

본 교재에서는 마이크로소프트사의 빙_{Bing}과 세계적으로 많이 쓰이는 구글 검색 엔진을 사용해 이미지를 크롤링하는 방법을 소개하겠습니다.

● 빙으로 이미지 크롤링하기

📋 프로그래밍

p167 > iCrawler_Crawling.py

```python
# 마이크로소프트 빙 사이트에서 특정 검색어에 대한 이미지를 크롤링해 오는 프로그램
# 이미지를 크롤링하여 폴더에 저장하고, 데이터셋을 만들어 학습시키기
# 빙 외에도 중국 포털 바이두Baidu, 구글을 통해 이미지 크롤링이 가능
# py -m pip install icrawler 모듈을 설치할 것

from icrawler.builtin import BingImageCrawler
# from icrawler.builtin import BaiduImageCrawler, GoogleImageCrawler


############## 검색어 및 크롤링 이미지 갯수 설정 ##############
key_word = input('검색어: ')      # 검색어 설정 ex) dog, cat, horse, 개, 고양이....
crawl_num = int(input('크롤링 이미지 갯수: ')) # 크롤링 최대 갯수  ex) 100
# 검색어와 크롤링 이미지 개수는 프로그램 실행 후 하단의 터미널 창에 입력할 것


############## MS Bing을 통한 이미지 크롤링 ################
bing_crawler = BingImageCrawler(
    feeder_threads = 1,
    parser_threads = 1,
    downloader_threads = 4,
    storage = {'root_dir':'iCrawler\\'+key_word} ) # 현재 디렉토리/iCrawler/검색어
```

```
bing_crawler.crawl(keyword=key_word, filters=None, offset=0, max_num=crawl_num)

print('Image Crawling is done.')
```

프로그램을 실행하고 터미널 창에 검색어와 가지고 올 이미지 개수를 입력해 주면 자동으로 이미지를 모아 정해진 폴더에 넣어 줍니다. 위 프로그램을 실행하면 현재 작업 중인 디렉토리(폴더) 밑에 새롭게 iCrawler라는 폴더가 생성되고, 그 밑에 다시 입력된 '키워드'와 같은 이름의 폴더가 만들어지며, 크롤링된 이미지가 그 폴더 안에 저장됩니다.

키워드(검색어)를 바꿔가며 다양한 이미지를 모을 수 있으니 폴더명을 잘 설정하면 그대로 데이터셋으로 활용할 수 있습니다. 예를 들어 축구와 야구 이미지를 크롤링하고 싶을 때, 0_football, 1_baseball과 같은 방식으로 폴더명을 설정하면 그 상태로 바로 이미지 학습이 가능합니다.

위 프로그램은 iCrawler라는 모듈을 통해 중국의 최대 포털 사이트인 바이두Baidu와 세계 최대 검색 사이트인 구글을 통한 크롤링도 가능하게 해줍니다. 단, 구글의 경우 이 프로그램을 사용하면 크롤링 개수에 제한을 받는 경우도 있으니, 다음에 소개하는 구글 크롤링을 사용할 것을 권장합니다.

☞ 크롤링 프로그램은 해당 사이트의 정책 변경 등으로 인하여 잘 작동하지 않는 경우도 있으니 참고하기 바랍니다.

구글로 이미지 크롤링하기

프로그래밍

p169 > Google_Crawling.py

```python
# chrom 브라우저로 설정, 반드시 chromdriver.exe 파일이 같은 폴더 내에 있어야 함.
# Google Chrom 브라우저에서 이미지 검색창에 검색어를 입력하고
# Enter 키 누르고, 이미지를 선택하여 모아오기
# 스크롤링을 하여 모든 이미지를 가져오기 위한 코드


from selenium import webdriver            # py -m pip install selenium
from selenium.webdriver.common.keys import Keys
import time
import urllib.request

driver = webdriver.Chrome()
driver.get("https://www.google.co.kr/imghp?hl=ko&tab=wi&ogbl") # Google 이미지 검색
elem = driver.find_element_by_name("q")            # 검색창 부분
elem.send_keys("xylobot")                          # 검색어 입력
elem.send_keys(Keys.RETURN)                        # Enter 키를 눌러 검색
         검색어 입력 부분으로 자신이 검색하고자 하는 검색어 넣기

SCROLL_PAUSE_TIME = 1

# Get scroll height
last_height = driver.execute_script("return document.body.scrollHeight")

while True:
    # Scroll down to bottom
    driver.execute_script("window.scrollTo(0, document.body.scrollHeight);")

    # Wait to load page
    time.sleep(SCROLL_PAUSE_TIME)

    # Calculate new scroll height and compare with last scroll height
    new_height = driver.execute_script("return document.body.scrollHeight")
    if new_height == last_height:        # 스크롤이 끝까지 내려갔다면
        try:                             # 이미지 더 보기 버튼을 클릭해 줌.
```

Part 3. 딥러닝 맛보기

```
                driver.find_element_by_css_selector(".mye4qd").click()
        except:                    # 더 이상 이미지 더 보기가 없으면 작업을 끝냄.
            break
    last_height = new_height


images = driver.find_elements_by_css_selector(".rg_i.Q4LuWd")
count = 1          # 이미지 파일 이름을 1,2,3…으로 하기 위한 초기화
for image in images:
    try:
        image.click()  # 첫 번째 이미지 선택
        time.sleep(3)  # 이미지 사이트 검색을 위해 3초간 쉼.
        imgURL = driver.find_element_by_css_selector(".n3VNCb").get_attribute("src")
        outpath = "D:/AI Study/ImageCrawling/Images/xylobot/" # 이미지를 저장할 폴더
        outfile = str(count) + ".jpg"
        urllib.request.urlretrieve(imgURL, outpath+outfile)
        count = count + 1
    except:
        pass


driver.close()     # 마지막에는 드라이버를 닫아 줌.
```

> 폴더 경로 부분은 자신의 PC에 맞추어 변경하기

이 프로그램의 장점은 구글의 이미지 검색을 통해 많은 이미지를 한꺼번에 가져올 수 있다는 것입니다. 하지만 'chromdriver.exe'를 다운로드하여 위의 프로그램이 존재하는 폴더에 넣어 주어야 하는 불편함이 있습니다. 스크롤을 통해 브라우저를 조종해 가며 이미지를 가져오기 때문에 시간도 다소 오래 걸립니다.

4. 이건 무슨 꽃일까?

이제 실제로 이미지를 모아서 데이터셋을 만들고 CNN을 통해 학습을 시켜, 얼마나 잘 예측하는지를 실습해 볼까요? 이번 절에서는 아직까지 다루지 않은 다음과 같은 중요한 내용이 등장하니 주의 깊게 살펴봐 주기 바랍니다.

● 학습용/테스트용 프로그램 구분하기

한 개의 프로그램으로 학습과 테스트를 하면, 매번 학습을 시켜야 하는 불편함이 있습니다. 예를 들어 10,000장의 사진을 학습시키는 데 10시간이 소요되었다면 테스트용 사진이 바뀔 때마다 10시간씩 다시 학습을 해야만 합니다. 이 과정은 낭비가 너무 심하니 보통은 <u>학습용(훈련용) 프로그램과 테스트용 프로그램으로 나누어 먼저 학습 훈련을 시킨 후 테스트 프로그램을 실행하여 테스트를 합니다.</u>

☞ 이때 사용하는 것이 텐서보드tensorboard를 이용하여 훈련된 모델과 가중치 값 등을 저장하는 콜백callback이라는 것인데, 자세한 내용은 생략하고 이후 프로그램을 통해 확인해 보겠습니다.

● 데이터셋의 위치 설정하기

데이터셋을 학습시킬 때 각각의 데이터셋은 자신이 사용하는 PC상의 어디에 존재하는지가 매우 중요합니다. 왜냐하면 인공지능이 학습(훈련)을 할 때, 레이블label이라 불리는 이미지의 정답과 비교하면서 학습을 하는데, 레이블이 글자로 되어 있어도 인공지능은 이것이 무엇을 뜻하는지 알지 못하기 때문입니다. 예를 들어 고양이의 사진을 보여주고 고양이라고 알려 주어도 인공지능은 고양이라는 단어가 뜻하는 의미를 알지 못하고 이미지를 레이블에 표기된 글자 또는 숫자와 대응시켜 학습할 뿐이기 때문입니다. 이때 레이블을 만드는 다양한 방법이 있는데, 보통은 이미지가 저장된 폴더별로 번호 또는 이름을 붙여 레이블링하는 것이 일반적이라 할 수 있습니다.

또 사과, 복숭아, 바나나를 구별하는 인공지능을 만든다면 각각의 학습 데이터셋은 폴더명을 사과, 복숭아, 바나나로 만들거나 아니면 폴더명을 0, 1, 2로 만들고 각각의 숫자를 사과, 복숭아, 바나나에 대응시킵니다. 그리고 이 폴더들은 다시 또 다른 하나의 폴더 안에 들어 있는 것이 좋습니다. 각각의 학습용 이미지를 다음과 같이 폴더를 만들어 넣어 주는 것이 이상적이니 반드시 기억해 두기 바랍니다.

예)
☞ /train/0 _ apple/3000장의 사과 사진
☞ /train/1 _ peach/4000장의 복숭아 사진   ⟹   train 폴더
☞ /train/2 _ banana/4500장의 바나나 사진

컴퓨터 저장공간 안의 [train] 폴더

3000장의 사과 사진	4000장의 복숭아 사진	4500장의 바나나 사진
0	1	2 ← 폴더명

위의 내용을 잘 숙지하였다면 이제 5가지의 꽃을 분류하는 문제를 다루어 보겠습니다. 각각 1,000장 정도의 사진(이미지)을 모아 학습시켜 보고, 어느 정도의 판별 능력을 보이는지 확인해 봅시다. [그림 3-10]에서 보이는 대로 국화, 민들레, 장미, 해바라기, 튤립 5종의 꽃 이미지를 모아 0, 1, 2, 3, 4로 레이블(정답)을 만들고, 학습을 시켜 보겠습니다. 이미지는 앞 절에서 배운 크롤링을 이용하여 모아 주세요. 이때 5개의 폴더를 만들어 각각의 꽃 이미지를 저장할 때 폴더명을 0, 1, 2, 3, 4로 하는 것이 좋습니다. 또는 0_daisy와 같이 폴더명을 설정해도 괜찮습니다.

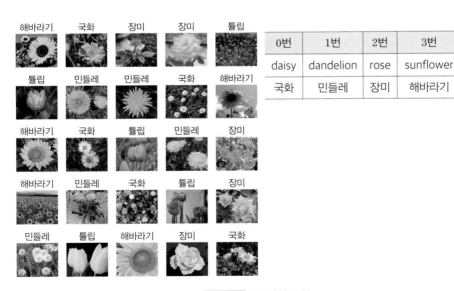

0번	1번	2번	3번	4번
daisy	dandelion	rose	sunflower	tulip
국화	민들레	장미	해바라기	튤립

그림 3-10 5종의 꽃 유형

5종류의 꽃을 분류하기 위한 CNN 구조는 [그림 3-11]과 같습니다.

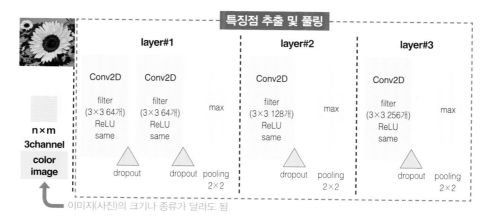

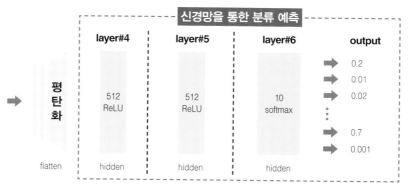

그림 3-11 Flower5(5종의 꽃 분류)의 CNN 모델 구조

📖 여기서 잠깐! | **가짜 이미지가 들어오면?**

크롤링을 통해 이미지를 모으면, 진짜 이미지뿐만 아니라 가짜 이미지도 섞여 들어오는 경우가 있습니다. 예를 들어, 장미로 검색하여 이미지를 모으면 장미라는 이름의 인물 사진 또는 장미라는 이름의 레스토랑 사진이 크롤링될 수도 있습니다.

이럴 경우 일일이 확인해서 지워야 할까요? 결론부터 얘기하면 CNN 학습을 하는 데 전혀 문제가 없으니 그냥 놔두어도 됩니다. 오히려 데이터셋이 많아지면 이러한 가짜 데이터가 노이즈 역할을 하여 과적합overfitting을 방지하고 신경망을 더욱 강건하게 하는 작용을 합니다.

[그림 3-11]에서 보이는 대로 이미지의 데이터 형태는 $(n, m, 3)$이 됩니다. 즉, 이미지의 크기나 형태는 학습을 하는 데 아무 상관없습니다. 그럼 프로그램을 살펴보겠습니다. 아래 프로그램은 콤팩트하면서 CNN 모델 학습에 있어 만능으로 사용될 수 있으니 반드시 숙지하기 바랍니다.

📝 **학습용 프로그램**

p174 > Flowers_train.py

```python
# 국화, 민들레, 장미, 해바라기, 튤립 훈련(사진의 크기, 이름은 상관없음)
import os
from glob import glob  # py -m pip install glob
import numpy as np
import tensorflow as tf
from keras import datasets, layers, models
from PIL import Image  # py -m pip install pillow
import matplotlib.pyplot as plt
from keras.preprocessing.image import ImageDataGenerator

train_dir='dataset/train/'          # 이 부분은 자신의 PC상의 폴더 경로로 변경하기
test_dir='dataset/test/'            # 이 부분은 자신의 PC상의 폴더 경로로 변경하기

######################### Hyperparameter Tuning #########################
num_epoch=30              # 훈련 학습 횟수
batch_size=16             # 이미지의 묶음, 고해상도 사진일수록 작게 하기
learning_rate=0.001       # 학습률, 작을수록 학습 정확도 올라감.
dropout_rate=0.3          # 30%의 신경망 연결을 의도적으로 끊음. 과적합 방지용
input_shape=(50, 50, 3)   # 원하는 크기를 입력하면 모든 입력 이미지가 resize됨.
num_class=5               # 분류를 위한 정답의 개수 지정


######################### Preprocess #########################
train_datagen=ImageDataGenerator(    # Datagenerator로 이미지를 변환시킴.
    rescale=1./255.,                 # 데이터의 정규화(normalization)
    width_shift_range=0.3,           # 이미지의 폭을 30% 이내에서 임의로 변경
    zoom_range=0.2,                  # 20% 이내에서 임의로 확대/축소
    horizontal_flip=True,            # 이미지를 위, 아래로 뒤집음.
    validation_split=0.2             # train을 8대2로 나누어 train과 val로 사용
)
```

```
test_datagen=ImageDataGenerator(  # 테스트 이미지의 스케일을 맞추어 줄 것
    rescale=1./255.,
)
train_generator=train_datagen.flow_from_directory( # DataGenerator로 Load할
수도 있음.
    train_dir,
    target_size=input_shape[:2],  # 이미지의 크기만 가지고 옴(50, 50, 3) -> (50, 50)
    batch_size=batch_size,
    color_mode='rgb',
    class_mode='categorical',      # 다분류의 경우, 2진 분류의 경우는 Binary로 설정
    subset='training',             # train 데이터
)       # Found 60000 images belonging to 10 classes.라 표시됨을 확인


validation_generator=train_datagen.flow_from_directory( # DataGenerator로
Load할 수도 있음.
    train_dir,
    target_size=input_shape[:2],
    batch_size=batch_size,
    color_mode='rgb',
    class_mode='categorical',
    subset= 'validation' # val 데이터
)   # validation_Generator는 학습이 잘되고 있는지 확인을 위해 필요, 생략 가능


############### Feature Extraction <Convolution Block> #############
model=models.Sequential()
model.add(layers.Conv2D(32, (3,3), activation='relu', input_shape=input_shape))
model.add(layers.MaxPooling2D((2,2)))
model.add(layers.Dropout(dropout_rate))
model.add(layers.Conv2D(64, (3,3), activation='relu'))
# model.add(layers.Conv2D(64, (3,3), activation='relu'))
model.add(layers.MaxPooling2D((2,2)))
model.add(layers.Dropout(dropout_rate))


############### Fully Connected NN <Neural Net Block> ###############
model.add(layers.Flatten())
model.add(layers.Dense(64, activation='relu'))
model.add(layers.Dropout(dropout_rate))
model.add(layers.Dense(num_class, activation='softmax'))
```

```
######################## Optimization Block ########################
model.compile(optimizer=tf.optimizers.Adam(learning_rate),
            loss='categorical_crossentropy',
            metrics=['accuracy'])


############################ Callback ###########################
from keras.callbacks import ModelCheckpoint, EarlyStopping, CSVLogger

checkpoint = ModelCheckpoint('weights/best.h5', monitor='val_accuracy',
            save_best_only=True)
# 학습 중 모델 저장하기. acc가 향상된 경우만 저장하기
earlystopping = EarlyStopping( monitor='val_accuracy', patience=20)
# 학습 도중 val_acc가 향상되지 않으면 종료하기
logger = CSVLogger('weights/history.csv')
# 학습 과정 loss, acc 등을 저장하기
os.makedirs('weights/', exist_ok=True)
callbacks = [checkpoint, earlystopping, logger]


######################### Training Block #########################
hist = model.fit_generator(
      train_generator,
      steps_per_epoch=len(train_generator),
      epochs=num_epoch,
      callbacks=callbacks,
      validation_data=validation_generator,
# Label된 testset이 없는 경우 생략 가능
      validation_steps=len(validation_generator)
# Label된 testset이 없는 경우 생략 가능
      )
######################### Save trained model #########################
model.save('weights/last.h5') # 학습된 모델 저장하기
```

학습용 프로그램을 블록별로 설명하면 다음과 같습니다.

블록	설명
최상단	• 필요 모듈을 import하고, 데이터셋의 저장 위치 설정
Hyperparameter Tuning	• 학습(훈련) 횟수, 배치 사이즈, 학습률, dropout 비율, 입력 이미지의 크기, 정답의 개수(5종류의 꽃 분류이므로 5로 설정)를 설정 • Input _ shape＝(50, 50, 3)으로 설정하면 모든 이미지가 컬러의 50×50픽셀 사이즈로 조정됨.
Preprocess	• 이미지 데이터를 조작하기 위해 data generator를 설정 • data generator를 통해 입력된 이미지를 다양하게 조작하여 보다 많은 이미지가 입력된 효과를 얻을 수 있음. 다양하게 설정할 수 있으니 상세한 부분은 검색하여 볼 것 • validation generator는 학습을 하면서 테스트 데이터를 통해 정확도를 스스로 진단, 검증하는 것을 말함. 생략 가능함.
Convolution block	• 합성곱 계층과 풀링 계층. 활성 함수로 relu를 사용. dropout을 통해 신경망의 일부를 끊어 overfitting과적합 방지
Neural Network block	• 평탄화된 이미지 데이터를 신경망에서 학습하기 • 분류 문제이므로 확률적으로 출력값을 표시해 주기 위해 출력층의 활성화 함수로 softmax를 사용
Optimization block	• 최적화 기법으로 adam을 사용하고, 손실함수는 분류 문제이므로 categorical _ crossentropy를 사용 • 평가는 accuracy정확도 기준
Callback	• 학습을 하면서 모델 및 가중치의 변화값 등을 저장 • 학습 도중 과적합이 발생하여 val _ acc가 감소하면 저장하지 않음.
Training block	• 지정된 epoch만큼 학습. callback을 통해 학습 과정을 저장
Save trained model	• 학습된 모델을 저장. h5 형식의 hierarchy계층형 데이터로 저장

학습용 프로그램을 실행시켜 학습이 완료되면, 테스트용 프로그램으로 테스트합니다. 테스트 데이터가 바뀌어도 새로 학습할 필요는 없습니다. 프로그램을 실행시키면 해당 이미지가 표시되고, 이미지 창의 우측 상단 ⊠를 눌러 이미지 창을 없애면 터미널 창에 예측 확률값과 함께 예측된 꽃 종류를 표시해 줍니다.

🏁 테스트용 프로그램

p174 > Flowers_test.py

```python
from keras.models import load_model
import tensorflow as tf
from glob import glob
import numpy as np
import matplotlib.pyplot as plt
                                          # 테스트 이미지 경로, 자신의 PC에 맞추어 변경하기
data_path=glob('dataset/test/*.jpg')
####################### Load trained model ##################
path_model = 'weights/best.h5'
model = load_model(path_model)    # 학습된 모델 불러오기
                          학습된 모델이 저장된 경로
####################### Prediction with Probability ####################
np.random.shuffle(data_path)      # shuffle을 이용하여 이미지 경로를 임의로 섞기
input_shape=(50, 50, 3)

def read_image(path):              # 이미지를 읽어 오기 위한 함수 만들기
    gfile=tf.io.read_file(path)
    # 경로상의 하나의 이미지를 읽어 들여 gfile 변수에 보관
    image=tf.io.decode_image(gfile, dtype=tf.float32)
    # 읽은 이미지 디코딩-> 이미지 배열
    return image

for test_no in range(20):          # 테스트할 이미지의 번호
    path=data_path[test_no]        # test_no+1번째 파일의 경로
    img=read_image(path)
    img=tf.image.resize(img, input_shape[:2]) # 이미지의 크기를 입력 이미지에 맞춤.
```

```python
image=np.array(img)  # imshow를 통한 이미지 확인을 위해, 저장된 이미지를 배열 형태로 바꿈.
# print(image.shape)   # 배열 형태이기 때문에 형태 확인 가능. Shape이 (50,50,3)임을 확인
plt.imshow(image)
plt.title('Check the Image and Predict Together!')
plt.show()


test_image=image[tf.newaxis,...]  # 테스트 이미지를 (50, 50) -> (1, 50, 50, 3)로 바꿈.
pred=model.predict(test_image)
print(pred)              # test_no번째의 이미지를 예측하여 확률분포로 보여줌.
num=np.argmax(pred)  # 확률분포 중 가장 큰 값을 찾아 숫자로 표시함.
if num==0:
    print("국화…인 것 같네요^^")
elif num==1:
    print("민들레…인 것 같네요^^")
elif num==2:
    print("장미…인 것 같네요^^")
elif num==3:
    print("해바라기…인 것 같네요^^")
elif num==4:
    print("튤립…인 것 같네요^^")
else:
    print("전혀 모르겠어요. ㅠㅠ")
```

한번 실행해 보고 어느 정도 예측이 잘 맞는지 직접 확인해 보세요. 예측이 그다지 정확하지 않다면, 충분한 학습이 되지 않았거나 학습용 데이터셋의 개수가 너무 적은 것입니다. 국화와 민들레, 장미와 튤립은 서로 모양이 비슷한 것이 있어서 인공지능도 혼동하는 것을 알 수 있습니다. 표시된 확률 부분을 보면 얼마나 혼동하였는지 명확히 알 수 있습니다.

☞ 여기서 혹시 테스트 프로그램이 잘 작동하지 않거나 오류가 발생하면 다음을 확인하세요.

① py -m pip list로 import된 모듈과 그 버전을 확인하세요. 여기서 h5py라는 모듈의 버전이 맞지 않으면 에러가 날 수 있으니 주의하기 바랍니다.

② h5py 버전이 2.10.0인지 확인하세요. 버전이 다르면 다음과 같이 다시 인스톨하세요.
   - py -m pip uninstall h5py
   - py -m pip install h5py==2.10.0

테스트용 프로그램을 블록별로 설명하면 다음과 같습니다.

블록	설명
최상단	• 필요 모듈을 import하고, 테스트용 데이터셋의 저장 위치를 설정함.
Load trained model	• 학습용 프로그램에서 저장된 모델(h5파일)을 불러옴.
Prediction with Probability	• 테스트용 이미지를 읽어와 하나씩 보여주며, 예측값을 확률적으로 출력. argmax 함수와 if문을 써서, 예측된 꽃 이름을 출력하도록 되어 있음.

지금까지 CNN 모델을 이용하여 각종 이미지를 학습하고 예측하는 방법에 대해 알아보았습니다. 앞의 절에서 간결하면서도 강력한 예제 프로그램을 제공하였으니, 여러분은 이 프로그램을 약간 수정하여 각자가 예측해 보고 싶은 모델을 만들어 보세요.

이미지를 이용하여 어떠한 예측을 해보면 좋을까요? 얼굴을 보고 나이를 판별하거나, 과일의 겉모양을 보고 당도를 판별하거나, 흉부 X선 사진을 통해 폐암 진단을 하거나, 병아리의 생식기를 찍어 암수를 구별하는 등 실용적인 프로그램을 만드는 것도 가능합니다. 하지만 이러한 예측 프로그램을 만들기 위해서는 많은 이미지 데이터가 있어야 하는데, 이러한 이미지를 얻기가 쉽지 않습니다. 따라서 여러분은 우선 크롤링을 사용하여 다양한 사진이나 이미지를 모으고, 예제 프로그램을 활용하여 다양한 추측을 해보세요.

4차원 공간으로 나가 보자

우리는 현재 3차원 공간상에 살고 있습니다. 그리고 실제 우주는 보다 복잡한 차원으로 이루어져 있다고 들어본 적이 있을 것입니다. 우리는 3차원 이하의 세계를 보거나 느끼는 것은 익숙하지만, 4차원 이상의 세계는 어떤 형태인지 감도 잡히지 않습니다. 3차원을 2차원에 투영해 보듯이, 4차원을 3차원적으로 투영해 보는 것이 가능은 하겠지만, 이 또한 감각적으로 와닿지는 않습니다. 이처럼 4차원을 느끼거나 상상하기는 쉽지 않지만, 4차원 세계를 수학적으로 표현하고 계산하는 것은 얼마든지 가능합니다. 여기서는 4차원 구의 체적을 구해 보겠습니다. 우리가 잘 알다시피 3차원 구의 체적은 $\frac{4}{3}\pi r^3$입니다. 그리고 이것은 2차원 구원의 면적(πr^2)을 적분하여 구했을 것입니다. 그렇다면 3차원 구의 체적을 적분하면 4차원 구의 체적을 구할 수 있다는 것을 직감할 수 있습니다. 그렇다면 4차원 구의 체적은 과연 얼마일까요? 우리는 4차원 구의 모습을 상상하기도 어렵지만 일단은 계산해 보겠습니다.

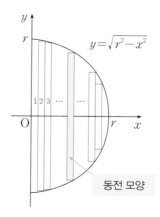

3차원 구의 단면은 동전 모양이므로, 0에서 r까지 동전의 체적을 모두 더하고 2배를 하면 3차원 구의 체적을 구할 수 있습니다.

$$2\lim_{n\to\infty}\sum_{k=1}^{n}\frac{r}{n}\pi\left[\sqrt{r^2-\left(\frac{k}{n}r\right)^2}\,\right]^2=\frac{4}{3}\pi r^3$$

4차원 구의 단면은 구 모양이므로, 다음과 같이 구할 수 있습니다.

$$2\lim_{n\to\infty}\sum_{k=1}^{n}\frac{r}{n}\frac{4}{3}\pi\left[\sqrt{r^2-\left(\frac{k}{n}r\right)^2}\,\right]^3=\frac{8}{3}\pi r^4\int_0^1\left[\sqrt{1-x^2}\,\right]^3dx$$

정적분을 보다 쉽게 하기 위해

$x=\sin\theta,\ \dfrac{dx}{d\theta}=\cos\theta,\ dx=\cos\theta d\theta$로 변수를 치환하면,

$$\begin{aligned}
&\frac{8}{3}\pi r^4\int_0^1\left[\sqrt{1-x^2}\,\right]^3dx\\
&=\frac{8}{3}\pi r^4\int_0^{\frac{\pi}{2}}\left[\sqrt{1-\sin^2\theta}\,\right]^3\cos\theta\,d\theta\\
&=\frac{8}{3}\pi r^4\int_0^{\frac{\pi}{2}}\cos^4\theta\,d\theta\\
&=\frac{8}{3}\pi r^4\cdot\frac{3}{16}\pi=\frac{1}{2}\pi^2r^4
\end{aligned}$$

와 같이 4차원 구의 체적을 구할 수 있습니다.

수학의 가장 큰 위력은, 우리가 보지도 상상하지도 못하는 세계를 우리가 이해할 수 있도록 모델을 만들어 준다는 점입니다. 이러한 수학 덕분에 우리는 무수한 자연의 신비를 알아내었으며, 많은 문명의 이기를 개발할 수 있었습니다. 여러분도 수학을 통해 미지의 세계를 탐험해 보지 않으시렵니까?

참고적으로, 4차원 이상의 구의 체적을 구하려면 어떻게 해야 할까요? 반경 r인 n차원 구의 체적 또는 n차원 구의 표면적을 구하는 일반식은 다음과 같습니다.

$$V_n(r) = \frac{(\sqrt{\pi})^n r^n}{\Gamma\left(\frac{n+2}{2}\right)} \quad \longleftarrow \text{반지름 } r \text{인 } n \text{차원 구의 체적}$$

$$S_n(r) = \frac{2(\sqrt{\pi})^n r^{n-1}}{\Gamma\left(\frac{n}{2}\right)} \quad \longleftarrow \text{반지름 } r \text{인 } n \text{차원 구의 표면적}$$

위의 식에서 분모에 등장하는 Γ감마는 무엇일까요? $\Gamma(x)$는 감마 함수gamma function라 불리며 다음과 같이 정의되어 있습니다.

$$\Gamma(x) = \int_0^\infty t^{x-1} e^{-t} dt$$

다소 생소해 보이는 이 함수는 놀랍게도 계승 연산과 관계가 있습니다.

$$\Gamma(x) = (x-1)! \, (x > 0)$$

즉, x가 0보다 클 때 감마 함수는 팩토리얼factorial이라고 불리는 계승과 관계가 있습니다.
팩토리얼(계승) 연산은 확률 등에서도 자주 등장하지만 다음과 같은 계산입니다.

$3! = 1 \times 2 \times 3$

$5! = 1 \times 2 \times 3 \times 4 \times 5$

$n! = 1 \times 2 \times 3 \times \cdots \times (n-1) \times n$

그렇다면 $\frac{1}{2}!$ (2분의 1 팩토리얼)은 어떻게 계산해야 할까요? 우리가 지금까지 배운 방법으로는 계산할 수 없지만, 감마 함수를 이용하면 계산이 가능해집니다.

답은

$$\frac{1}{2}! = \left(\frac{3}{2} - 1\right)! = \Gamma\left(\frac{3}{2}\right) = \frac{\sqrt{\pi}}{2}$$ 가 됩니다.

여기서 주목해야 할 것은 계승 연산을 연속적으로 할 수 있게 고안된 감마 함수가 다차원 공간을 나타내는 수식에도 등장한다는 사실입니다. 수학은 참으로 놀라움의 연속입니다. 서로 다른 영역의 수식과 개념이 상호작용하고 있다는 것을 알 수 있습니다.

Wallis(월리스)의 곱이라 부르는 식도 마찬가지입니다.

$$\frac{2 \cdot 2}{1 \cdot 3} \cdot \frac{4 \cdot 4}{3 \cdot 5} \cdot \frac{6 \cdot 6}{5 \cdot 7} \cdot \frac{8 \cdot 8}{7 \cdot 9} \cdots = \frac{\pi}{2}$$

월리스의 곱이란 분모가 홀수의 곱, 분자가 짝수의 곱으로 되어 있는 무한 곱으로 답은 놀랍게도 파이(π)의 절반입니다. 이 식은 원주율 파이를 계산하는 가장 쉬운 방법이기도 하며, 연속된 홀수와 짝수의 관계를 나타내는 수식이기도 합니다. 더욱 놀라운 것은 이 수식이 삼각함수와 관련이 있다는 사실입니다. 이 식은 sin의 n제곱을 적분하여 증명할 수 있습니다. 여기서 증명은 생략하니, 궁금하다면 인터넷을 통해 찾아보세요.

$\pi = 3.1415\cdots = 180$도, 라는 것은 알고 있지요? 왜 숫자 3.14가 각도 180도와 상관이 있는지 생각해 본 적 있는지요? 위의 월리스의 곱의 증명을 보면 어느 정도 이해가 갈 것입니다.

이처럼 수학의 많은 부분은 서로 연결되어 있습니다. 지금부터는 수학의 공식이나 계산을 따로따로 보지 말고, 서로 어떻게 연결되어 있는지를 살펴보면 수학이 더욱 흥미로워지리라 생각합니다.

2

다양한 딥러닝 기법들

앞 장에서 우리는 CNN 모델을 이용하여 이미지를 학습하고 예측·분류하는 방법에 대해 알아보았습니다. 이번 장에서는 다양한 딥러닝 기법에 대해 알아보고, 간단한 예제를 통해 실습을 해보겠습니다.

1. 진짜 같은 가짜를 만들어 내는 GAN

GAN은 Generative Adversarial Network의 약자로, 우리말로는 '적대적 생성 신경망'이라 불립니다. 페이스북 인공지능 연구팀의 리더이자 딥러닝의 아버지라 불리는 얀 르쿤Yann LeCun 교수는 GAN을 가리켜 최근 10년간 머신러닝 분야에서 가장 혁신적인 아이디어라고 말한 바 있습니다. 요즘 가장 주목받는 기술인 딥러닝 중에서도 이처럼 GAN은 가장 많은 관심을 받고 있는 기술이라 할 수 있습니다. 2020년 CES쇼에서 삼성전자가 선보인 가상인간 NEON과 최근 영화나 드라마 속 등장인물을 다른 사람 얼굴로 바꿔치기하여 윤리적인 문제를 일으킨 딥페이크Deepfake 등은 GAN 기술을 잘 활용한 유명 사례입니다. 궁금하신 분은 유튜브 등에서 검색하여 꼭 한번 그 놀라움을 경험해 보세요.

● **위조지폐범과 경찰**

GAN의 개념을 설명하는 데 많이 쓰이는 것이 '위조지폐범과 경찰' 이야기입니다.

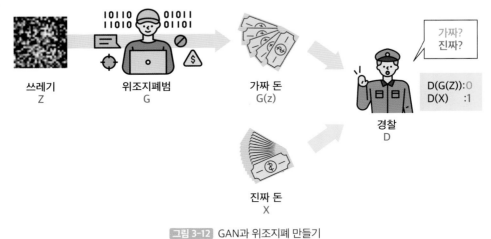

그림 3-12 GAN과 위조지폐 만들기

[그림 3-12]에서 보는 바와 같이 위조지폐범generator, 생성자은 아무것도 아닌 쓰레기noise, 잡음를 가지고 가짜 돈fake money을 만듭니다. 경찰discriminator, 감별자은 해당 지폐가 진짜real인지 가짜fake인지를 판별해야 하는 작업을 계속 반복하다 보면 위조지폐범은 시간이 지날수록 더 진짜 같은 위조지폐를 만들게 됩니다.

이를 수학적으로 표현하면 다음과 같습니다.

$$\min_{G} \max_{D} V(D,G) = E_{x \sim \text{Pdata}(x)}[\log D(x)] + E_{x \sim Pz(z)}[\log(1 - D(G(z)))]$$

제일 처음은 0과 1이 마구잡이로 섞인 노이즈라는 쓰레기가 있습니다. 이를 수식에서 z라 표현합니다. 이 쓰레기를 가지고 위조지폐범이 가짜 돈을 만듭니다. 이를 $G(z)$라 표현했습니다. 이제 경찰이 이 위조지폐와 진짜 지폐를 구분해야 합니다. 위조지폐라면 0, 진짜 지폐라면 1이라고 판별하게 됩니다. 이렇게 한번의 판별 과정을 거치게 되면 GAN 모델에서 1 epoch가 됩니다. 이 모델이 학습을 거치면 위조지폐범은 더욱 진짜 같은 위조지폐를 잘 만들게 되고, 경찰도 위조지폐를 더 잘 구분하기 위해 노력을 합니다.

이 과정이 반복되면 어느 순간에 경찰도 정확하게 구분하지 못하는 진짜 같은 위조지폐가 만들어지게 되고, 결국 경찰은 50대50으로 추측만 할 수 있을 것입니다. 이 순간이 바로 진짜 같은 가짜가 만들어지면서 학습이 끝나는 순간입니다. 결국 위조지폐범의 입장에서 보면 경찰을 얼마나 잘 속일 수 있는지가 중요합니다. 즉, $D(G(z)) = 1$이 되도록 하는 것이 궁극적인 목표입니다. 경찰이 진짜 돈을 잘 구별하지 못하는 바보 같은 인물이라면 굳이 노력하여 진짜 같은 가짜 돈을 만들지 않아도 되겠지요.

위의 수식에서 E는 손실함수를, P는 확률분포를 나타냅니다. 즉, $P_{\text{data}(x)}$는 x가 등장하는 데이터의 확률분포를 뜻합니다.

Fashion MNIST

GAN은 DC GAN, Cycle GAN, AC GAN, LS GAN, S GAN, c GAN, pix2pix 등의 다양한 변형 모델이 존재하지만 본 교재에서는 간단한 DC GAN을 통해 그 작동을 이해해 보도록 하겠습니다. 아래의 프로그램은 Fashion MNIST라는 패션 잡화의 이미지로 구성된 데이터셋을 이용하여 노이즈에서 패션 잡화 이미지를 흉내 내어 가는 과정을 보여줍니다. 아래 그림은 Fashion MNIST의 이미지입니다.

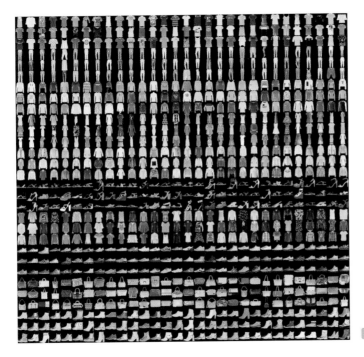

그림 3-13 Fashion MNIST 이미지

프로그래밍

p188 > DCGAN.py

```python
from __future__ import absolute_import, division, print_function, unicode_literals
import glob
import tensorflow as tf
import matplotlib.pyplot as plt
import numpy as np
import imageio
import os
```

```python
import PIL
from tensorflow.keras import layers
import time
from IPython import display


########### 이미지 로드 및 파라미터 설정 ############
# mnist data set load
(train_images, train_labels), (_, _) = tf.keras.datasets.fashion_mnist. load_data()
train_images = train_images.reshape(train_images.shape[0], 28, 28, 1).astype('float32')
# 이미지를 [-1, 1]로 정규화하기
train_images = (train_images - 127.5) / 127.5


BUFFER_SIZE = 60000
BATCH_SIZE = 256


# 데이터 배치를 만들고 섞기
train_dataset = tf.data.Dataset.from_tensor_slices(train_images)
.shuffle(BUFFER_SIZE).batch(BATCH_SIZE)     # 윗줄과 이어짐.


########### Generator Network 구성 #############
# 생성자는 시드값(seed; 랜덤한 잡음)으로부터 이미지를 생성하기 위해,
# tf.keras.layers.Conv2DTranspose(업샘플링) 층을 이용함.
# 처음 Dense층은 이 시드값을 입력값으로 받기
# 그다음 원하는 사이즈 28x28x1의 이미지가 나오도록 업샘플링을 여러 번 하기
# tanh를 사용하는 마지막 층을 제외한 나머지 각 층마다 활성 함수로
# tf.keras.layers.LeakyReLU를 사용하고 있음을 주목할 것
def make_generator_model():
    model = tf.keras.Sequential()
    model.add(layers.Dense(256, use_bias=False, input_shape=(100,)))
    model.add(layers.LeakyReLU(alpha=0.2))
    model.add(layers.BatchNormalization(momentum=0.8))
    model.add(layers.Dense(512))
    model.add(layers.LeakyReLU(alpha=0.2))
    model.add(layers.BatchNormalization(momentum=0.8))
    model.add(layers.Dense(1024))
```

```python
    model.add(layers.LeakyReLU(alpha=0.2))
    model.add(layers.BatchNormalization(momentum=0.8))
    model.add(layers.Dense(np.prod(28*28), activation='tanh'))
    model.add(layers.Reshape((28,28,1)))

    return model


# (아직 훈련되지 않은) 생성자를 이용해 이미지를 생성하기
generator = make_generator_model()
noise = tf.random.normal([1, 100])
generated_image = generator(noise, training=False)
plt.imshow(generated_image[0, :, :, 0], cmap='gray')


########## Discriminator Network 구성 #############
# 감별자(Discriminator)는 CNN 기반의 이미지 분류기이다.
def make_discriminator_model():
    model = tf.keras.Sequential()

    model.add(layers.Flatten(input_shape=(28, 28, 1)))
    model.add(layers.Dense(512))
    model.add(layers.LeakyReLU(alpha=0.2))
    model.add(layers.Dense(256))
    model.add(layers.LeakyReLU(alpha=0.2))
    model.add(layers.Dense(1, activation='sigmoid'))
    # model.summary()
    return model


# (아직까지 훈련되지 않은) 감별자를 사용하여, 생성된 이미지가
# 진짜인지 가짜인지 판별한다. 모델은 진짜 이미지에는 양수의 값(positive values)을,
# 가짜 이미지에는 음수의 값(negative values)을 출력하도록 훈련함.
discriminator = make_discriminator_model()
decision = discriminator(generated_image)


####### 손실함수 및 옵티마이저 정의 #########
# 이 메서드는 cross entropy loss를 계산하기 위해 helper함수를 반환함.
cross_entropy = tf.keras.losses.BinaryCrossentropy(from_logits=True)
```

```
####### 감별자 손실함수 #########
# 이 메서드는 감별자가 가짜 이미지에서 진짜 이미지를 얼마나 잘 판별하는지 수치화함.
# 진짜 이미지에 대한 감별자의 예측과 1로 이루어진 행렬을 비교하고,
# 가짜 (생성된) 이미지에 대한 감별자의 예측과 0으로 이루어진 행렬을 비교함.
def discriminator_loss(real_output, fake_output):
    real_loss = cross_entropy(tf.ones_like(real_output), real_output)
    fake_loss = cross_entropy(tf.zeros_like(fake_output), fake_output)
    total_loss = real_loss + fake_loss
    return total_loss


######## 생성자 손실함수 #########
# 생성자의 손실함수는 감별자를 얼마나 잘 속였는지에 대해 수치화함.
# 직관적으로 생성자가 원활히 수행되고 있다면, 감별자는 가짜 이미지를
# 진짜(또는 1)로 분류할 것임. 여기서 우리는 생성된 이미지에 대한
# 감별자의 결정을 1로 이루어진 행렬과 비교할 것임.
def generator_loss(fake_output):
    return cross_entropy(tf.ones_like(fake_output), fake_output)


# 감별자와 생성자는 따로 훈련되기 때문에, 감별자와 생성자의 옵티마이저는 다름.
generator_optimizer = tf.keras.optimizers.Adam(1e-4)
discriminator_optimizer = tf.keras.optimizers.Adam(1e-4)


###### 체크포인트 저장 #######
checkpoint_dir = './training_checkpoints'
checkpoint_prefix = os.path.join(checkpoint_dir, "ckpt")
checkpoint = tf.train.Checkpoint(generator_optimizer=generator_optimizer,
                                 discriminator_optimizer=discriminator_optimizer,
                                 generator=generator,
                                 discriminator=discriminator)


######### 훈련 루프 정의하기 ##########
EPOCHS = 60
noise_dim = 100
num_examples_to_generate = 16


# 이 시드를 계속 재활용함. 시각화하기 쉽기 때문임.
seed = tf.random.normal([num_examples_to_generate, noise_dim])
```

2. 다양한 딥러닝 기법들

```
# 훈련 루프는 생성자가 입력으로 랜덤 시드를 받는 것으로부터 시작됨.
# 그 시드값을 사용하여 이미지를 생성함.
# 감별자를 사용하여 (훈련 세트에서 갖고 온) 진짜 이미지와
# (생성자가 생성해 낸) 가짜 이미지를 분류함. 각 모델의 손실을 계산하고,
# 그래디언트(gradients)를 사용해 생성자와 감별자를 업데이트함.
# `tf.function`이 어떻게 사용되는지 주목
# 이 데코레이터는 함수를 "컴파일"함.
@tf.function
def train_step(images):
    noise = tf.random.normal([BATCH_SIZE, noise_dim])

    with tf.GradientTape() as gen_tape, tf.GradientTape() as disc_tape:
        generated_images = generator(noise, training=True)

        real_output = discriminator(images, training=True)
        fake_output = discriminator(generated_images, training=True)

        gen_loss = generator_loss(fake_output)
        disc_loss = discriminator_loss(real_output, fake_output)

    gradients_of_generator = gen_tape.gradient(gen_loss, generator.
    trainable_variables)
    gradients_of_discriminator = disc_tape.gradient(disc_loss,
    discriminator.trainable_variables)

    generator_optimizer.apply_gradients(zip(gradients_of_generator,
    generator.trainable_variables))          # 윗줄과 이어짐.
    discriminator_optimizer.apply_gradients(zip(gradients_of_discriminator,
    discriminator.trainable_variables))       # 윗줄과 이어짐.

def train(dataset, epochs):
  for epoch in range(epochs):
    start = time.time()

    for image_batch in dataset:
      train_step(image_batch)
```

```python
    # GIF를 위한 이미지를 바로 생성함.
    display.clear_output(wait=True)
    generate_and_save_images(generator,
                             epoch + 1,
                             seed)

    # 15 에포크가 지날 때마다 모델을 저장함.
    if (epoch + 1) % 15 == 0:
      checkpoint.save(file_prefix = checkpoint_prefix)

    # print (' 에포크 {} 에서 걸린 시간은 {} 초 이다'.format(epoch +1, time.time()-start))
    print ('Time for epoch {} is {} sec'.format(epoch + 1, time.time()-start))

  # 마지막 에포크가 끝난 후 생성함.
  display.clear_output(wait=True)
  generate_and_save_images(generator,
                           epochs,
                           seed)

######## 이미지 생성 및 저장 ##########
def generate_and_save_images(model, epoch, test_input):
  # `training`이 False로 맞춰진 것을 주목
  # 이렇게 하면 (배치 정규화를 포함하여) 모든 층이 추론 모드로 실행됨.
  predictions = model(test_input, training=False)
  fig = plt.figure(figsize=(4,4))

  for i in range(predictions.shape[0]):
      plt.subplot(4, 4, i+1)
      plt.imshow(predictions[i, :, :, 0] * 127.5 + 127.5, cmap='gray')
      plt.axis('off')

  plt.savefig('image_at_epoch_{:04d}.png'.format(epoch))
  # plt.show()

########## 모델 훈련 #############
# 위에 정의된 train() 메서드를 생성자와 감별자를 동시에 훈련하기 위해 호출함.
# 적대적 생성 신경망을 학습하는 것은 매우 까다로울 수 있음.
# 생성자와 감별자가 서로를 제압하지 않는 것이 중요함.
# (예를 들어 학습률이 비슷하면 한 쪽이 우세해짐.)
```

```
# 훈련 초반부에는 생성된 이미지가 랜덤한 노이즈처럼 보임.
# 훈련이 진행될수록, 생성된 숫자는 점차 진짜처럼 보일 것임.
# 약 50 에포크가 지난 후, Fashion MNIST와 닮은 이미지가 생성됨.

train(train_dataset, EPOCHS)

# 마지막 체크포인트를 복구
checkpoint.restore(tf.train.latest_checkpoint(checkpoint_dir))

####### GIF 생성 #########
# 에포크 숫자를 사용하여 하나의 이미지를 보여줌.
def display_image(epoch_no):
    return PIL.Image.open('image_at_epoch_{:04d}.png'.format(epoch_no))

display_image(EPOCHS)
```

실행 결과

프로그램을 실행하게 되면 각 epoch별로 생성자가 만든 이미지를 보여주고, 이미지를 저장합니다. epoch가 진행됨에 따라 노이즈는 점점 패션 잡화의 이미지와 닮아가고, 충분히 진행되면 거의 같은 이미지를 만들어 낼 수 있습니다. 다음은 epoch가 진행되면서 GAN 모델이 만들어 낸 이미지입니다.

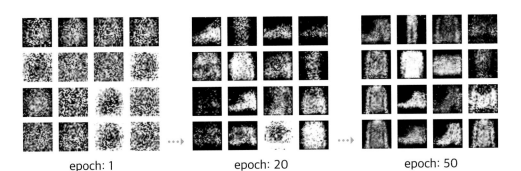

epoch: 1   epoch: 20   epoch: 50

그림 3-14 GAN 모델이 만들어 낸 이미지

2. 뭐든지 다 찾아내는 YOLO

YOLO를 아시나요? 저축도 안 하고 놀면서 인생을 즐기는 욜로족You Only Live Once이 아닙니다. 'You Only Look Once'의 약자로 실시간으로 다양한 물체 또는 사람, 동물 등을 한꺼번에 인식하고 검출해 내는 최신 인공지능 기법의 하나입니다. 이름이 참 재미있지요? YOLO v3의 경우 80종의 물체 인식 및 검출이 가능하며, 아주 빠른 시간 내에 처리해 주기 때문에 무인 자동차, 감시 카메라, 로봇 등등에 폭넓게 적용할 수 있습니다.

아래 이미지는 유튜브에서 뉴욕의 거리 풍경을 띄우고 YOLO로 처리하여 캡처한 이미지입니다. 실제로는 움직이는 사람, 자동차 등등의 물체를 실시간으로 정확히 찾아내서 그 위치에 바운딩 박스bounding box라 불리는 테두리를 쳐주고, 물체의 인식 확률, 물체의 종류까지 표시해 줍니다. 다양한 물체를 학습시키는 과정은 아주 힘들고 시간이 많이 걸리겠지만, 그리 어렵지는 않습니다. 인식하고자 하는 물체의 이미지에 바운딩 박스를 그려주고, 많은 이미지를 학습시키기만 하면 됩니다.

🎞 실제로 YOLO v3이 적용된 모습을 영상으로 확인하세요.

QR 코드

그림 3-15 YOLO v3를 사용하여 실시간으로 움직이는 물체를 검출한 이미지

YOLO의 대단한 점은 그 처리 속도가 아주 빨라 동적으로 움직이는 영상에 적용할 수 있다는 것과 물체의 위치까지 정확히 알려준다는 것입니다. 따라서 카메라상에 보이는 사람과 자동차의 거리도 어느 정도 계산이 가능하며, 카메라 2대를 사용하면 물체 중심점의 x, y, z좌표를 읽어 올 수도 있습니다. 아래 예제 파일을 사용하여 그 위력을 체감해 보세요.

▷ 프로그래밍

p196 > yolo_v3.py

```python
# YOLO v3를 이용하여 80종의 다양한 물체를 빠르게 인식하고 표시해 주는 프로그램
import cv2
import numpy as np

cap = cv2.VideoCapture(0)############ 카메라 영상을 가져오기 위한 기본 코드
whT =320         # 폭과 높이의 크기(픽셀 수)
confThreshold = 0.5  # 물체 인식을 위한 기준 확률(0.5보다 크면 인식된 것으로 간주)
nmsThreshold = 0.3   # Non-Maximum suppression 영상 엣지를 찾기 위한 효율적 방법
# 많은 물체를 인식할 때 연산량을 줄여줌. 기준 픽셀의 주변값 비교, 최대치만 살림.

classesFile = 'coco.names'   # 80종 물체의 분류명이 기록된 파일
classNames = []
with open(classesFile, 'rt') as f:  # coco.names의 텍스트를 'rt' read text로 읽어 옴.
    classNames = f.read().rstrip('\n').split('\n')
    # print(classNames)          # 80개의 분류명이 표기되는 것을 확인
    # print(len(classNames))      # 80으로 표시됨을 확인

modelConfiguration = 'yolov3-tiny.cfg'
# yolo version3의 cfg파일, weights파일을 불러오기
modelWeights = 'yolov3-tiny.weights'

net = cv2.dnn.readNetFromDarknet(modelConfiguration, modelWeights)
# 네트워크 설정
net.setPreferableBackend(cv2.dnn.DNN_BACKEND_OPENCV)
# openCV의 DNN 네트워크를 사용
net.setPreferableTarget(cv2.dnn.DNN_TARGET_CPU)   # GPU 사용 없이 CPU만을 사용
def findObjects(outputs, img):
    hT, wT, cT = img.shape  # 물체의 높이, 폭, 중심점의 위치
    bbox = []               # Bounding Box
    classIDs = []           # 물체 번호
    confs = []              # 인식 확률
```

```python
    for output in outputs:
        for det in output:    # det(detection)
            scores = det[5:]    # 85개의 정보 중 위치..확률의 맨 앞 5개의 정보는 버림.
            classID = np.argmax(scores)  # 뒤쪽의 80개 물체Id 중 인식 확률이 가장 높은 것을 고름.
            confidence = scores[classID]    # 인식 확률이 가장 높은 물체의 실제 인식된 확률
            if confidence > confThreshold:  # 인식 확률이 기준 확률(여기서는 0.5)보다 높다면
                # 앞의 5개 정보 중 3번째의 폭 정보와 4번째의 높이 정보에 실제 픽셀을 곱해서 중심점
                의 좌표를 구함.
                w, h = int(det[2]*wT), int(det[3]*hT)
                # 앞의 5개 정보 중 1번째의 중심점 x좌표와 2번째의 y좌표에 실제 픽셀을 곱해서 중심
                점의 좌표를 구함.
                x, y = int(det[0]*wT-w/2), int(det[1]*hT-h/2)
                # 폭과 높이의 절반값을 빼서 실제 중심점의 좌표를 구함.
                bbox.append([x,y,w,h])
                classIDs.append(classID)
                confs.append(float(confidence))
    indices = cv2.dnn.NMSBoxes(bbox, confs, confThreshold, nmsThreshold)
    for i in indices:  # 인식된 모든 물체의 바운딩 박스와 물체명, 확률을 표시하기 위한 코드
        i = i[0]
        box = bbox[i]
        x,y,w,h = box[0],box[1],box[2],box[3]
        cv2.rectangle(img, (x,y), (x+w,y+h), (255,0,255), 2)  # 바운딩 박스 표시
        cv2.putText(img, f'{classNames[classIDs[i]].upper()} {int(confs[i]*100)}%',
                (x,y-10), cv2.FONT_HERSHEY_SIMPLEX, 0.6, (255,0,255), 2)  # 윗줄과 이어짐
# 확률과 물체의 이름을 대문자로 표시
# 바운딩 박스 윗부분에 두께2, 오렌지색으로 표시
while True:
    success, img = cap.read() ################### 카메라 영상을 가져오기 위한 기본 코드
    # image를 blob(Binary Large Object)으로 변환
    blob = cv2.dnn.blobFromImage(img, 1/255, (whT, whT), [0,0,0], 1, crop=False)
    net.setInput(blob)
    layerNames = net.getLayerNames()
    outputNames = [layerNames[i[0]-1] for i in net.getUnconnectedOutLayers()]
# layer에서 출력 부분을 추출해 냄.
    outputs = net.forward(outputNames)
# print(outputs[0].shape)
# (300, 85) (바운딩 박스의 개수, (x위치, y위치, 폭, 높이, 확률, 80개 물체 인식 확률))
    findObjects(outputs, img)
```

```
cv2.imshow('Image', img)   ############# 카메라 영상을 가져오기 위한 기본 코드
if cv2.waitKey(1) & 0xFF ==ord('q') ########### 키보드의 q 키가 입력되면 정지
    break
```

위의 프로그램을 실행하기 위해서는 이미 학습된 모델의 가중치 값을 기록한 .weights 파일이 필요합니다. 본 교재에서 제공하는 파일에는 'yolo3-tiny.weights'와 'yolo3. weights'의 두 개가 있습니다. 이 중 tiny가 붙은 것은 물체의 인식, 검출 속도가 빠르며, 반대로 정확도는 떨어집니다. yolo3.weights는 정확도는 높지만 여러분의 컴퓨터가 사양이 높지 않다면 처리하는 데 시간이 좀 걸릴 수 있습니다. coco.names 파일은 인식 가능한 80개 물체의 이름을 정리해 놓은 것입니다.

3. 내가 만화 속 주인공이 되는 U-GAT-IT

앞에서 재미있는 이름의 YOLO를 소개하였습니다만, 이번에도 이름이 아주 재미있는 U-GAT-IT유가릿을 소개하고자 합니다. You got it알았어요이라는 뜻의 재미있는 인공지능 모델인데, 국내의 NC소프트사에서 개발하였으며, 최근 세계적으로 많은 인기를 끌고 있습니다.

유가릿은 과연 무엇을 하는 인공지능일까요? 유가릿은 놀랍게도 어떤 진짜 이미지를 만화 또는 만화영화애니메이션 이미지로 만들어 주는 인공지능입니다. 예를 들어, 내 사진을 이용해 애니메이션 속의 내 아바타 이미지를 만드는 것이 가능합니다. 이는 190쪽에서 소개한 GAN 모델을 사용하여 실제 얼굴 사진과 애니메이션의 얼굴을 학습시켜 만들어진 모델이기 때문에 가능합니다.

유가릿을 이용하여 실물 사진을 애니메이션으로 바꾸어 보면 [그림 3-16]과 같이 됩니다. 신기하지 않나요? 아주 재미있으니 꼭 한번 테스트해 보세요. 같은 반 친구들의 사진을 넣어 애니메이션 이미지를 만들고 누구의 아바타인지 맞히기 게임을 하면 재미있지 않을까요?

실물 사진　　　　　　　　만화영화 속 이미지로 변신

그림 3-16 U-GAT-IT 프로그램 적용 결과

스마트폰의 QR 코드 앱을 실행하여 오른쪽 QR 코드를 읽어 사이트에 접속해 자신이나 지인의 사진, 유명 연예인의 사진 등을 업로드하면 변환된 애니메이션 이미지를 얻을 수 있습니다. 물론 셀카 이미지를 넣어도 됩니다.

QR 코드

4. 인공지능 소설가 GPT-3

GPT-3Generation Pre-trained Transformer-3는 딥러닝을 이용해 인간다운 텍스트를 만들어 내는 자기 회귀 언어 모델로, 최근 다양한 분야에서 활약하며 큰 화제가 되고 있습니다. 이 모델은 2016년 이세돌 9단과 바둑 대결을 하며 세상을 놀라게 하였던 알파고에 못지않은 인기를 누리고 있으며, GPT-3로 만들어진 에세이, 소설, 대화 등이 큰 화두가 되고 있으니 유튜브나 구글 검색을 통해 그 위력을 한번 확인해 보세요.

GPT-3는 OpenAI사가 만든 GPT-n 시리즈의 3세대 언어 예측 모델이며, GPT-3의 전체 버전은 1,750억 개의 매개 변수를 가지고 있어서 2020년 5월 도입된 이전 버전 GPT-2보다 2배 이상 크다고 할 수 있습니다. GPT-3 출시 전 가장 큰 언어 모델은 2020년 2월에 선보인 마이크로소프트사에서 개발한 튜링 NLG로 GPT-3보다 용량이 10분의 1 크기의 작은 모델이었습니다.

GPT-3가 수행할 수 있는 작업으로는 각종 언어 관련 문제풀이, 랜덤 글짓기, 간단한 사칙연산, 번역, 주어진 문장에 따른 간단한 웹 코딩 등이 있습니다. 앞으로는 비전문가도 자유로이 프로그래밍을 하고, 간단한 아이디어만으로 재미있는 소설이나 영화 시나리오를 써서 사람들에게 감동을 줄 수 있는 날이 올지도 모르겠습니다.

GPT-3에서 생성되는 본문의 질은 매우 높고 유익성과 위해성을 동시에 지니고 있어서 인간이 작성한 본문과 구별하기 어렵습니다. 31개 오픈AI 연구진과 엔지니어들은 GPT-3를 소개하는 2020년 5월 28일 논문 원본을 발표하면서 GPT-3의 잠재적 위험을 경고하고, 위험 완화를 위한 연구를 요구하기도 했습니다.

5. 정답을 알 수 없을 때 사용하는 강화학습

현재 가장 많이 사용되는 인공지능인 딥러닝은 일반적으로 정답레이블과 데이터를 함께 학습하여 정답이 없는 데이터를 예측하게 됩니다. 정답이 없는 경우에 사용하는 군집화 clustering와 같은 비지도학습도 있습니다만, 대부분은 정답이 있는 경우 정답을 가지고 학습하는 지도학습이라 할 수 있습니다. 하지만 정답을 전혀 모르는 경우라면 어떻게 해야 할까요? 예를 들어 알파고와 같이 바둑을 두는 인공지능은 어디에 바둑돌을 놓을지 정답을 알고 있는 것이 아니라 매 수마다 확률적으로 유리한 곳에 놓아야 합니다.

[그림 3-17]과 같이 미로를 탐험하며 출구를 찾거나 미로의 특정한 위치까지 효율적으로 이동하는 경로를 찾는 것도 마찬가지입니다. 이러한 경우에 우리는 강화학습Reinforcement Learning이라는 인공지능 기법을 사용합니다. 강화학습이란 현재 주어진 환경environment하에서 에이전트agent라 불리는 대상이 어떠한 행동action을 하였을 때, 상태state가 개선되었다면 보상reward을 받아 점수score를 높여 가며 최적화하는 학습 방법입니다. 여기서 점수는 Q값이라고도 불리며, 강화학습에서 가장 유명한 모델은 Q학습Q-Learning이라고 불립니다.

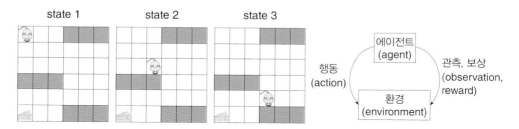

그림 3-17 Q학습을 통한 (상태, 행동)의 변화

[그림 3-17]처럼 생쥐가 치즈에 도달하려면 빨간색 벽을 피해 여러 개의 방을 거쳐야 하는데 치즈에 가까워지는 방향으로 가면서 보상을 받고 Q값을 높여 간다면 결국에는 치즈가 있는 곳에 도달합니다.

이러한 인공지능 기법을 Q학습이라 부르며, 수식은 다음과 같이 표현됩니다.

$$Q(s_t, a_t) \leftarrow \underbrace{Q(S_t, a_t)}_{\text{old value}} + \underbrace{\alpha}_{\text{learning rate}} \cdot \left(\underbrace{\overbrace{\underbrace{r_t}_{\text{reward}} + \underbrace{\gamma}_{\text{discount factor}} \cdot \underbrace{\max_a Q(s_{t+1}, a)}_{\text{estimate of optimal future value}}}^{\text{learned value}} - \underbrace{Q(s_t, a_t)}_{\text{old value}} \right)$$

Q(상태, 행동)값은 어떤 상태에서 어떤 행동을 했을 때 그 값이 바뀌며, 적절한 행동을 통해 r이라는 보상을 받아 큰 값으로 바뀌는 것이 이상적입니다. γ감마는 할인율이라 불리며, Q값을 전후 단계에서 효율적으로 조절하는 역할을 합니다. $\max Q(s_{t+1}, a)$는 다음 단계에서의 이상적인 Q값을 추측한 값이며, 할인율과 곱해지고 보상값과 합쳐져 새롭게 학습된 값이 됩니다. α는 앞서 배운 바와 같이 학습률을 뜻합니다. 더 자세한 내용은 다른 학습 자료를 통해 공부하기를 바라며, 여기서는 실제 프로그래밍을 통해 그 작동을 확인해 보겠습니다.

● 마운틴 카 프로그램 만들기

Q학습 모델에서 유명한 것이 여기서 소개하는 마운틴 카mountain car입니다.

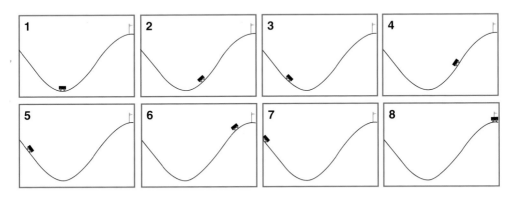

그림 3-18 Q학습을 통한 카트(마운틴 카)의 움직임 변화

[그림 3-18]에서 보는 바와 같이 마운틴 카는 동력이 없는 손수레로, 정해진 작은 힘으로 앞뒤로 밀어 움직이는 것만 가능합니다. 앞으로 한 번 밀면 손수레가 오른쪽으로 움직이고 힘을 가하지 않는 동안 중력에 의해 아래쪽으로 내려온 뒤, 반대편까지 이동하게 됩니다. 반대편 경사면에서 다시 앞쪽으로 밀면 손수레는 더 높이 올라가게 되고, 이를 반복하면 깃발이 있는 산의 정상까지 손수레를 밀어 올리는 것이 가능합니다. 이런 상황은 그네 타기와 비슷한 원리입니다. 여기서 중요한 것은 손수레를 미는 타이밍입니다. 손수레의 위치와 움직이는 방향을 확인해 가며 적절한 타이밍에 손수레를 밀어야 합니다. 우리는 이것을 Q학습을 통해 구현해 보겠습니다. 파이썬 프로그램 코드는 다음과 같습니다.

▣ 프로그래밍

p203 > Mountain_Car.py

```python
# 카트를 밀어 깃발까지 올리자!
import gym
import numpy as np

env = gym.make("MountainCar-v0")
LEARNING_RATE = 0.1    # 학습률
DISCOUNT = 0.95        # 할인율
EPISODES = 2400        # 시도 횟수
SHOW_EVERY = 300       # 단계별 스텝 수, 2400을 300번마다 보여줌(총 8단계).

DISCRETE_OS_SIZE = [20] * len(env.observation_space.high)      # 정규화
discrete_os_win_size =
(env.observation_space.high - env.observation_space.low)/DISCRETE_OS_SIZE
# 랜덤하게 탐색하는 단계
# Exploration settings(탐색 설정)
epsilon = 1  # 상수가 아니라 학습과 함께 감쇄되는 값임
START_EPSILON_DECAYING = 1
END_EPSILON_DECAYING = EPISODES//2
epsilon_decay_value = epsilon/(END_EPSILON_DECAYING - START_EPSILON_DECAYING)

q_table = np.random.uniform(low=-2, high=0, size=(DISCRETE_OS_SIZE + [env.
        action_space.n]))     # 윗줄과 이어짐.
```

```
def get_discrete_state(state):
    discrete_state = (state - env.observation_space.low)/discrete_os_win_size
    return tuple(discrete_state.astype(np.int))
# Q테이블 상의 3가지 action 중 하나를 선택하기 위해 tuple 형태의 상태를 return함.


for episode in range(EPISODES):
    discrete_state = get_discrete_state(env.reset())
    done = False
    if episode % SHOW_EVERY == 0:
        render = True
        print(episode)
    else:
        render = False


    while not done:
        if np.random.rand() > epsilon:
            # Get action from Q table
            # action: 0은 왼쪽으로 밀기, 1은 정지, 2는 오른쪽으로 밀기
            action = np.argmax(q_table[discrete_state])
        else:
            # 랜덤하게 action을 취함.
            action = np.random.randint(0, env.action_space.n)
        new_state, reward, done, _ = env.step(action)
        new_discrete_state = get_discrete_state(new_state)
        if episode % SHOW_EVERY == 0:
            env.render()
        # new_q = (1 - LEARNING_RATE)*current_q + LEARNING_RATE*(reward +
        DISCOUNT*max_future_q)
        # 위의 수식을 이용하여 Q table을 업데이트해 가며 최종 목표에 다다를 때까지 학습하기
        if not done:
            # 다음 스텝의 최대 Q값
            max_future_q = np.max(q_table[new_discrete_state])
            # 현재 Q값
            current_q = q_table[discrete_state + (action,)]
```

```
            # Q학습 공식
            new_q = (1 - LEARNING_RATE)*current_q + LEARNING_RATE*(reward +
            DISCOUNT*max_future_q)
            # 새로운 Q값으로 Q table을 업데이트
            q_table[discrete_state + (action,)] = new_q
        # 목표 지점에 다다르면 시뮬레이션 종료(Q테이블 = 0)
        elif new_state[0] >= env.goal_position:
            q_table[discrete_state + (action,)] = 0
        discrete_state = new_discrete_state
    # 탐색(episode)할 때마다 episode 번호가 시작과 끝 사이라면, epsilon 값을 발산 방지를
    위해 감쇄시킴.
    if END_EPSILON_DECAYING >= episode >= START_EPSILON_DECAYING:
        epsilon -= epsilon_decay_value
env.close()
```

위 프로그램을 실행하기 위해서는 'Gym'을 'import'해 주어야 합니다.
Gym은 최근 GPT-3로 유명한 openAI사에서 제공하는 물리 엔진을 포
함한 시뮬레이터입니다. 즉, 중력 등의 힘에 대한 작용을 포함하여 물체의 움
QR 코드
직임을 가상으로 만든 시뮬레이터로 다양한 모델이 제공되고 있습니다. QR 코드를 스캔
하여 관련 사이트를 방문해 확인하기 바랍니다.

Gym 사이트에는 다양한 시뮬레이터가 존재하는데, 예전 1980년대에 전자오락실에서
유행하였던 게임들도 다수 있습니다. 이를 Atari2600이라 하는데, 바둑으로 유명한 알
파고도 사실은 DQN(딥러닝과 Q학습을 섞은 모델)을 이용하여 Atari Game을 학습하
고 높은 점수를 얻기 위해 만들어진 인공지능이었습니다.

앞의 프로그램에서 가장 중요한 부분은 Q테이블이라 불리는, Q값을 관리하고 업데이트하기 위한 공간입니다. 이 부분에 대해 좀 더 자세히 설명하면 다음과 같습니다.

DISCRETE_OS_SIZE = [20, 20] # 이산 관측 공간 사이즈
# 최대치와 최소치의 사이를 20개로 분할함.
# 100으로 분할하면 더 많은 시행착오가 필요함.
DISCRETE_OS_SIZE = [20] * len(env.observation _ space.high)
# 정규화, Q테이블을 관리하기 쉬운 크기로 변경
discrete_os_win_size = (env.observation_space.highenv.observation_space.low)/DISCRETE_OS_SIZE
# 관측 최대치와 최소치의 차이값을 관측 공간 사이즈로 나누어 줌.

Q Board: 각 탐색Exploration마다 Q값을 구해 정리한 테이블

구분	0(왼쪽 밀기)	1(정지)	2(오른쪽 밀기)
C1	0	2	1
C2	3	1	0
C3	2	4	3

← action

← 위치 속도에 대한 Combination1의 경우 각각의 action에 따른 Q값

← Combination2의 경우, 0번 action 시에 Q값이 3으로 가장 큼.

← Combination3의 경우, 1번 action 시에 Q값이 4로 가장 큼.

new_q = (1LEARNING_RATE) * current_q + LEARNING_RATE * (reward + DISCOUNT factor * max_future_q)
# Q Table을 초기화하고 갱신해 가는 것이 Q Learning의 핵심

Q_table = np.random.uniform(low = -2, high = 0, size = (DISCRETE_OS_SIZE + [env.action _ space.n]))
# Q 테이블 초기화. Q 최초값은 -1이므로, (-2, 0) 사이로 초기화. 0은 목적 달성을 의미함.

6. 시계열 데이터를 학습하는 LSTM

우리가 살아가면서 경험하는 많은 데이터는 시간과 함께 변합니다. 우리는 이것을 시계열 데이터라 부릅니다. 예를 들어 날씨, 주가, 집값, 환율 등은 시간과 함께 시시각각 변하며, 어느 정도는 변화의 패턴을 가지고 있습니다. 사람이 대화할 때 쓰는 언어나 글자로 쓰인 문장 등도 사실은 순서가 있고, 시간적으로 변한다고 할 수 있습니다.

이러한 경우 사용하는 딥러닝 모델이 바로 LSTM_{Long-Short Term Memory, 장단기 메모리}입니다. LSTM은 사람과 같이 기억할 것은 오래 기억하고, 불필요한 것은 망각할 수 있도록 만들어진 모델로, RNN_{Recurrent Neural Network, 순환신경망}을 개량한 모델입니다. 최근에는 RNN 모델은 거의 쓰이지 않고 있고, LSTM이 주류를 이루고 있습니다. 또한 어텐션 _{attention} 기법이라는 자연어 처리_{NLP}에 특화된 변형 모델도 많은 주목을 받고 있습니다.

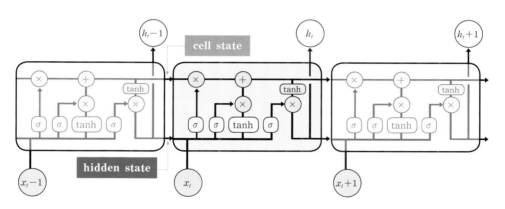

그림 3-19 LSTM 모델의 구조

LSTM은 [그림 3-19]에서처럼 x_{t-1}, x_t, x_{t+1}과 같이 시간과 함께 변하는 데이터를 학습하고, 예측하기 위해 만들어진 모델이며, 다음과 같은 특징이 있습니다.

잊을 것은 빨리 잊고, 기억할 것은 더 오래 기억하는 구조

- sigmoid와 tanh의 특성을 잘 활용하여 결과치 출력 및 학습
- cell state와 hidden state의 2중 구조로 신호를 다음 단계로 전파
- cell state는 오래 기억하기 위해 새로운 특징을 더해 나가는 역할
- hidden state는 각 계층의 출력을 그대로 다음 스텝으로 넘김.

LSTM의 구조 및 특징을 좀 더 자세히 설명하면 [그림 3-20]과 같습니다.

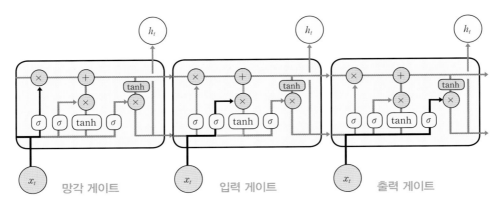

그림 3-20 LSTM의 망각, 입력, 출력 게이트 및 신호의 흐름

망각 게이트	cell state에 sigmoid 처리된 값을 곱해서 넘겨준다. sigmoid는 0에서 1 사이의 값이므로 얼마나 잊어버릴지를 결정하는 역할을 한다. sigmoid 값이 0이라면 모두 망각하게 된다.
입력 게이트	sigmoid 처리된 입력값을 곱한 후, 더해서 넘겨준다. 이러한 처리는 새로운 특징을 추가하는 역할을 한다.
출력 게이트	sigmoid 처리된 입력값을 곱한 후, tanh 처리하여 넘겨준다. tanh는 −1에서 1 사이의 값이므로 출력값을 조절하는 역할을 한다.

LSTM 모델은 고등학교 또는 대학교 학부 과정에서 완벽히 이해하기는 어려운 구조이므로, 더 이상 상세한 설명은 생략합니다. 단지, 복잡하지만 텐서플로Tensorflow를 활용하면 생각보다는 간단히 프로그래밍 구현이 가능합니다. LSTM이 너무 복잡하기에 이를 간소화한 GRUGated Recurrent Unit라는 모델도 있으니 참고하기 바랍니다.

환율 예측 프로그램 만들기

LSTM은 시간에 따라 변화하는 주가 변동, 환율 변동 등의 예측이 가능하므로 아주 실용적이고 유용하다고 할 수 있습니다. 단, 주가 등은 변곡점_{등락이 변하는 점}이 너무 많고 복잡하여 쉽게 예측하기 어렵습니다. 또한 사람의 의도가 강하게 개입되는 경우 예측할 수 없는 사례도 있습니다. KOSPI 등의 종합주가지수는 변곡점이 많지 않고, 국가 수준의 큰손이 개입하지 않는 한, 조작이 어려우니 예측이 쉬울 것 같습니다. 본 교재에서는 나름대로 예측이 쉬운 환율에 대해 예측하는 프로그램을 만들어 보겠습니다.

프로그래밍

p209 > ExchangeRate.py

```python
# LSTM에 의한 환율 예측 프로그램(원-달러화 환율 사이트에서 가지고 옴)
# https://kr.investing.com/currencies/usd-krw-historical-data
import numpy as np
import matplotlib.pyplot as plt
import math
import pandas
from keras.models import Sequential
from keras.layers import Dense, LSTM
from sklearn.preprocessing import MinMaxScaler  # py -m pip install sklearn
from sklearn.metrics import mean_squared_error
# pandas를 이용해 데이터를 읽어 와서 데이터셋을 만듦.
# csv의 데이터는 불필요한 줄을 지우고, 급격한 변화를 줄이기 위해 자연대수로 처리(ln)
dataframe = pandas.read_csv('USD_KRW rate change.csv',
usecols=[1], engine='python', skipfooter=3)
dataset = dataframe.values
dataset = dataset.astype('float32')
# 재현성 확보를 위해 seed설정(fix random seed for reproducibility)
np.random.seed(7)    # 난수 발생을 위한 시드, 시드가 같으면 같은 난수를 발생함.
# 데이터셋의 정규화(normalize the dataset) 0과 1사이의 숫자로 바꾸어 줌.
scaler = MinMaxScaler(feature_range=(0, 1))
```

```python
dataset = scaler.fit_transform(dataset)
# 데이터셋을 트레인셋과 테스트셋으로 분리(split into train and test sets)
train_size = int(len(dataset) * 0.7)  # 전체 데이터의 앞쪽 70%를 훈련용 데이터셋으로 설정
test_size = len(dataset) - train_size    # 나머지 뒷부분 구간을 테스트용 데이터셋으로 설정
train, test = dataset[0:train_size,:], dataset[train_size:len(dataset),:]
# print(len(train), len(test))  # 트레인셋과 테스트셋의 길이를 확인해 보기

# 데이터셋 배열로 변환(convert an array of values into a dataset matrix)
def create_dataset(dataset, maxlen):
    # maxlen은 다음 시간 영역 예측을 위한 앞쪽 시간대의 스텝 수
    dataX, dataY = [], []  # maxlen=3이면 X는 t-2, t-1, t의 환율, Y는 t+1의 환율
    for i in range(len(dataset)-maxlen-1):
        a = dataset[i:(i+maxlen), 0]
        dataX.append(a)
        dataY.append(dataset[i + maxlen, 0])
    return np.array(dataX), np.array(dataY)

maxlen = 3   # 스텝 수를 20 정도로 늘리면 어떻게 바뀔까? 다양하게 테스트해 보기
trainX, trainY = create_dataset(train, maxlen)
testX, testY = create_dataset(test, maxlen)

print (trainX[:10,:])
print (trainY[:10])

# reshape input to be [samples, time steps, features]
trainX = np.reshape(trainX, (trainX.shape[0], 1, trainX.shape[1]))
testX = np.reshape(testX, (testX.shape[0], 1, testX.shape[1]))
print(trainX[:10,:])   # 데이터셋의 형태가 어떻게 바뀌었는지 확인해 보기

# create and fit the LSTM network
# 1개의 입력(가시층), 4개의 LSTM 블록을 가지는 은닉층, 단일치 예측을 하는 출력층(Dense(1))
model = Sequential()
model.add(LSTM(4, input_shape=(1, maxlen)))
model.add(Dense(1))
model.compile(loss='mean_squared_error', optimizer='adam')
# 디폴트 활성화 함수: 시그모이드
model.fit(trainX, trainY, epochs=30, batch_size=1, verbose=2)
```

```python
# make predictions
trainPredict = model.predict(trainX)
testPredict = model.predict(testX)
# invert predictions
# 예측된 데이터를 원래의 배열 형태로 바꾸고, inverse_transform()으로 오차 계산을 함.
trainPredict = scaler.inverse_transform(trainPredict)
trainY = scaler.inverse_transform([trainY])
testPredict = scaler.inverse_transform(testPredict)
testY = scaler.inverse_transform([testY])
# calculate RMSE(root mean squared error)
trainScore = math.sqrt(mean_squared_error(trainY[0], trainPredict[:,0]))
print('Train Score: %.2f RMSE' % (trainScore))
testScore = math.sqrt(mean_squared_error(testY[0], testPredict[:,0]))
print('Test Score: %.2f RMSE' % (testScore))


# shift train predictions for plotting
trainPredictPlot = np.empty_like(dataset)
trainPredictPlot[:, :] = np.nan
trainPredictPlot[maxlen:len(trainPredict)+maxlen, :] = trainPredict
# shift test predictions for plotting
testPredictPlot = np.empty_like(dataset)
testPredictPlot[:, :] = np.nan
testPredictPlot[len(trainPredict)+(maxlen*2)+1:len(dataset)-1, :] = testPredict
# plot baseline and predictions
plt.plot(scaler.inverse_transform(dataset), color ="g", label = "row")
plt.plot(trainPredictPlot,color="b", label="trainpredict")
plt.plot(testPredictPlot,color="m", label="testpredict")
plt.title('Prediction with USD-KRW Exchange Rate')
plt.legend()
plt.show()
```

위 프로그램을 실행하기 위해서는 우선 다음과 같이 필요한 원-달러 환율 데이터를 csv 파일 형태로 가지고 와야 합니다.

① https://kr.investing.com/currencies/usd-krw-historical-data 사이트에 접속합니다.

QR 코드

② 그림과 같이 데이터 다운로드 부분에서 기간을 선택하고, 클릭하여 csv 파일 형태로 다운로드합니다. 보통 1년 전부터 오늘 날짜(현재)까지를 선택합니다.

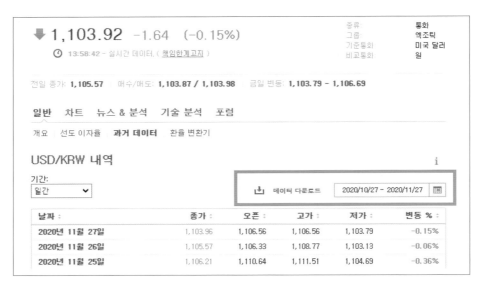

그림 3-21 원-달러 환율 데이터 내려받기

③ csv 파일을 위 프로그램과 같은 폴더에 저장하고, 프로그램의 13번째 줄의 파일 이름을 맞추어 줍니다.

④ 프로그램을 실행하여 내일의 환율을 예측해 봅시다.

위의 프로그램은 그제, 어제, 오늘의 환율을 읽어와 내일의 환율을 예측하는 프로그램입니다. 판다스Pandas를 이용하여 csv 환율 데이터를 읽어오고, 사이킷런sklearn을 이용하여 70%는 학습용, 30%는 테스트용으로 나누어 사용하고 있습니다. maxlen을 변경하면 예측을 위한 앞 단계의 스텝 수를 조정할 수도 있습니다. 프로그램을 실행하면 [그림 3-22]와 같이 실제 환율 데이터에 대해 예측한 값과의 차이를 확인할 수 있습니다. 위쪽은 전체 기간(300일)의 실제 데이터(초록색)와 훈련 예측값(파란색), 테스트 예측값(보라색)이고, 아래쪽은 일부분을 확대한 것입니다. 확대 부분을 보면 테스트 예측값의 앞쪽 3일분은 그래프가 끊어져 있음을 알 수 있습니다. 이는 앞쪽의 3일분 데이터를 이용하여 그다음 날의 예측값을 표시하였기 때문입니다.

전체적으로 보면 아주 정확하지는 않지만, 3일분의 데이터를 토대로 그다음 날의 환율을 잘 예측하고 있음을 확인할 수 있습니다. 250일째에서 환율이 갑자기 높아진 것은 코로나 19의 영향 때문입니다. 여러분은 입력된 환율 데이터가 다를 터이니, 다른 예측값의 그래프가 나올 것입니다. 같은 원리로 주가 및 날씨 등의 시계열 데이터도 예측할 수 있습니다.

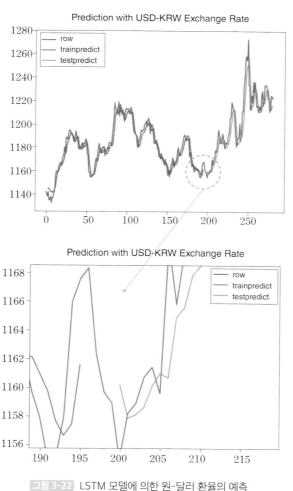

그림 3-22 LSTM 모델에 의한 원-달러 환율의 예측

Part 3. 딥러닝 맛보기

7. 아이돌 그룹의 춤을 흉내 내볼까?

최근에 한류 붐과 더불어 많은 아이돌 그룹이 멋진 외모, 놀라운 가창력과 함께 화려한 춤으로 전 세계 팬들을 사로잡고 있습니다. 나도 한번 아이돌 그룹의 춤을 따라하고 싶은데, 거울을 보며 연습해도 비슷하게 따라하기가 쉽지는 않습니다. 왜냐하면 아이돌 그룹의 춤은 경쾌하고 아름답지만, 그만큼 빠르고 몸의 각 부분이 부드러우면서 복잡하게 움직이기 때문입니다.

만약 아이돌의 춤 동작을 정확히 캐치하여 각 부분의 움직임을 분석해 주고 나의 춤 동작과 비교해 준다면 춤을 배우기도 쉬워지겠지요? 이때 필요한 인공지능이 바로 구글에서 제공하는 미디어파이프mediapipe 모듈입니다. 이 모듈을 쓰면 아주 간단한 프로그램만으로 사람 몸의 움직임이나 표정, 각 손가락, 손의 움직임까지 마디별(랜드마크)로 실시간으로 표시하여 줍니다. 또, 이를 통해 내 춤과 아이돌 그룹의 춤이 어디가 다른지를 쉽게 찾아낼 수도 있고, 내 춤 실력이 몇 점인지 평가할 수도 있습니다. 아주 짧고 간결한 프로그램이니 한번 실행해 볼까요?

(1) 손가락 움직임 인식 및 랜드마크 좌표 검출

▷ 프로그래밍

p214 > Hand_Mediapipe.py

```python
# Mediapipe에서 제공하는 Hands 함수를 통해 손의 21개 랜드마크를 획득

import cv2
import mediapipe as mp        # py -m pip install mediapipe

cap = cv2.VideoCapture(0)      ###### 영상 획득 기본 코드 ###### 0 : 첫 번째 캠
mpHand = mp.solutions.hands    # Mediapipe를 통한 손 검출
hands = mpHand.Hands()         # Hands() 함수 파라미터를 살펴볼 것
mpDraw = mp.solutions.drawing_utils # 영상 위에 그림을 그려 주기 위한 모듈
while True:
    success, img = cap.read()  ###### 영상 획득 기본 코드 ######
    imgRGB = cv2.cvtColor(img, cv2.COLOR_BGR2RGB) # BGR을 RGB로 변환
    results = hands.process(imgRGB) # RGB 영상으로 바꾸고 hands 모듈 수행
```

```
if results.multi_hand_landmarks:    # 두 개의 손의 랜드마크가 잡힌다면
    for handLms in results.multi_hand_landmarks: # 랜드마크와 연결선 표시
        for id, lm in enumerate(handLms.landmark):
            h, w, c = img.shape # 전체 영상 이미지의 높이, 폭, 채널 획득
            cx, cy = int(lm.x*w), int(lm.y*h) # 영상에서 랜드마크의 위치점 획득
            print(id, cx, cy) # 랜드마크 번호, x위치, y위치 표시

            if id == 0: # id 0번(손목)의 위치에 핑크색 원을 표시
                cv2.circle(img, (cx,cy), 25, (255,0,255), cv2.FILLED)

        mpDraw.draw_landmarks(img, handLms, mpHand.HAND_CONNECTIONS)

cv2.imshow("Image", img)    ###### 영상 획득 기본 코드 ######
if cv2.waitKey(1) & 0xFF ==ord('q'):    # 키보드의 q 키가 입력되면 정지
    break
```

PC에 웹캠(또는 USB 카메라)을 연결한 후, 위의 프로그램을 실행하면 카메라의 영상을 획득할 수 있고, 손이 영상 안에 잡히면 움직이는 손의 모양을 스켈레톤뼈대 형태로 표시해 줍니다. 또한 21개의 랜드마크 점에 대한 좌표값을 읽어올 수도 있습니다. [그림 3-23]은 움직이는 손을 캡처한 것입니다. 여러분은 이 코드를 응용하여 손가락으로 드론을 제어하거나, 컴퓨터의 볼륨을 조절하는 등의 프로그램을 짜보세요.

그림 3-23 미디어파이프에 의한 손과 손가락 움직임 인식

[그림 3-24]는 미디어파이프의 웹 사이트https://mediapipe.dev/에 소개된 손에 대한 랜드마크 점 및 랜드마크 ID(0에서 20까지)에 대한 도식입니다.

QR 코드

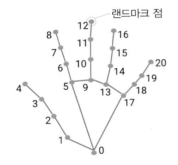

랜드마크 점

랜드마크 ID

0. WRIST	11. MIDDLE_FINGER_DIP
1. THUMB_CMC	12. MIDDLE_FINGER_TIP
2. THUMB_MCP	13. RING_FINGER_MCP
3. THUMB_IP	14. RING_FINGER_PIP
4. THUMB_TIP	15. RING_FINGER_DIP
5. INDEX_FINGER_MCP	16. RING_FINGER_TIP
6. INDEX_FINGER_PIP	17. PINKY_MCP
7. INDEX_FINGER_DIP	18. PINKY_PIP
8. INDEX_FINGER_TIP	19. PINKY_DIP
9. MIDDLE_FINGER_MCP	20. PINKY_TIP
10. MIDDLE_FINGER_PIP	

그림 3-24 손과 손가락 마디의 랜드마크 및 번호(ID)

(2) 몸의 움직임 인식 및 랜드마크 좌표 검출

P 프로그래밍

p216 > poseTraking.py

```python
# Mediapipe를 통해 몸의 포즈를 잡아내는 프로그램
# https://www.youtube.com/watch?v=CvuwMqhFtbc 댄스 영상을 카메라로 비추어 테스트해볼 것

import cv2
import mediapipe as mp

mpDraw = mp.solutions.drawing_utils # 랜드마크와 연결선 그리기
mpPose = mp.solutions.pose          # 포즈를 잡아내기 위한 함수
pose = mpPose.Pose()                # 포즈를 잡아내기 위한 클래스

cap = cv2.VideoCapture(0)          ###### 영상 획득 기본 코드 ######
while True:
    success, img = cap.read()      ###### 영상 획득 기본 코드 ######
    imgRGB = cv2.cvtColor(img, cv2.COLOR_BGR2RGB) # BGR을 RGB로 변환
    results = pose.process(imgRGB) # RGB이미지로 포즈를 잡아냄.
    if results.pose_landmarks: # 포즈 랜드마크가 잡히면 랜드마크와 연결선 표시
        mpDraw.draw_landmarks(img, results.pose_landmarks, mpPose.POSE_CONNECTIONS)
        for id, lm in enumerate(results.pose_landmarks.landmark):
            h, w, c = img.shape # 영상 이미지의 높이, 폭, 채널(흑백/컬러)
            # print(id, lm)     # 랜드마크 id별 랜드마크의 좌표
            cx, cy = int(lm.x * w), int(lm.y * h) # 랜드마크의 x,y좌표를 계산
            cv2.circle(img, (cx,cy), 8, (255,0,255), cv2.FILLED) # 핑크색 원으로 마킹

    cv2.imshow("Image", img)       ###### 영상 획득 기본 코드 ######
    if cv2.waitKey(1) & 0xFF ==ord('q'): # 키보드의 q 키가 입력되면 정지
        break
```

PC에 웹캠(또는 USB 카메라)을 연결한 후, 유튜브의 댄스 영상을 카메라로 비추어 테스트하거나, 아니면 자신이 춤을 추면서 테스트해 보세요. 프로그램을 실행하면 카메라의 영상을 획득할 수 있고, 사람의 몸이 영상 안에 잡히면 움직이는 몸의 포즈를 스켈레톤 형태로 표시해 줍니다. 또한 33개의 랜드마크 점에 대한 좌표값을 읽어올 수도 있습니다. [그림 3-25]는 유튜브의 댄스 영상을 카메라로 찍은 것입니다.

그림 3-25 미디어파이프에 의한 실시간 포즈(pose) 인식

위의 코드를 응용하면 포즈상 각각의 랜드마크 점들의 위치를 비교하며, 내 춤과 아이돌 그룹의 춤을 비교하거나 분석할 수도 있을 것입니다. [그림 3-26]은 미디어파이프 웹 사이트에 소개된 몸에 대한 랜드마크 점 및 랜드마크 ID(0에서 32까지)에 대한 도식입니다.

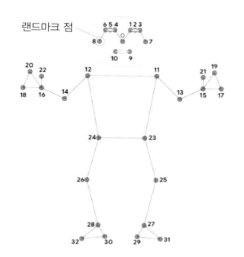

랜드마크 ID

0. nose	17. left_pinky
1. left_eye_inner	18. right_pinky
2. left_eye	19. left_index
3. left_eye_outer	20. right_index
4. right_eye_inner	21. left_thumb
5. right_eye	22. right_thumb
6. right_eye_outer	23. left_hip
7. left_ear	24. right_hip
8. right_ear	25. left_knee
9. mouth_left	26. right_knee
10. mouth_right	27. left_ankle
11. left_shoulder	28. right_ankle
12. right_shoulder	29. left_heel
13. left_elbow	30. right_heel
14. right_elbow	31. left_foot_index
15. left_wrist	32. right_foot_index
16. right_wrist	

그림 3-26 몸의 각 부위에 대한 랜드마크 및 번호(ID)

2. 다양한 딥러닝 기법들 217

8. 인공지능 학습의 가시화

딥러닝에서 학습률이 많이 높아지면 어떤 일이 벌어질까요? 초기의 가중치 값을 아주 크게 바꾸면 어떤 일이 생길까요? 본 교재에서 제공하는 프로그램을 통해 다양한 테스트를 해볼 수 있습니다. 또한 인공지능이 학습하는 과정을 가시화하여 눈으로 확인할 수도 있습니다. 학습률이 어느 정도 이상 높아지거나 가중치 초깃값이 지나치게 커지면, 로봇이 아주 힘들게 역운동학 학습을 하거나 결국 좌절하는 것을 눈으로 확인할 수 있습니다. 인공지능 학습을 위한 힘겨운 싸움을 눈으로 꼭 확인해 보세요.

여기서 잠깐! | 로봇 공학의 핵심: 역운동학이란?

우리가 팔을 뻗어 눈앞에 있는 물건을 잡을 때, 우리는 손끝을 제어할 뿐이지, 팔목이나 팔꿈치, 어깨의 각도는 신경을 쓰지 않습니다. 로봇도 마찬가지입니다. 로봇을 제어한다는 것은 끝점(P)의 위치나 속도, 힘을 제어하는 것입니다. 그렇지만 끝점을 직접 제어할 수 있는 방법은 없습니다. 왜냐하면 컨트롤러제어기가 제어하는 것은 모터와 연결된 관절축뿐이기 때문입니다. 그래서 우리는 끝점을 원하는 위치 (P_x, P_y, P_z)로 보내기 위한 각 관절의 각도($\theta_1, \theta_2, \theta_3$)를 계산해야 합니다. 이를 역운동학Inverse Kinematics 또는 로봇 공학이라 부르며, 복잡한 행렬과 기하학의 수학적 계산으로 이루어져 있습니다.

3자유도 로봇팔의 역운동학(끝점과 관절각 사이의 관계)

$$\theta_1 = f_1(P_x, P_y, P_z)$$
$$\theta_2 = f_2(P_x, P_y, P_z)$$
$$\theta_3 = f_3(P_x, P_y, P_z)$$

▲ 3자유도 로봇팔   ▲ $x-y$평면상(위에서 본)의
3자유도 로봇팔

3자유도(관절이 3개) 로봇의 경우 고등학교 수학으로도 계산할 수 있지만, 일반적인 6자유도 로봇의 경우는 훨씬 어렵습니다. 역운동학은 일반적으로 수학을 이용해 풀어내지만, 로봇 구조에 따라 수학으로 풀리지 않거나, 특이점(팔을 완전히 접거나 펴지 못함) 문제 등이 발생하기에, 이를 해결하기 위해 인공지능을 통해 역운동학을 푸는 경우도 있습니다.

인공지능 학습 가시화 프로그램은 로봇이 없더라도 잘 작동하므로 가중치의 초깃값, 학습률 등을 바꾸어 가며 다양한 테스트를 해보세요. 인공지능이 작동하는 중간 과정을 눈으로 확인할 수 있을 것입니다.

☞ 만약 로봇을 사용하여 더 실감나게 체험하고 싶다면, HyACT하이액트지능기술사에서 개발한 Xylobot실로봇이라는 로봇을 준비하시기 바랍니다. 실로봇은 별도의 배터리가 필요 없고, 세트에 포함된 내장 USB 케이블로 로봇과 PC를 연결하면 작동합니다.

QR 코드

🏁 **STEP 1** 로봇 및 프로그램 준비

p219 > AI_Visualization.py

프로그램의 신경망 모델은 [그림 3-27]과 같습니다. 로봇의 세팅은 오른쪽 사진과 같이 실로봇의 케이스에 빨간색 매직으로 테두리를 그리고, 아래의 설명대로 진행하면 됩니다. 테두리의 폭과 너비는 각각 약 10cm × 10cm입니다.

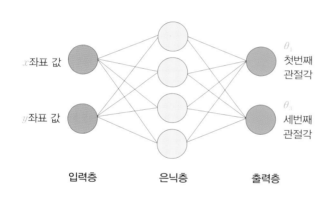

x좌표 값

y좌표 값

θ_1 첫번째 관절각

θ_3 세번째 관절각

입력층 　 은닉층 　 출력층

그림 3-27 실로봇 역운동학 계산을 위한 신경망 구조

[그림 3-27]과 같이 신경망은 2 × 4 × 2의 구조로 되어 있습니다. 2개의 입력은 실로봇 끝점의 x, y좌표이며, 2개의 출력값은 실로봇의 1축과 3축의 관절 각도(θ_1, θ_3)입니다.

2축은 편의상 45도로 고정하여 사용하고 있고, 1축과 3축을 움직여 x, y평면상에서 로봇의 끝점을 움직이는 구조입니다. 손실함수는 평균제곱 오차를, 최적화는 경사하강법을 사용하였습니다. 'main.py' 프로그램을 실행하면 다음과 같은 창이 뜹니다.

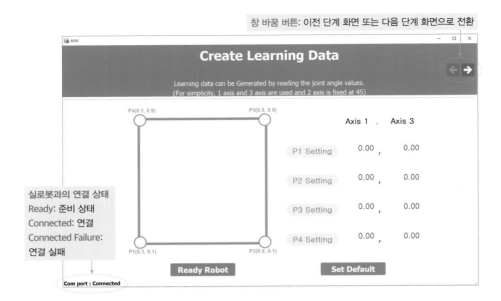

그림 3-28 인공지능 학습 가시화 프로그램 초기 화면

왼쪽 아래의 'Ready'가 'Connected'로 바뀌어 있다면 실로봇이 PC와 잘 연결된 것입니다. 만약 'Ready' 또는 'Connected Failure'로 표시되었다면 실로봇과 PC의 연결 상태를 확인한 후, 프로그램을 다시 실행해 주세요. 만약 로봇이 없다면 무시하고 그대로 진행해도 됩니다.

STEP 2 학습 데이터 세팅 및 신경망 설정

로봇이 준비되었다면, 로봇에 달린 파란 봉 끝을 움직여 가며, 왼쪽 하단의 P1 위치에 가져다 놓습니다. 그리고 GUI 화면상의 P1 Setting 버튼을 누르면 그때의 관절 각도 값 2개가 Axis1, Axis3에 표시됩니다. 같은 방법으로 P1에서 P4까지를 설정하면 학습을 위한 데이터셋이 완료됩니다. 학습용 데이터셋을 일일이 설정하는 것이 귀찮은 경우는 우측 하단의 Set Default 를 누르면 이미 저장된 데이터가 그대로 표시됩니다.

학습 데이터가 준비되었다면, 창 바꿈 버튼을 눌러 다음 페이지로 화면을 넘깁니다. 그러면 [그림 3-29]와 같은 신경망의 초기 가중치를 설정하는 창이 표시됩니다. Default Setting 을 통해 초기 세팅된 값을 사용하여도 좋고, 아니면 Random Setting 을 눌러 임의의 난수를 사용하여 세팅하여도 좋습니다. 또는 가중치(연결 강도)의 값이 표시된 곳을 클릭하여 임의의 숫자로 바꾸는 것도 가능합니다. 여러분은 다양한 방법으로 초기 가중치 값을 세팅하여 그 효과가 어떻게 나타나는지 확인해 보기 바랍니다. 가중치(연결 강도)는 일반적으로 0에서 1 사이의 임의의 값이지만, 일부분에 5나 10 등의 큰 값을 넣어도 학습이 잘 이루어지는 것을 확인할 수 있습니다. 다만, 전체적으로 큰 값을 사용하면 신경망이 잘 작동하지 않는 경우도 있으니 다양하게 테스트해 보기 바랍니다.

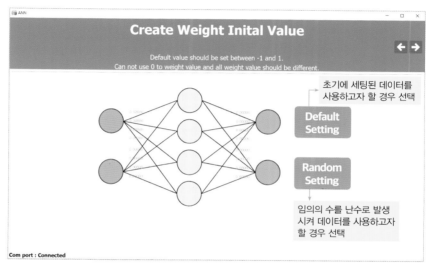

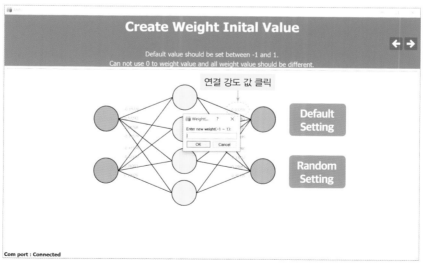

그림 3-29 초기 가중치 값 설정 화면

초기 가중치 값을 세팅한 후, 다음 페이지로 화면을 넘기면 다음과 같이 머신러닝(인공신경망)의 학습 및 가시화를 위한 창이 표시되고, 학습 진행 버튼을 누르면 학습이 시작됩니다.

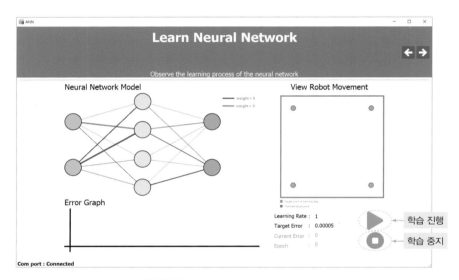

그림 3-30 인공지능 학습과정 가시화 화면

화면 왼쪽 상단은 학습 과정에서 신경망의 가중치(연결 강도) 변화를 선의 굵기로 표시하는 부분이고, 오른쪽 상단은 학습이 진행됨에 따라 티칭된 4점(P_1, P_2, P_3, P_4)을 찾아가는 과정을 보여줍니다. 가중치 변화는 선의 굵기로 표현되어 가중치가 변하며 신경망이 완성되어 가는 과정을 감상할 수 있습니다. 빨간 선은 가중치가 +임을 뜻하며, 파란 선은 가중치가 −임을 의미합니다. 오른쪽의 가시화 화면에서는 빨간 점들이 학습과 함께 4점을 찾아가는 과정을 눈으로 확인할 수 있습니다. 이때 로봇도 학습과 함께 움직일 수 있는 가동 범위가 점점 확대되어 가니, 꼭 같이 확인하기 바랍니다. 왼쪽 하단은 손실함수(에러 값)가 0으로 수렴해 가는 과정을 보여주고, 오른쪽 하단은 학습률learning rate 및 최종 목표 에러target error를 설정하는 부분입니다. Learning Rate 의 숫자 부분을 클릭하여 값을 올리면 학습은 더 빨리 이루어집니다. 단, 값을 지나치게 크게 올리면 수렴하지 않거나 진동하는 상황이 발생합니다. 이 부분도 직접 체험해 보기 바랍니다. [그림 3-31]은 학습이 이루어지는 과정을 보여주고 있습니다. 그림에서 보는 바와 같이 학습이 거의 이루어졌다면, 빨간색 4점은 티칭된 4점과 거의 겹치게 되고 이때 본 신경망은 완성이 되었다고 할 수 있습니다.

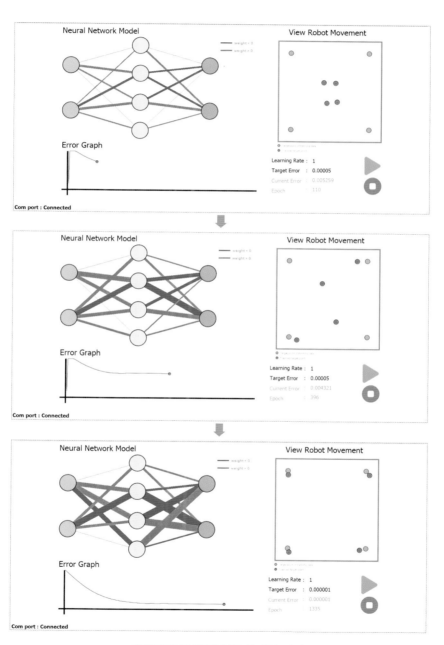

그림 3-31 가시화된 인공지능 학습 과정

학습은 Target Error 값에 도달할 때까지 이루어지지만, 중간에 ⬛ 버튼을 누르면 학습은 중단되고 그때까지 학습된 내용이 저장되어, 다음 화면으로 프로그램을 진행시킬 수 있습니다. 학습이 잘 진행되었거나 학습을 중단시킨 상태에서 다음 화면으로 넘기면 [그림 3-32]와 같은 마지막 화면이 표시됩니다.

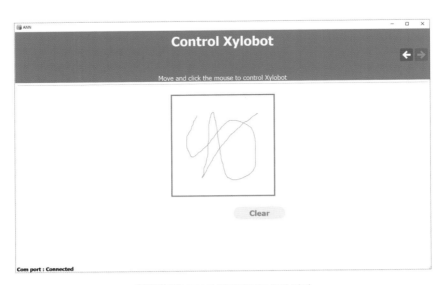

그림 3-32 로봇의 끝점 제어를 위한 화면

가운데의 파란색 테두리 안에 마우스의 콘솔을 위치시키고 마우스 왼쪽 버튼을 클릭하여 그림을 그리면 로봇의 끝점이 따라서 움직이는 것을 확인할 수 있습니다. 로봇은 가장자리의 4점만 학습했습니다만, 신기하게도 그림을 그려 보면 전 영역에서 로봇이 움직이는 것을 확인할 수 있습니다. 이것이 바로 인공지능 학습의 위력입니다. 만약 앞의 화면에서 학습이 덜 된 상태로 이번 화면으로 넘어왔다면, 로봇은 학습된 정도만큼만 움직일 것입니다. 즉, 학습이 잘 진행된 로봇은 전체 범위에서 정확히 잘 움직이게 되며, 학습이 조금밖에 안 된 로봇은 좁은 영역에서 부정확하게 움직이게 될 것입니다.

본 프로그램에서는 가장자리의 4개의 점만으로 데이터셋을 구성하여 학습시켰습니다만, 로봇의 보다 정밀한 움직임을 위해서는 더 많은 점을 학습시킬 필요가 있습니다. [그림 3-33]은 학습된 점의 개수에 따른 정밀도를 테스트한 결과입니다.

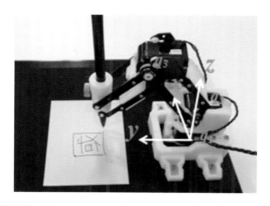

$(2 \times 2 \times 1 = 4)$

$(4 \times 4 \times 1 = 16)$

$(7 \times 7 \times 1 = 49)$

그림 3-33 학습 데이터 수에 따른 붓글씨 로봇의 정밀도 변화

필자는 위의 그림과 같은 붓글씨 로봇을 만들어 학습시킨 후 다양한 글씨를 써 보게 하였습니다. 붓글씨 로봇이므로 z축은 허공의 한 점만 설정하고, 바닥 평면의 x, y좌표상에서 2×2개의 점(본 프로그램과 같은 점의 개수), 4×4, 7×7처럼 데이터셋 점의 개수를 늘려가면서 테스트한 결과, 4×4 이상이 되어야 정밀한 제어가 된다는 것을 확인하였습니다. 위의 그림은 실제로 "나라 국"을 한자로 써 보았을 때, 티칭된 점의 개수에 따른 글자 모양의 차이를 보여주고 있습니다. 한석봉과 떡을 써는 어머니의 일화도 있습니다만, 학습을 잘한 로봇은 예쁜 글자를 쓰고, 학습이 덜 된 로봇은 일그러진 글자를 쓰게 됩니다. 또한, 학습을 빨리하려고 꾀를 부린 로봇(학습률을 지나치게 높인 경우)은 결국 학습을 못 하고, 글자를 전혀 쓰지 못하는 경우도 발생합니다. 인공지능 학습도 사람의 노력과 인생을 보는 것 같아 씁쓸하네요.

사랑을 찾는 수학

✔ 하트 방정식 보내기

필자가 대학을 다니던 시절에는 휴대폰이나 인터넷 등 편리한 통신 수단이 없었습니다. 그때는 좋아하는 이성 친구에게 연락할 마땅한 방법이 없어, 자주 가는 카페의 게시판에 메시지를 남기거나 편지를 쓰는 일이 많았습니다. 요즘은 편리한 시대인지라 쉽게 문자를 보내고 통화를 할 수 있습니다만, 그 시절에는 시간과 노력을 들여 상대방이 감동할 만한 좋은 글을 쓰려고 애썼던 기억이 납니다. 당시 멋진 시와 문장으로 상대방을 감동시킨 친구도 있었지만 필자는 불행하게도 문필력이 없어 수학을 이용한 기호로 러브레터를 쓰는 경우가 많았습니다. 그때 유행했던 것이 사랑을 담은 하트 방정식입니다. 하트 모양을 그려 주는 하트 방정식은 다양한 형태가 있지만, 유명한 두 가지 방정식을 소개합니다.

$$x^2 + (y - \sqrt{|x|})^2 = 2$$

위의 식의 형태를 보면 알 수 있겠지만, 변수 x에 $+$, $-$의 값을 넣어도 모두 같은 값이 됩니다. 이는 우함수의 특징이고, 우함수는 y축 대칭인 함수라는 것을 알고 있습니다. 즉, 위의 함수를 그래프로 그리면 y축 대칭의 어떤 도형이 됨을 짐작할 수 있습니다. 또, $x=0$인 경우 $y=\pm\sqrt{2}$라는 것을 알 수 있습니다. 그리고 $y=0$일 때는 $x=\pm1$ 이 됨을 알 수 있습니다.

이를 토대로, 전체를 그래프로 나타내 보면 아래와 같은 하트 방정식을 그릴 수 있습니다.

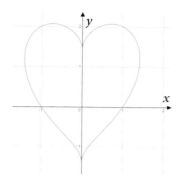 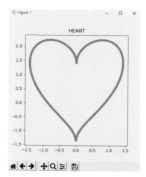

상대방에게 내 마음을 전할 때 멋진 글도 좋지만, 위와 같은 하트 방정식을 보내 보는 것도 좋지 않을까요? 직접 확인해 보고 싶으면 아래 파이썬 코드를 실행해 보세요.

▷ 프로그래밍

p227 > Heart_Graph.py

```python
# 하트 방정식을 그래프로 그리기
# x^2 + (y-sqrt(abs(x)))^2 = 2
# 위의 식을 변형하여 극좌표 함수로 만들고 프로그래밍하기
# 그래프상에서는 옆으로 좀 퍼져 있으니, 폭을 조절하여 예쁜 하트를 만들어 보기


from matplotlib import pyplot as plt
from math import pi, sin, cos, sqrt


def draw_graph(x, y, title, color, linewidth):
    plt.title(title)
    plt.plot(x, y, color=color, linewidth=linewidth)
    plt.show()


# frange()는 range() 함수의 부동 소수점 수 버전
def frange(start, final, increment=0.01):
    numbers = []

    while start < final:
      numbers.append(start)
```

```
        start = start + increment
    return numbers

def draw_heart():
    intervals = frange(0, 2 * pi)
    x = []
    y = []

    for t in intervals: # 아래의 두 줄이 하트 모양을 나타내는 방정식
     x.append(sqrt(2)*sin(t))
     y.append(sqrt(2)*(cos(t)+sqrt(abs(sin(t)))))

    draw_graph(x, y, title='HEART', color='red', linewidth=5)

if __name__ == '__main__':
    try:
        draw_heart()
    except KeyboardInterrupt:
        pass
```

하트 방정식의 또 다른 형태는 극좌표polar coordinate를 이용하여 표현하는 방법입니다. 간단한 형태도 있지만, 하트에 더 가까운 형태를 만들기 위해 계수를 조절하여 만든 것이 아래의 방정식입니다.

$$x = 16 \sin^3(t)$$
$$y = 13 \cos(t) - 5 \cos(2t) - 2 \cos(3t) - \cos(4t)$$

좀 복잡해 보이지만, 이를 그래프로 그려 보면 멋진 하트 형태가 등장합니다. 그럼, 위에서와 같은 방식으로 그래프를 한번 그려 볼까요?

p229 > Heart_Graph_Polar.py

```python
from matplotlib import pyplot as plt
from math import pi, sin, cos

def draw_graph(x, y, title, color):
    plt.title(title)
    plt.plot(x, y, color=color)
    plt.show()

# frange()는 range() 함수의 부동소수점 버전
def frange(start, final, increment=0.01):
    numbers = []

    while start < final:
      numbers.append(start)
      start = start + increment

    return numbers

def draw_heart():
    intervals = frange(0, 2 * pi)
    x = []
    y = []

    for t in intervals: # 아래의 두 줄이 하트 모양을 나타내는 방정식
      x.append(16 * sin(t) ** 3)
      y.append(13 * cos(t) - 5 * cos(2 * t) - 2 * cos(3 * t) - cos(4 * t))

    draw_graph(x, y, title='HEART', color='#FF6597')

if __name__ == '__main__':
    try:
      draw_heart()
    except KeyboardInterrupt:
    # 단축키 Ctrl +C 를 누르면 종료
      pass
```

앞의 프로그램을 실행하면 다음과 같은 하트 모양을 그릴 수 있습니다. 자, 여러분도 자신의 마음이나 어떤 모양을 수식으로 표현해 보면 어떨까요?

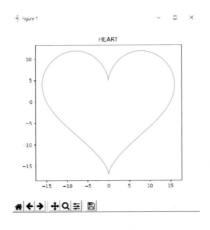

이야기에 담긴 수학 개념

확률, 미분, e

✓ 누구랑 결혼하면 행복할까?

좋아하는 사람에게 꽃다발이나 러브레터를 보내거나, 앞에서 배운 하트 방정식을 보내는 것도 좋겠지만, 일단은 좋은 사람을 찾는 것이 중요합니다. 좋은 사람을 찾기 위해서는 우선 많은 사람을 만나봐야 합니다. 그중에서 마음에 드는 사람을 고르고, 마음에 드는 사람과 그다음 사람을 비교해 가며 더욱 마음에 드는 사람을 고른다면, 최종적으로 진짜 좋아하고 사랑하는 사람을 만나게 되겠지요. 다소 엉뚱하게 들릴 수도 있겠지만, 좋은 사람을 찾는 아주 유명한 수학 문제가 있어 소개할까 합니다.

비서 문제라고 들어본 적 있는지요? 내가 회사의 경영자라면 과연 어떤 사람을 비서로 뽑아야 우리 회사가 성공할 수 있을까? 라는 질문에 수학적으로 답한 것이 바로 '비서 문제'입니다. 이 비서 문제를 응용하면 내가 어떤 사람과 결혼해야 행복할지도 어느 정도 예측 가능합니다. 전혀 수학 문제같이 보이지 않는 이 문제는 사실 가장 수학적인 문제이기도 합니다. 비서 문제에 대한 개념은 다음과 같습니다.

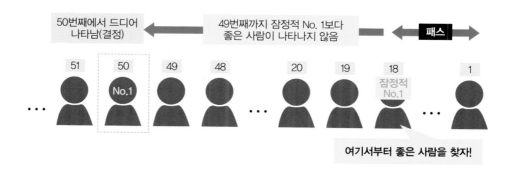

우선, 비서 지원자 100명의 면접을 본다고 해봅시다. 1번에서 뽑아버리면 다음 번 지원자 중에 좋은 사람이 있어도 뽑을 수가 없습니다. 그렇다고 100번째까지 기다렸다가 뽑으려 하면 중간에 있던 좋은 사람은 이미 다른 회사에 취직을 해버렸는지 모릅니다.

그렇다면 100명 중에서 가장 좋은 사람을 뽑는 방법은 무엇일까요? 확률적으로 가장 좋은 방법은, 우선 몇 명 정도는 패스하고 그다음에 임의적으로 한 사람을 잠정적 No.1(벤치마킹)으로 고릅니다. 그리고 그 이후에 더 좋은 사람이 나타나면 그 사람을 최종적으로 선택하면 됩니다.

그렇다면 몇 명까지 패스하고 몇 번째부터 선택을 시작하면 좋을까요? 비서 문제는 바로 이 몇 번째를 계산하는 문제입니다. 예를 들어 위의 그림처럼 17명을 패스하고, 18번째부터 고르면 좋을까요? 아니면 30번째부터 고르면 좋을까요? 여러분도 한번 곰곰이 생각해 보세요. 정답은 수학을 통해 풀어낼 수가 있습니다.

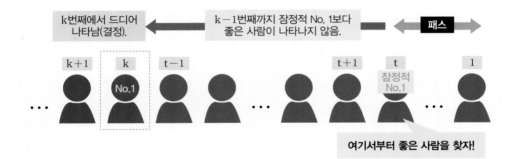

위의 그림처럼 n명의 지원자 중 k번째 사람이 No.1이고, t번째까지는 무조건 패스한다고 가정하면, 전략적으로 k번째 사람을 선택할 확률은 $t/(k-1)$이 됩니다. 왜냐하면, $k-1$명까지에서 가장 좋은 사람이 잠정적 No.1의 t라면 결국 k번째를 선택하기 때문입니다. 그리고 No.1이 k번째에 있을 확률은 $\frac{1}{n}$입니다. 따라서, No.1이 k번째에 있고, 이 사람이 진짜로 No.1일 확률은 $\frac{1}{n} \cdot \frac{t}{k-1}$가 됩니다. 실제로 No.1은 어디에 있을지 모르기 때문에 모든 경우에 대해 확률을 계산하면 다음과 같이 쓸 수 있습니다.

$$\frac{1}{n} \sum_{k=t+1}^{n} \frac{t}{k-1}$$

이를 다시 풀어 쓰면,

$$\frac{1}{n} \sum_{k=t+1}^{n} \frac{t}{k-1} = \frac{t}{n}\left(\frac{1}{t} + \frac{1}{t-1} + \cdots + \frac{1}{n-1}\right)$$

이 되고, 괄호 안의 부분은 다음과 같이 근사화할 수 있습니다.

$$\frac{1}{t} + \frac{t}{t+1} + \cdots + \frac{1}{n-1} \cong ln\frac{n}{t}$$

위의 수식에서 ln은 밑이 e인 log를 의미하며 자연로그라 불립니다.

$$\frac{1}{n}\sum_{k=t+1}^{n}\frac{t}{k-1}=\frac{t}{n}ln\frac{n}{t}$$

우리는 최종적으로 위의 수식을 얻을 수 있고, 이 확률값이 최대가 되는 t의 값을 구해야 하기에 위의 식을 t에 대해 미분하고 미분값이 0이 되는 t값을 구하면 됩니다.

$lnf(x)$의 미분공식을 이용하여 미분을 하면,

$$\frac{d}{dt}\left(\frac{t}{n}ln\frac{n}{t}\right)=\frac{1}{n}ln\frac{n}{t}-\frac{1}{n}$$

$$\frac{1}{n}ln\frac{n}{t}-\frac{1}{n}=0 \rightarrow ln\frac{n}{t}=1 \rightarrow \frac{n}{t}=e \quad \therefore\ t=\frac{n}{e}$$

계산 결과에는 신기하게도 자연대수의 밑이라 불리는 e네이피어 수가 등장하였습니다. $e=2.7182818$ …로, 초월수라 불리는 신기한 수이며, 대부분의 자연 현상에서 나타나기에 신의 숫자라 부르는 사람도 있습니다. 그렇다면 위의 계산 결과가 의미하는 것은 과연 무엇일까요?

만약에 지원자가 100명이라면 $n=100$이므로, $t=100/2.7182818 ≒ 36.788$로 약 37이 됩니다. 즉, 36명의 지원자는 일단 패스하고, 37번째 사람을 잠정적으로 선택(벤치마킹)한 후, 다음 번에 이 사람보다 더 좋은 사람이 나타나면 바로 선택하여 채용하면 됩니다. 만약 지원자가 1,000명이라면 368명째부터 신중히 면접을 보아 좋은 사람을 고르면 됩니다.

아주 간단한 확률 문제입니다만, 비서 문제는 우리 삶에 있어 다양한 응용이 가능한 유용한 수학이니 알아두면 좋은 일이 있으리라 생각합니다. 그러면 실제로 좋은 사람을 뽑을 수 있는지 프로그래밍으로 확인해 볼까요?

```python
import numpy as np

N = 100          # 지원자의 수
n_exam = 1000    # 시뮬레이션 횟수
max_eval = 100   # 평가점수 최대치

# 채용한 사람의 평가점수의 이력, 채용하지 않은 경우는 0
history = []

np.random.seed(1)

# 최대, 최소 정규화 처리를 하여, 임의의 지원자 샘플을 만드는 함수
def make_application_sample(N, max_eval):
    sample = np.random.normal(10, 10, N)
    min_sample = np.min(sample)
    max_sample = np.max(sample)
    normalized = (sample - min_sample)/(max_sample - min_sample) * max_eval
    return normalized

def parse_secretary_problem(N, max_eval, verbose=False):
    sample = make_application_sample(N, max_eval) # 임의의 지원자 샘플을 만듦.
    # 맨 앞부터 N/e명을 무조건 패스하고, 벤치마킹용 평가점수(잠정적 후보자의 점수)를 만듦.
    pos_bench = np.int(N/np.e)
    score_bench = np.max(sample[0:pos_bench])
    if verbose:
        print("패스할 인원수: {}".format(pos_bench))
        print("벤치마크 점수:{}".format(score_bench))
    result = 0
    for _score in sample[pos_bench:]:
        # 지원자의 면접점수가 벤치마크 점수를 넘었는지?
        if _score >= score_bench:
            # 벤치마크 점수를 넘으면 곧바로 채용하고, 프로세스를 종료함.
            result = _score
            break
    return result
```

```
for i in range(10): # 10번의 테스트를 해서 결과를 확인
    print("최종합격자 점수: {}".format(parse_secretary_problem(N, max_eval, verbose=True)))
    print("=" * 50)
```

▷ 실행 결과

위의 프로그램을 실행해 보면 매번 결과는 바뀌겠지만, 대략 다음과 같은 결과를 얻습니다.

==

패스할 인원수: 36

벤치마크 점수: 90.17712426832686

최종합격자 점수: 98.09854913229387

==

패스할 인원수: 36

벤치마크 점수: 88.692212923457

최종합격자 점수: 93.12240949078972

==

패스할 인원수: 36

벤치마크 점수: 100.0

최종합격자 점수: 0

==

패스할 인원수: 36

벤치마크 점수: 66.05066809236064

최종합격자 점수: 100.0

==

패스할 인원수: 36

벤치마크 점수: 80.45601314069636

최종합격자 점수: 82.43314194398022

===

패스할 인원수: 36

벤치마크 점수: 100.0

최종합격자 점수: 0

===

패스할 인원수: 36

벤치마크 점수: 99.29357029363545

최종합격자 점수: 100.0

시뮬레이션 결과를 보면 벤치마크 점수가 너무 높아, 그 뒤에 합격자가 안 나오는 경우(최종합격자 점수: 0)도 있지만, 대체적으로 고득점자를 뽑을 수 있다는 것을 알 수 있습니다. 자, 비서 문제를 우리 인생에 활용하여 나의 좋은 파트너를 찾아보는 것도 좋겠지요?

누구나 쉽게 따라하는 인공지능

인공지능
학습
사례

1 FA 이적하면 내 연봉은?

회귀 문제

나는 서울 모 구단의 프로야구 선수이다. 지난달에 겨우 시즌을 마치고 휴식을 취하고 있다. 나는 최근 FA free agent, 자유계약선수 자격을 획득하여 내년도에 부산의 모 구단으로 이적할 준비를 하고 있으며, 현재는 연봉 협상 준비를 하고 있는 중이다. 나의 최근 5년간 기록은 다음과 같으며, 비공식적이지만 최근 FA를 통해 이적한 선수들의 성적 및 연봉은 다음과 같다. 과연 나는 얼마의 연봉을 기대할 수 있을까?

학습용 데이터셋 :
테스트용 데이터셋 :
딥러닝 모델 :

2 뭘 먹으면 살이 빠질까?

회귀 문제

나는 고2 여학생이다. 올해 들어 공부하느라 운동을 안 해서 그런지 살이 10kg이나 쪄서 고민이 많다. 대학 가기 전까지는 운동할 시간이 거의 없을 것 같고, 식사량을 조절해서 살을 좀 빼 보려 한다. 같은 칼로리라도 단백질은 살이 덜 찌고, 탄수화물이나 당 계통은 살이 많이 찐다고 들었다. 또, 너무 갑자기 살을 빼면 요요 현상이 일어나 오래가지 못한다고 들었다. 그러면 천천히 조금씩 살을 뺄 수 있는 방법은 무엇일까? 오늘부터 식단을 짜서 칼로리와 성분(탄수화물, 단백질, 지방, 당)을 체크하고, 다음 날의 체중 변화를 보아가며, 체중을 천천히 줄일 수 있는 식단을 만들어 보려고 한다. 몇 칼로리의 탄수화물량이 좋을까? 배고프지 않고 적당량의 음식과 간식을 섭취하며 살을 빼기 위한 인공지능 식단을 완성해 보자.

학습용 데이터셋 :
테스트용 데이터셋 :
딥러닝 모델 :

회귀 문제

이번 달은 수학 공부에 매진하였다. 다음 달 전체 모의고사 성적은?

나는 현재 모 고등학교 1학년이다. 영어·국어는 강한 편인데, 수학 점수가 너무 나빠 중간 정도의 성적을 유지하고 있다. 최근에는 수학 점수를 올려보고자 학원을 다니고, 개인 과외도 받고 있다. 이로 인해 자연스럽게 국어와 영어 공부 시간이 줄어들어 다음 달 모의고사에서 성적이 많이 떨어질까 고민이다. 다음은 과목별로 내가 공부하는 시간과 점수를 정리한 표이다. 수학에 얼마만큼의 시간을 투자하면, 전체적으로 점수를 올릴 수 있을까? 또, 수학 공부 시간을 2배로 올리고, 영어·국어 공부 시간을 반으로 줄이면 전체적으로 성적은 어떻게 변할까?

학습용 데이터셋 :
테스트용 데이터셋 :
딥러닝 모델 :

분류 문제

4

내가 쓴 글씨는 무슨 글자체에 가까울까?

나는 초등학교 때부터 글을 잘 쓰는 편이라, 글짓기 대회에서도 상을 여러 번 받았다. 특히, 손으로 원고지에 직접 글을 쓰는 것을 좋아하는데, 모두들 글씨체가 예쁘다고 칭찬을 많이 한다. 그런데 요즘 갑자기 예쁜 글씨란 어떤 글씨인가라는 생각이 많이 든다. 컴퓨터나 스마트폰의 활자체가 유행하는 세상에서 나처럼 손으로 글을 쓰는 경우는 어느 글자체에 가까운지도 궁금하다. 컴퓨터의 글자체를 보니, 굴림, 바탕, 맑은 고딕, 휴먼 명조 등 많은 글자체가 있는데, 과연 내 글씨체는 어느 것과 가장 가까울까?

학습용 데이터셋 :
테스트용 데이터셋 :
딥러닝 모델 :

5 나의 이상형은?

나는 요즘 이성에 관심이 무척 많다. 우리 학교는 남녀 공학이고, 주위에 많은 이성들이 있는데, 문제는 내가 좋아하는 이상형을 잘 찾지 못하겠다는 것이다. 공부 때문에 만날 기회도 별로 없고, 학생이라 꾸미지도 않기 때문에 주위에 있는 괜찮은 이성을 놓칠까 두렵기도 하다. 나는 연예인과 K-POP 그룹을 좋아하기에 내가 좋아하는 스타의 사진은 얼마든지 있다. 이 사진들을 학습시키면 과연 인공지능이 내 주위에 있는 이상형을 찾아줄까? 내 주변 이성들의 사진은 인공지능 학습 프로젝트를 핑계 삼아 스마트폰으로 직접 찍어서 정리할 생각이다. 물론 이성에게 다가가는 것이 쑥스럽기는 하지만, 나의 이상형을 찾기 위해서라면 그쯤이야! 내 주위에 있는 나의 이상형은 과연 누구일까?

학습용 데이터셋 :
테스트용 데이터셋 :
딥러닝 모델 :

6 내가 입은 옷의 색 조합은 괜찮을까?

한창 사춘기가 된 나는 친구들에게 멋있게 보이고 싶다. 하지만 지금까지 어머니가 사 주신 옷만 입어 왔었던 나에게 패션 감각이라고는 찾아볼 수 없는 상황이다. 한껏 꾸미고 나가 보지만 친구들은 내 옷을 보고 촌스럽다고 비웃을 뿐이다. 이제 스스로 옷을 사려고 하는데 매장 안에 있는 옷들은 다음과 같고, 인터넷을 찾아보니 친절한 사람들이 올려준 옷-색 조합표가 있다. 이 매장 안에 있는 옷의 조합으로 나는 친구들 사이에서 멋쟁이가 될 수 있을까? 같은 방법으로 나와 잘 어울리는 신발도 골라 보려고 한다.

학습용 데이터셋 :
테스트용 데이터셋 :
딥러닝 모델 :

7 내 동생은 과연 천재일까?

분류 문제

내 동생은 초등2학년인데 그림에 관심이 많다. 내가 보기에는 발로 그린 것 같은 그림인데, 미술학원 선생님은 천재성이 보인다고 자꾸 칭찬을 한다. 특히 본인은 피카소를 능가하는 추상화 화가가 되겠다는 의욕에 불타고 있다. 엄마, 아빠도 그런 내 동생이 대견한가 보다. 혹시 엄마, 아빠는 애먼 데에 돈과 기대치를 낭비하고 있는 것은 아닐까? 나는 이미지 크롤링을 통해 피카소 그림과 천재 추상화 화가의 그림을 다수 모아 보았다. 또, 일반 초등학생의 그림 중 추상화 같아 보이는 그림도 다수 모아서 인공지능에게 학습을 시켜 보기로 했다. 과연 내 동생은 그림의 천재일까?

학습용 데이터셋 :
테스트용 데이터셋 :
딥러닝 모델 :

8 인공지능으로 보는 손금과 관상

분류 문제

우리 엄마는 점집에 가는 것을 무척이나 좋아하신다. 내가 중요한 시험을 볼 때, 아빠가 회사에서 승진의 길목에 있을 때, 이사 갈 때 등등, 무슨 일이 있을 때마다 용하다는 점집을 찾아 다니신다. 어느 날 엄마와 함께 손금과 관상을 잘 보기로 유명한 점집에 갔다. 점집 아저씨가 내 관상과 손금을 보더니 나중에 크게 될 인물이라고 극찬을 하신다. 근데, 나는 왠지 믿기지 않는다. 할머니에게 여쭤 봤더니, 관상과 손금은 그 사람의 인생이라며 무조건 믿어도 된다고 하신다. 그래서 나는 다양한 손금과 관상 데이터를 찾아 인공지능을 만들어 학습시켜 보기로 했다. 그리고 내 손금, 얼굴을 사진으로 찍어 학습된 인공지능으로 판단을 해보고자 한다. 과연 나는 큰 인물이 될 상인가?

학습용 데이터셋 :
테스트용 데이터셋 :
딥러닝 모델 :

9 아인이는 나를 좋아하고 있을까?

우리 반에 아인이라고 하는 아주 멋진 남학생이 있다. 그는 너무 잘생기고, 공부도 잘하고, 매너도 좋아서 나뿐만 아니라 우리 학교 많은 여학생들의 선망의 대상이 되고 있다. 나도 그를 너무 좋아하지만, 선뜻 나서서 좋아한다고 말할 용기는 없다. 혹시 고백을 했다가 거절당하면 큰 상처로 남을 것 같다는 생각 때문이다. 그런데, 요즘 뜻밖의 일이 생겼다. 아인이가 나랑 같은 아파트에 산다는 것을 최근에 알았고, 가끔씩 나를 쳐다보거나 나에게 말을 걸어온다. 지난주부터는 아인이랑 통학도 같이하게 되었다. 나는 요즘, 심리학 책을 탐독하며 아인이의 심리 상태를 이해하려 애쓰고 있다. 책에는 상대방이 나를 좋아하고 있는 경우의 다양한 행동에 대해 자세히 소개하고 있다. 최근 아인이의 태도와 행동, 그와의 자연스러운 대화를 통해 나는 데이터셋을 모으고, 책의 결과와 비교해 가며 인공지능을 이용해 결론을 유추해 보고자 한다. 물론, 아인이도 나를 좋아한다는 결론이 나온다면 과감하게 고백해볼 생각이다. 과연 아인이도 나를 좋아하고 있을까?

학습용 데이터셋 :
테스트용 데이터셋 :
딥러닝 모델 :

* 학습 사례의 정답은 제공하지 않습니다.

누구나 쉽게 따라하는 인공지능

수학 해설

시그마

$$\boxed{\sum_{\text{시작}}^{\text{끝}} a_n}$$

시그마($\sum$)는 어떠한 수열이 있을 때 그 수열의 값을 특정 지점부터 원하는 지점까지 모두 더해 주는 것을 말하며 급수라 합니다. 시그마는 왼쪽 박스와 같이 표기할 수 있습니다. 예를 들어 $a_k = k$라는 수열이 있고 1항부터 n항까지 더한다고 한다면 아래와 같이 표기할 수 있습니다.

$$\sum_{k=1}^{n} a_n = a_1 + a_2 + a_3 + \cdots + a_n = \sum_{k=1}^{n} k = 1 + 2 + 3 + \cdots + n$$

시그마의 일반적인 성질은 다음과 같습니다.

1. $\sum_{k=1}^{n}(a_k \pm b_k) = \sum_{k=1}^{n} a_k \pm \sum_{k=1}^{n} b_k$

2. $\sum_{k=1}^{n} ca_k = c\sum_{k=1}^{n} a_k (c$는 상수$)$

3. $\sum_{k=1}^{n} c = cn$

n항까지 더해 주는 것과 같이 특정 항까지 더해 주는 것을 유한급수라고 합니다. 반면 특정 항까지 더해 주는 것이 아니라 끝없이 더하는 것을 무한급수라고 하는데, 다음과 같이 표기합니다.

$$\lim_{n \to \infty} \sum_{k=1}^{n} a_n = \sum_{n=1}^{\infty} a_n = \sum a_n$$

e(네이피어 수, 자연대수의 밑)

자연 상수 e는 자연 현상, 경제 현상 등에서 자주 발견되는 중요한 상수입니다. 특히 인공지능을 배우는 데 필수적인 미분을 제대로 알기 위해서는 꼭 거쳐가야 할 상수입니다. 자연 상수 e는 다음의 극한값으로 표현됩니다.

$$e = \lim_{n \to \infty} \left(1 + \frac{1}{n} \right)^n$$

즉 1에 한없이 가까운 수를 무한대로 거듭제곱(같은 수를 여러 번 곱함)하면 그 값이 자연 상수 e가 된다는 뜻입니다. e를 무한급수로 표현하면 다음과 같습니다.

$$e = \sum_{n=0}^{\infty} \frac{1}{n!}$$

이를 계산해 보면 $2.7182818\cdots$. 소수 아래로 무한히 반복되는 것을 알 수 있습니다.
e는 원주율 π와 함께 가장 유명한 초월수의 하나입니다.

지수함수

지수함수는 지수에 미지수 x가 있는 함수로 $f(x) = a^x (a > 0, \ a \neq 1)$ 형태로 나타낼 수 있는 함수입니다. 임의의 $a > 1$일 경우 임의의 a가 3일 때 x값에 따른 y값의 변화는 다음 표와 같습니다.

x	$\cdots$	-2	-1	0	1	2	$\cdots$
$y = a^x$	$\cdots$	$\dfrac{1}{3^2}$	$\dfrac{1}{3}$	1	3	3^2	$\cdots$

따라서 $a > 1$일 때 지수 x가 커지게 되면 y는 오른쪽 위로 향하게 되고(발산), x가 작아지게 되면 y는 0으로 한없이 가까워지는(수렴) 그래프가 됩니다.

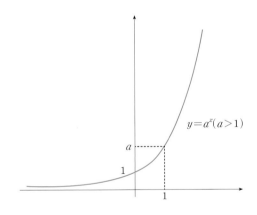

그림 1 $a > 1$일 때 지수함수 그래프

만약 $0 < a < 1$인 경우를 보겠습니다. 임의의 a로 $\dfrac{1}{3}$을 넣었을 때 x값의 변화에 따른 y값의 변화는 다음 표와 같습니다.

x	$\cdots$	-2	-1	0	1	2	$\cdots$
$y=a^x$	$\cdots$	3^2	3	1	$\dfrac{1}{3}$	$\dfrac{1}{3^2}$	$\cdots$

즉, 지수가 작아질수록 y값은 커지고, 지수가 커질수록 y값은 작아집니다. 따라서 다음과 같은 그래프를 나타냅니다.

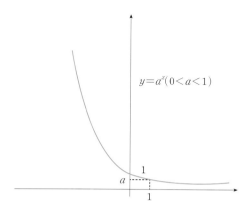

그림 2 $0 < a < 1$일 때 지수함수 그래프

로그함수

로그함수는 지수함수의 역함수로 로그의 진수나 밑에 미지수 x가 있는 함수, 즉

$f(x)=\log_a x(x>0,\ a>0,\ a\neq 1)$와 같이 표현할 수 있습니다.

로그함수는 지수함수의 역함수이기 때문에 $y=a^x$의 그래프를 $y=x$에 대칭 이동하여 그래프로 표현할 수 있습니다. ①은 $a>1$일 때의 $y=\log_a x$의 그래프이고, ②는 $0<a<1$일 때의 $y=\log_a x$의 그래프입니다.

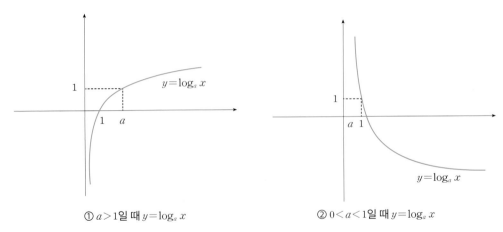

① $a>1$일 때 $y=\log_a x$ ② $0<a<1$일 때 $y=\log_a x$

그림 3 로그함수 그래프

로그 계산법

종이를 몇 번 접으면 달나라까지 갈 수 있나?

지구와 달 사이의 거리는 약 38만km입니다. 종이는 약 120μm, 즉 0.00012m 정도입니다. 편의상 종이의 두께를 a, 달과 지구 사이의 거리를 b라고 하겠습니다. 종이를 한 번 접으면 종이의 두께는 $2a$, 두 번 접으면 $4a$가 될 것입니다. 앞에서 지수함수에 대해 공부하신 분은 눈치채셨을 겁니다. 종이를 n번 접었을 때 종이의 두께는 $a \times 2^n$이 됩니다. 즉, 종이를 접어 달나라로 가려면 다음과 같아야 합니다.

$$b = a \times 2^n$$

자, 여기서 우리가 접는 횟수 n을 구하기 위해 일일이 숫자를 넣어보며 찾아야 할까요? 아닙니다. 우리는 로그함수와 지수함수의 관계를 통해서 아주 쉽게 n을 구할 수 있습니다. 로그함수와 지수함수는 서로 $y=x$에 대하여 역함수 관계라 했던 것을 기억하시나요? 로그함수와 지수함수가 $y=x$에 대하여 역함수라는 것은 $a^n=b$라면 $\log_a b = n$ 라는 것을 뜻합니다. 다시 말하면 $\log_a a^n = n$ 이라는 뜻입니다. 따라서 우리는 달나라로 가기 위해 접어야 하는 횟수 n을 일일이 넣어보지 않고도 구할 수 있습니다. 달나라로 가기 위한 식은 다음과 같습니다.

$$n = \log_2 \frac{b}{a} = 41.5$$

계산 결과, 우리는 종이를 약 42번 접으면 달나라까지 갈 수 있습니다.

미분

미분은 거리가 0에 가까운 두 점 사이의 기울기를 의미합니다. 두 점 사이의 거리가 0에 가까우므로 한 점에서의 기울기라 볼 수 있습니다. 즉, 함수 $f(x)$ 위의 한 점 P$(a,\ f(a))$에서의 기울기이며 $f'(a)$(에프 프라임 에이)라고 씁니다.

기울기를 그래프로 표현하면 [그림 4]와 같습니다.

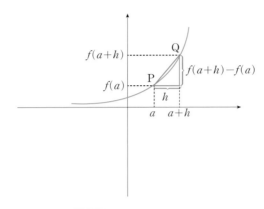

그림 4 기울기의 그래프 표현

[그림 4]와 같이 $f(x)$위에 P$(a,\ f(a))$가 있고 h만큼 움직인 Q$(a+h,\ f(a+h))$라는 두 점이 있을 때 점 P와 Q 사이의 기울기는 아래 식과 같이 표현할 수 있습니다.

$$기울기 = \frac{y증가량}{x증가량} = \frac{f(a+h) - f(a)}{(a+h) - a}$$

위에서 미분을 거리가 0에 가까운 두 점 사이의 기울기라고 정의했습니다. 즉, 이때 '기울기'는 x증가량이 0과 가까워질 때의 기울기입니다. 따라서 위의 식을 다음과 같이 표현할 수 있습니다.

$$\lim_{x \text{증가량} \to 0} \frac{y\text{증가량}}{x\text{증가량}} = \lim_{h \to 0} \frac{f(a+h)-f(a)}{(a+h)-a}$$

위 수식을 그래프로 표현하면 [그림 5]와 같습니다.

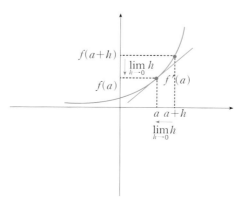

그림 5 미분의 그래프 표현

[그림 5]에서 h는 0으로 수렴하고, 결국 기울기는 $\mathrm{P}(a,\ f(a))$점에서의 기울기가 되는 것입니다. 즉, 미분은 $y=f(x)$의 함수에서 x의 변화량이 0으로 수렴할 때의 y의 변화량이며, 함수 위 $\mathrm{P}(a,$ $f(a))$점에서의 기울기와 같습니다. 이것을 식으로 정리하자면 다음과 같습니다.

$$f'(x) = \lim_{\triangle x \to 0} \frac{\triangle y}{\triangle x}, \quad f'(a) = \lim_{h \to 0} \frac{f(a+h)-f(a)}{(a+h)-a}$$

미분은 변화율을 구하는 것입니다. 바로 x가 변하는 양($\triangle x$)에 대해 y가 얼마나 변하는지($\triangle y$)를 구하는 변화율로, 평균변화율과 순간변화율이 있습니다. 순간변화율은 x 변화량이 0에 가까워질 정도로 찰나의 순간에 대한 변화율을 구하는 것으로 미분이라고도 합니다. 그 찰나의 변화율을 순간변화율 또는 미분계수라고 합니다.

그렇다면 평균변화율은 무엇일까요? 평균변화율은 함수 위에서 x 변화량에 대한 y 변화량을 뜻합니다. 예를 들어, $f(x)=x^2$인 함수에서 x가 1에서 5까지 증가했을 때 평균변화율은 다음과 같이 표현할 수 있습니다.

x 변화량: $\Delta x = 5-1 = 4$

y 변화량: $\Delta y = f(5)-f(1) = 24$

따라서 $\dfrac{\Delta y}{\Delta x} = \dfrac{f(5)-f(1)}{5-1} = \dfrac{25-1}{5-1} = 6$입니다.

평균변화율을 일반화하면 x가 a에서 b로 변할 때 x와 y의 변화량은 $\Delta y = f(b)-f(a)$, $\Delta x = b-a$가 됩니다. 따라서 평균변화율은 [그림 6]과 같이 표현할 수 있습니다.

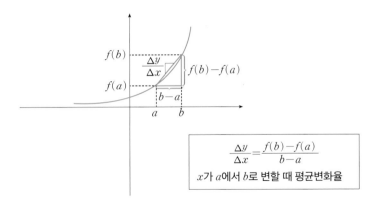

$$\frac{\Delta y}{\Delta x} = \frac{f(b)-f(a)}{b-a}$$
x가 a에서 b로 변할 때 평균변화율

그림 6 평균변화율

즉, 평균변화율은 $P(a, f(a))$, $Q(b, f(b))$ 두 점 사이의 기울기를 의미합니다.

미분계수, 즉 순간변화율은 x의 변화량이 0으로 수렴할 때의 평균변화율입니다. 미분계수는 다음과 같이 표현할 수 있습니다.

$$\lim_{\Delta x \to 0} \frac{\Delta y}{\Delta x}$$

$y=f(x)$인 함수가 있을 때 x가 a부터 $a+\triangle x$로 변할 때의 평균변화율은 다음과 같습니다.

$$\frac{f(a+\triangle x)-f(a)}{(a+\triangle x)-a}=\frac{f(a+\triangle x)-f(a)}{\triangle x}$$

이때 x의 변화량($\triangle x$)을 0으로 수렴시킨 것을 미분계수라 했습니다. 즉 $x=a$에서의 미분계수는 다음과 같이 표현할 수 있습니다.

$$미분계수=f'(a)=\lim_{\triangle x \to 0}\frac{\triangle y}{\triangle x}=\lim_{\triangle x \to 0}\frac{f(a+\triangle x)-f(a)}{\triangle x}$$

또는 $a+\triangle x=x$라 할 때 $\triangle x \to 0$을 $x \to a$로 표현할 수 있으므로 다음과 같이 나타낼 수 있습니다.

$$f'(a)=\lim_{\triangle x \to 0}\frac{f(a+\triangle x)-f(a)}{\triangle x}=\lim_{x \to a}f(x)-\frac{f(a)}{x-a}$$

이 그래프로 표현하면 다음과 같이 볼 수 있습니다. $y=f(x)$위의 두 점 P$(a,\ f(a))$, Q$(a+\triangle x,$ $f(a+\triangle x))$가 주어졌을 때 두 점 사이의 기울기를 평균변화율이라고 하였습니다. 이때 $\triangle x$가 0으로 수렴한다면 [그림 7]과 같이 Q점은 P점을 향해 점점 다가가고 기울기는 P점에서의 접선의 기울기가 될 것입니다. (이때 $\triangle x$는 h로도 표현합니다.)

이와 같이 P와 Q 두 점을 연결한 직선이 시계 방향으로 회전하면서 결국 직선은 P점에서의 접선이 됩니다. 즉, $f'(a)$는 함수 $y=f(x)$가 있을 때 $(a,\ f(a))$점에서 접선의 기울기가 됩니다.

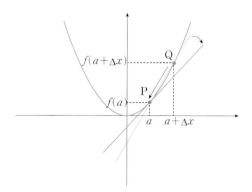

그림 7 $\triangle x \to$ 0일 때 기울기 변화

도함수

도함수란 $f(x)$를 미분하여 얻은 함수 $f'(x)$입니다. 함수 $f(x)$가 있을 때 여러 점에서 일일이 미분계수를 구하는 과정은 어렵지 않지만, 매번 계산을 해야 하기 때문에 아주 번거로울 것입니다. 이 번거로움을 해결하기 위해 미분계수를 함수처럼 생각하여 구할 수 있습니다.

예를 들어, $f(x)=x^2$이라는 함수가 있을 때 x점에서의 미분계수는 다음과 같습니다.

$$f'(x)=\lim_{h \to 0}\frac{f(x+h)-f(x)}{h}=2x$$

즉 $y=x^2$의 도함수 $f'(x)$는 $2x$가 됩니다. 함수 $f(x)$의 도함수를 구하는 것을 '수 $f(x)$를 x에 대해 미분한다'라고 하며 그 계산법을 미분법이라고 합니다.

도함수는 y', $f'(x)$, $\frac{dy}{dx}$, $\frac{d}{dx}f(x)$ 등으로 표기합니다. d는 변화량(Δx)을 0으로 보낸다는 의미입니다.

함수의 연속과 미분가능성

함수의 연속성과 미분가능성의 관계는 [그림 8]을 통해 볼 수 있습니다.

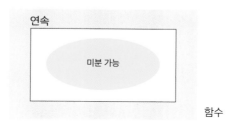

그림 8 함수의 연속성과 미분가능성

즉, 함수 위 임의의 점 a에서 미분이 가능하다는 것은 a점에서 그 함수는 연속한다는 것입니다. 정리하자면 [그림 9]와 같습니다.

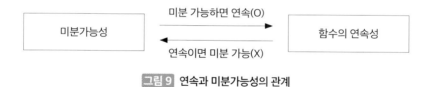

그림 9 연속과 미분가능성의 관계

따라서 미분이 불가능한 경우는 [그림 10]과 같이 함수가 불연속적이거나, 연속이지만 함수에 뾰족한 지점이 존재하는 경우입니다.

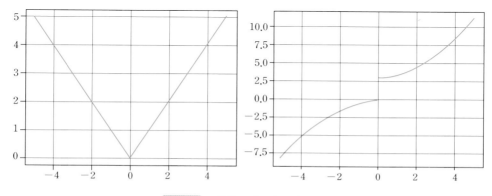

그림 10 뾰족한 그래프와 끊긴 그래프

다항함수의 미분법

다음은 다항함수에서 사용하는 미분법의 기본 공식입니다.

(1) $f(x)=c$ 이면 $f'(x)=0$ (이때 c는 상수)

(2) $f(x)=x^n$ 이면 $f'(x)=nx^{n-1}$

(3) $\{cf(x)\}'=cf'(x)$ (이때 c는 상수)

(4) $\{f(x)\pm g(x)\}'=f'(x)\pm g'(x)$

(5) $\{f(x)g(x)\}'=f'(x)g(x)+f(x)g'(x)$

기본 공식들에 대하여 알아보겠습니다.

(1) $f(x)=c$(상수)일 경우 함수의 기울기는 0입니다. 즉, $f'(x)$가 0이 됩니다.

(2) $f(x)=x^n$일 경우 앞서 배운 미분의 정의를 생각해 보겠습니다.

$f'(x)=\lim\limits_{h \to 0}\dfrac{f(x+h)-f(x)}{h}$ 라고 했습니다. 위 식에 함수를 대입하면 다음과 같습니다.

$$\lim_{h\to 0}\frac{(x+h)^n-x^n}{h}=\lim_{h\to 0}\frac{(x^n+nhx^{n-1}+\cdots+h^n)-x^n}{h}$$

따라서 다음과 같이 x^n은 사라지고 h로 약분됩니다.

$$\lim_{h\to 0}(nx^{n-1}+\cdots+h^{n-1})$$

이때 $\lim(h \to 0)$이기 때문에 h가 있는 항은 모두 없어지고 nx^{n-1}만 남게 됩니다.

(3) $\{cf(x)\}'=\lim\limits_{h \to 0}c\dfrac{f(x+h)-f(x)}{h}$가 됩니다. 이는 극한의 성질에 의해

$c\lim\limits_{h \to 0}\dfrac{f(x+h)-f(x)}{h}$이므로 $\{cf(x)\}'=cf'(x)$가 됩니다.

(4) $\{f(x)\pm g(x)\}'=\lim\limits_{h\to 0}\dfrac{(f(x+h)-f(x))\pm(g(x+h)-g(x))}{h}$가 됩니다.

이는 극한의 성질에 의해 $\lim\limits_{h\to 0}\dfrac{f(x+h)-f(x)}{h}\pm\lim\limits_{h\to 0}\dfrac{g(x+h)-g(x)}{h}$이므로

$\{f(x)\pm g(x)\}'=f'(x)\pm g'(x)$가 됩니다.

(5) $\{f(x)g(x)\}'=\lim\limits_{h\to 0}\dfrac{f(x+h)g(x+h)-f(x)g(x)}{h}$

$=\lim\limits_{h\to 0}\left\{\dfrac{[f(x+h)-f(x)]\,g(x+h)}{h}+\dfrac{f(x)[g(x+h)-g(x)]}{h}\right\}$입니다.

이때 극한에 의해 h가 0에 수렴하므로 위 식은 다음과 같이 표현할 수 있습니다.

$$\lim\limits_{h\to 0}\dfrac{f(x+h)-f(x)}{h}g(x+h)+\lim\limits_{h\to 0}f(x)\dfrac{g(x+h)-g(x)}{h}$$

따라서 $\{f(x)g(x)\}'=f'(x)g(x)+f(x)g'(x)$가 됩니다.

미분 방정식

미분 방정식이란 어떠한 함수와 그 함수의 도함수들로 이루어진 방정식을 의미합니다. 미분 방정식에서 도함수의 차수는 미분의 횟수입니다. 예를 들어, 다음과 같은 식이 있을 때

$$3\dfrac{d^3 y}{dx^3}+2\dfrac{d^2 y}{dx^2}+1=3y'''+2y''+1 \ \ (\text{단, } y=f(x))$$

위 식은 3차 도함수와 2차 도함수를 포함한 3계 미분 방정식이 됩니다. 이때 계의 앞 숫자는 미분 방정식에서 차수가 가장 큰 도함수의 차수가 오게 됩니다. 또, 위 식에서 볼 수 있듯이 도함수의 차수는 ′(Apostrophe)를 사용하여 나타낼 수 있습니다. 종속변수 및 도함수가 1차이고, 독립변수에만 의존한다면 선형이라 하며, 종속변수에 의존하는 항이 있거나 비선형 함수를 포함하면 비선형이라 합니다.

* 독립변수와 종속변수: x에 의해 변하는 y함수가 있을 때 x는 독립변수 y는 종속변수라 합니다.

상미분 방정식과 편미분 방정식

도함수를 포함하고 있는 방정식을 미분 방정식이라 하였습니다. 지금까지 우리는 하나의 독립변수에 의한 함수를 미분해 왔습니다. 이를 상미분 방정식이라 합니다. 그러면 만약 하나의 함수에 두 개 이상의 독립변수가 있다면 어떻게 미분해야 할까요? 이런 상황에 사용하는 것이 바로 편미분입니다.

예를 들어보겠습니다. $y = f(x)$라는 함수가 있을 때 상미분을 하면 $\dfrac{dy}{dx}$라고 하였습니다. 반면에 y를 종속변수로 하며 x, z 두 개의 독립변수를 갖는 함수 $y = f(x, z)$가 있을 때 x에 대한 편미분, z에 대한 편미분은 각각 다음과 같이 표현할 수 있습니다.

$$x\text{에 대한 편미분: } f_x = \frac{\partial f}{\partial x} = \frac{\partial}{\partial x} f(x,z) = \frac{\partial y}{\partial x}$$

$$z\text{에 대한 편미분: } f_z = \frac{\partial f}{\partial z} = \frac{\partial}{\partial z} f(x,z) = \frac{\partial y}{\partial z}$$

복잡한 기호들로 인해 어려워 보일 수 있지만 사실 편미분을 계산하는 방법은 아주 간단합니다. 위 함수를 예로 들자면 x에 대하여 미분할 때는 z를 상수로 보고, z에 대해 미분할 때는 x를 상수로 보는 것입니다. 이해를 돕기 위해 한번 간단한 식을 편미분 해보겠습니다.

$y = x^2 + 2xz + 3z^2$라는 함수가 있습니다.

(1) z를 상수로 보고 x에 대해 미분합니다.

$$\frac{\partial y}{\partial x} = \frac{d}{dx}(x^2 + 2xz + 3z^2)$$
$$= \frac{d(x^2)}{dx} + \frac{d(2xz)}{dx} + \frac{d(3z^2)}{dx}$$
$$= 2x + 2z + 0$$

(2) x를 상수로 보고 z에 대해 미분합니다.

$$\frac{\partial y}{\partial z} = \frac{d}{dz}(x^2 + 2xz + 3z^2)$$
$$= \frac{d(x^2)}{dz} + \frac{d(2xz)}{dz} + \frac{d(3z^2)}{dz}$$
$$= 0 + 2x + 6z$$

수열

수열은 자연수를 정의역으로 하는 함수입니다. 즉, 함수 $y=f(x)$가 있을 때 $f(1)$, $f(2)$, $f(3)$, $f(4)$, …과 같이 자연수 전체에 대한 함수를 수열이라고 부릅니다. 자연수 n에 대응하는 함수 값을 a_n이라고 쓰며 수열을 이루는 각 수를 순서대로 첫째 항(제1항), 둘째 항(제2항) 등으로 읽습니다. 또, n번째 항을 제n항이라고 하며, 이것을 수열의 일반항이라고 합니다. 수열은 다음과 같이 집합 기호를 사용하여 표현할 수 있습니다.

$$\{a_1,\ a_2,\ a_3,\ a_4,\ \cdots\ a_n,\ \cdots\}=a_n$$

수열은 항의 수가 무한한지 유한한지에 따라 무한수열과 유한수열로 나눌 수 있습니다.
또한 수열은 반드시 일정한 규칙을 갖고 나열될 필요는 없지만 일반적으로 일정한 규칙을 가진 수열이 많습니다. 예를 들어 등차수열, 등비수열 등이 있습니다.

등차수열은 연속되는 두 항의 차이가 모두 일정한 수열입니다. 이 두 항의 차이는 모든 항에서 공통적으로 나타나므로 '공차'라고 합니다. 예를 들어 첫 항이 1이고 공차가 3인 등차수열은 [그림 11]과 같이 표현할 수 있습니다.

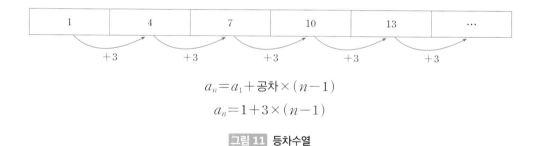

$$a_n=a_1+공차\times(n-1)$$
$$a_n=1+3\times(n-1)$$

그림 11 등차수열

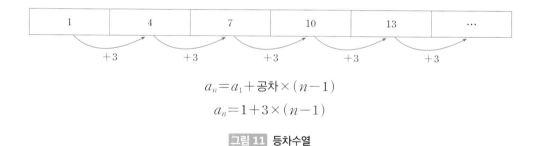

등비수열은 수열의 다음 항으로 넘어갈 때마다 일정한 값을 곱한 항들로 이루어진 수열입니다. 따라서 첫 항은 0이 될 수 없고, 곱해지는 일정한 수를 '공비'라고 합니다. 예를 들어, 첫 항이 1이고 공비가 3인 등비수열은 [그림 12]와 같이 표현할 수 있습니다.

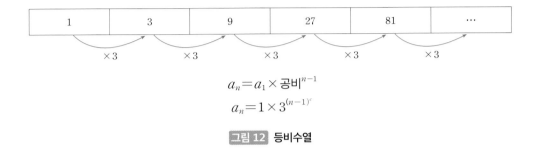

$$a_n = a_1 \times 공비^{n-1}$$
$$a_n = 1 \times 3^{(n-1)^c}$$

그림 12 등비수열

점화식

수열에 대하여 서로 이웃하는 항의 관계를 단 하나의 정해진 규칙으로 나타낸 등식을 점화식이라고 합니다. 공차가 b인 등차수열은 $a_n = a_1 + b(n-1)$과 같이 나타낼 수 있는데 이를 점화식으로 표현하면 다음과 같습니다.

$$a_{n+1} = a_n + b$$

공비가 r인 등비수열의 경우 아래와 같이 나타낼 수 있습니다.

$$a_{n+1} = r \times a_n$$

확률

인공지능의 목적은 빅데이터를 이용한 예측을 수행하는 것입니다. 예를 들어, 기존의 주가 변동 데이터를 통하여 향후의 주가를 예측할 수 있습니다. 통계적 분석은 독립변수(입력 데이터)와 수학적 모델을 이용하여 종속변수(출력 데이터)를 반환합니다. 반면에 인공지능을 이용할 경우 독립변수와 종속변수를 알려 주면 독립변수와 종속변수의 관계에 대하여 학습하기 때문에 유사한 목적의 데이터 분석에 알고리즘을 재활용할 수 있습니다.

확률의 기본 용어

용어	설명	표현
실험(trial)	동일한 조건에서 여러 번 반복할 수 있고 그 결과가 우연으로 결정되는 관찰이나 실험	Ω
표본공간 (sample space)	한 실험에서 나올 수 있는 모든 가능한 결과의 집합	$\omega_1,\ \omega_2,\ \cdots$
근원사건 (elementary outcome)	표본공간을 이루는 개개의 결과	
사건(event)	근원사건의 집합, 표본공간의 부분집합	
합사건	두 사건 A와 B의 합집합으로 표현할 수 있는 사건	$A \cup B$
곱사건	두 사건 A와 B의 교집합을 표현할 수 있는 사건	$A \cap B$
여사건	사건 A가 일어나지 않는 사건	A^c
배반사건	사건 A와 B가 동시에 일어나지 않는 사건	$A \cap B = 0$

어떤 실험에서 사건 A가 일어날 가능성을 수로 나타낸 것을 사건 A가 일어날 확률이라고 합니다. 동일한 조건에서 실험을 반복할 때, 실험의 표본공간의 원소 개수를 $n(S)$, 사건 A의 원소 개수를 $n(A)$로 표현합니다. 이것을 수학적으로 다음과 같이 표현할 수 있는데, 이를 수학적 확률이라 합니다.

$$P(A) = \frac{\text{A가 일어나는 횟수}}{\text{전체 실험의 횟수}} = \frac{n(A)}{n(S)}$$

확률은 세 가지 성질을 갖습니다.

(1) 임의의 사건 A에 대한 확률 $P(A)$는 $0 \leq P(A) \leq 1$입니다.
(2) 반드시 일어나는 사건 S에 대한 확률 $P(S) = 1$입니다.
(3) 절대로 일어나지 않는 사건 ϕ에 대한 확률 $P(\phi) = 0$입니다.

즉, 확률의 최소는 0, 최대는 1입니다.

독립사건과 종속사건

두 사건 A, B가 있을 때 한 사건의 결과가 다른 사건에 영향을 주지 않을 때 두 사건은 서로 독립사건이라고 합니다. 이때 A와 B는 서로 독립이라고 하며, 다음과 같이 표현합니다.

$$P(B|A) = P(B|A^c) = P(B)$$

두 사건이 서로 독립하기 위해선 필요충분조건이 있습니다. 그 조건은 다음과 같습니다.

$$\mathrm{P}(A \cap B) = \mathrm{P}(A)\mathrm{P}(B|A) = \mathrm{P}(A)\mathrm{P}(B) \ \ (\text{단 } \mathrm{P}(A) > 0, \ \mathrm{P}(B) > 0)$$

이번에는 두 사건에서 한 사건의 결과가 다른 사건의 결과에 영향을 주는 경우를 알아보겠습니다. 이러한 경우는 종속사건이라고 하고, A와 B는 종속이라고 하며 다음과 같이 표현합니다.

$$\mathrm{P}(B|A) \neq \mathrm{P}(B|A^c) \neq \mathrm{P}(B)$$

조건부 확률은 어떤 사건 A가 일어난다는 조건하에 다른 사건 B가 일어날 확률이며 다음과 같이 표현합니다.

$$\mathrm{P}(B|A) = \frac{\mathrm{P}(A \cap B)}{\mathrm{P}(A)}$$

즉, 조건부 확률 $\mathrm{P}(B|A)$는 다음 의미를 갖습니다.

사건 A가 발생했을 경우 사건 B의 확률

예를 들어, 고등학교에서 전체 학생 중 여학생이 55%이고 그 여학생 중 수학을 좋아하는 경우는 35%입니다. 이때 전체 학생 중 여학생일 확률($\mathrm{P}(A)$)은 0.55이고 여학생 중 임의의 1명이 수학을 좋아할 확률($\mathrm{P}(A \cap B)$)은 0.35입니다. 따라서 여학생이면서 수학을 좋아할 확률은 다음과 같습니다.

$$\mathrm{P}(B|A) = \frac{\mathrm{P}(A \cap B)}{\mathrm{P}(A)} = \frac{0.35}{0.55} = \frac{7}{11}$$

빈도 확률과 베이지안 확률

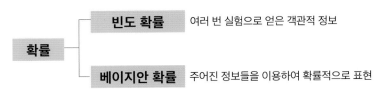

그림 13 빈도 확률과 베이지안 확률

빈도 확률은 그 사건이 반복되는 빈도를 다룹니다. 즉 어떤 사건이 발생하는 횟수를 관찰하고, 이에 기반한 가설을 이용하여 모델을 검증합니다.

베이지안 확률은 일어나지 않았거나 불확실한 사건에 대한 확률로

(1) 주관적인 가설의 사전 확률을 정합니다.
(2) 관찰된 데이터를 기반으로 가능도를 계산합니다.
(3) 처음 설정한 주관적 확률을 보정합니다.

본격적으로 베이지안 확률을 알아보겠습니다.
두 확률 변수 사전 확률과 사후 확률 간 관계를 나타내는 정리로 사전 확률 $\mathrm{P}(A)$와 우도 확률 $\mathrm{P}(B|A)$를 안다면 사후 확률 $\mathrm{P}(A|B)$를 알 수 있습니다. 따라서 베이지안 확률은 다음과 같이 조건부 확률로 나타낼 수 있으며, 정보를 업데이트하면서 사후 확률 $\mathrm{P}(A|B)$를 구하는 것입니다.

$$\mathrm{P}(A|B) = \frac{\mathrm{P}(B|A)\mathrm{P}(A)}{\mathrm{P}(B)}$$

- $\mathrm{P}(A)$ 사전 확률: 결과가 나타나기 전에 결정된 원인(A)의 확률
- $\mathrm{P}(B|A)$ 우도 확률: 원인(A)가 발생했다는 가정하에 결과(B)가 발생할 확률
- $\mathrm{P}(A|B)$ 사후 확률: 결과(B)가 발생했다는 가정하에 원인(A)가 발생했을 확률
- $\mathrm{P}(B)$ 주변 우도: 사건(B)의 발현 확률

베이지안 확률을 위한 계산식 $P(B)$는 A, A의 여집합과 $P(B)$ 사이의 교집합으로 구할 수 있습니다.

$$P(A \mid B) = \frac{P(A \cap B)}{P(B)}$$

$$P(B \mid A) = \frac{P(A \cap B)}{P(A)}$$

$$P(A \mid B)P(B) = P(A \cap B) = P(B \mid A)P(A)$$

$$P(A \mid B) = \frac{P(B \mid A)P(A)}{P(B)} \quad\dashrightarrow\quad P(B) = P(B \cap A) + P(B \cap A^c)$$

$$P(A \mid B) = \frac{P(B \mid A)P(A)}{P(B \mid A)P(A) + P(B \mid A^c)P(A^c)}$$

소프트맥스_{softmax} 함수

숫자 0~9까지의 손글씨 이미지가 있을 때, 이 이미지의 숫자를 알아내는 신경망을 디자인한다면 어떻게 해야 할까요? 이미지 입력과 0~9까지의 예측값 출력을 한다면 [그림 14]와 같아질 것입니다.

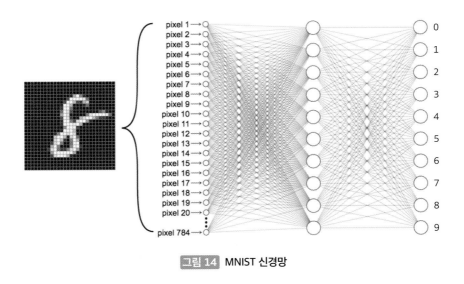

그림 14 MNIST 신경망

입력으로 들어온 이미지는 각각의 노드를 거치며 출력층에 어떠한 선형 값을 가지고 도착할 것입니다. 이 값들을 이용하여 입력된 이미지에 대응하는 숫자를 예측하기 위해서 활성화 함수인 소프트맥스 함수를 사용해야 합니다. 소프트맥스 함수는 출력층의 각 노드에 들어오는 값을 0~1 사이의 확률 값으로 만들어 줍니다. 이를 통하여 인공지능은 분류 문제를 해결할 수 있습니다.

예를 들어, [그림 14]와 같이 8이라는 숫자 이미지가 입력으로 들어갈 경우 출력층의 9번째 노드(8과 대응되는 노드)의 값이 가장 큰 값을 가지게 되며, 학습된 네트워크는 입력된 이미지의 숫자를 8이라고 예측할 것입니다. 소프트맥스 함수는 다음과 같은 수식으로 나타낼 수 있습니다.

$$\sigma(a_j) = \frac{e^{a_j}}{\sum_{j=1}^{k} e^{a_j}} \text{ for } j \text{ in } 1, \cdots, k$$

즉, 출력층의 1~10번 노드 중 하나의 exp값을 1~10번 노드의 모든 exp값을 더한 것으로 나눠 주는 것입니다. 이러한 소프트맥스 함수를 통하여 우리는 분류 문제를 해결할 수 있게 되었습니다. 하지만 소프트맥스 함수는 지수함수로 이루어져 있기 때문에 입력값이 커지면 매우 큰 값으로 발산해 버리는 문제가 있습니다. 이를 오버플로overflow라고 합니다.

소프트맥스 함수는 이러한 오버플로에 취약하기 때문에 이를 해결하기 위해서 입력값에서 입력값 중 최댓값을 빼 주게 됩니다. 이를 수식으로 표현하면 다음과 같습니다.

$$\sigma(a_j) = \frac{e^{(a_j+c)}}{\sum_{j=1}^{k} e^{(a_j+c)}} \ \ \text{for } j \text{ in } 1, \cdots, k$$

이때 C는 입력값$(a_1, \cdots, a_k)$ 중 최댓값을 음수로 취한 것입니다. 예를 들어, 입력 $a = [2000, 2010, 2030]$이라고 할 때 $a+c = [-30, -20, 0]$이 됩니다. 이를 통해 오버플로를 막을 수 있으며 이는 신기하게도 원래의 값과 동일한 값을 가지게 됩니다. 예를 들면, 입력 a는 10개의 원소를 가지고 있습니다. 이때 $\sigma(a_1)$은 다음과 같습니다.

$$\sigma(a_1) = \frac{e^{a_1+c}}{e^{a_1+c} + \cdots + e^{a_k+c}}$$

앞에서 배운 지수함수의 성질로 인해 e^{a_1+c}는 $e^{a_1}e^c$로 분리할 수 있습니다.
따라서 위 식은 다음과도 같이 쓸 수 있습니다.

$$\sigma(a_1) = \frac{e^{a_1}e^c}{(e^{a_1} + \cdots + e^{a_k})e^c}$$

즉, 분모와 분자에 있는 e^c는 서로 약분되어 사라지기 때문에 원래의 소프트맥스 함수와 새로 구한 소프트맥스 함수의 값은 동일하게 됩니다.

교차 엔트로피|cross entropy

소프트맥스를 이용하여 각 출력 노드의 확률을 구할 수 있게 되었습니다. 이러한 분류 문제에서 정답과 출력(예측값)의 관계를 나타내는 손실함수(E)는 교차 엔트로피를 사용합니다. 교차 엔트로피란 무엇일 까요? 우선 엔트로피에 대하여 알아봅시다.

엔트로피entropy는 불확실성입니다. '불확실성＝확실하지 않다?' 말이 어렵죠? 예를 들어보겠습니다. 여러분에게 하나의 주머니가 있고, 그 안에 빨간색과 파란색 공이 50개씩 있다고 생각해 봅시다. 주머 니에서 빨간색 공을 뽑을 확률은 얼마나 될까요? 여러분도 잘 알다시피 0.5입니다. 그렇다면 파란색 공을 뽑을 확률도 0.5이겠지요. 이때 주머니 속의 엔트로피 식은 다음과 같이 구할 수 있습니다.

$$H(q) = -\sum_{i=1}^{c} q(y_i) \log(q(y_i))$$

여기서 c는 주머니 안의 물건 종류의 수이고 $q(y_c)$는 c번의 물건이 나올 확률입니다. 즉, 빨간색 공이 1번, 파란색 공이 2번이라고 한다면 $q(y_1) = q(y_2) = 0.5$가 되겠지요. $\log$는 밑이 자연 상수 e인 자연 로그입니다.

위 식대로 계산을 한다면, 빨간색 공과 파란색 공이 주머니 안에 50개씩 있다면 엔트로피는 $-\{0.5 \log(0.5) + 0.5 \log(0.5)\} = \log(2) =$ 약 0.69 정도가 됩니다. 이번에는 주머니 안의 100개의 공이 모두 다른 색이라고 생각해 봅시다. 공 하나당 확률은 0.01이 될 것이고, 위 식에 의하면 엔트로피는 $-\log(0.01)$ 이 될 겁니다. 이는 4.6으로 맨 처음 주머니에 두 종류의 공이 있을 때의 엔트로피보다 커졌습니다. 즉, 주머니 안이 두 종류의 공이 있을 때보다 불확실해졌다는 겁니다.

만약 주머니 안에 파란색 공만 있다면 어떻게 될까요? 한번 계산해 보세요.

그러면 교차 엔트로피란 무엇일까요? 우선 예를 들어보겠습니다.

주머니 안에 빨간색, 파란색, 노란색 공이 각각 60개, 30개, 10개 들어 있습니다. 그러면 주머니에서 공을 꺼냈을 때 각각의 공이 나올 확률은 0.6, 0.3, 0.1이 될 것입니다. 이를 정답(t)라고 하겠습니다. 이때 여러분은 딱 10번만 공을 뽑아 보았고, 빨간색 공을 2번 파란색 공을 7번 노란색 공을 1번 뽑아서 여러분은 각 공이 나올 확률을 0.2, 0.7, 0.1이라고 예측(y)했다고 생각해 봅시다. 앞에서 얘기했듯이 정답의 엔트로피는 다음과 같이 구할 수 있습니다.

$$H(q) = -[0.6 \log(0.6) + 0.3 \log(0.3) + 0.1 \log(0.1)] = 0.89 \cdots$$

그리고 예측에 대한 엔트로피는 다음과 같이 구할 수 있습니다.

$$H_p(q) = -\sum_{i=1}^{c} q(t_i) \log(q(y_i))$$
$$H_p(q) = -[0.6 \log(0.2) + 0.3 \log(0.7) + 0.1 \log(0.1)] = 1.3 \cdots$$

위의 식에서 볼 수 있듯이 실제 정답보다 예측이 엔트로피가 커졌습니다. 즉, 실제 정답보다 나의 예측이 불확실하다는 것을 의미합니다. 이는 예측한 값이 정답 값과 다르다는 것을 의미하고 교차 엔트로피를 사용하여 학습할 때 예측한 엔트로피를 정답 엔트로피와 가까워지게 학습하게 됩니다.

교차 엔트로피 함수는 로그함수로 되어 있으며 정답이 1인 경우 출력이 1에 가까워질수록 손실함수는 0에 가까워집니다. 반대로 정답이 0일 경우 출력이 0에 가까워질수록 손실함수는 0으로 가까워집니다. 이를 수식으로 표현하면 다음과 같습니다.

$$E = -\sum_{i} t \log y + (1-t) \log(1-y)$$

즉, 정답(t)가 1인 경우 $E = -t \log y$가 되고, 정답이 0인 경우 $E = -(1-t)\log(1-y)$가 됩니다. 이를 그래프로 나타내면 [그림 15]와 같습니다.

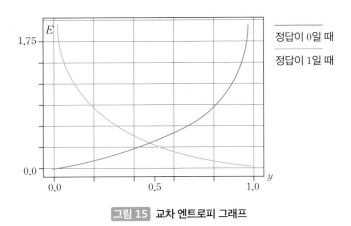

정답이 0일 때

정답이 1일 때

그림 15 교차 엔트로피 그래프

위 그래프와 같은 모양을 나타내는 이유는 로그함수의 특징을 보면 알 수 있습니다. 자연 상수는 1보다 큰 값이므로 x축이 0에 가까워질수록 음의 무한대로 발산하는 모양을 나타냅니다. 따라서 자연로그 함수의 그래프는 다음과 같습니다.

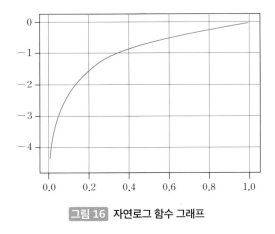

그림 16 자연로그 함수 그래프

[그림 16]에서 보이는 것처럼 x축이 0과 가까워질수록 음의 무한대로 발산하게 되고 x가 1일 때 y축은 0이 됩니다. 그 때문에 교차 엔트로피는 위와 같아집니다.

다양한 최적화 기법

우리는 앞에서 경사하강법을 배웠고, 가중치의 최적화된 값을 찾을 수 있었습니다. 하지만 앞에서 배운 경사하강법은 적절한 학습률을 정해줘야 하거나, 모든 파라미터(가중치나 편향처럼 신경망이 학습하는 값)에 대해 같은 학습률을 설정하거나, 최소점은 아니지만 중간에 기울기가 0이 되는 지점에서 업데이트를 멈추거나 하는 등 몇 가지 문제점이 있었습니다. 그래서 우리는 위 문제점들을 해결해 나가는 최적화 기법에 대하여 배워볼 것입니다.

모멘텀(momentum)

미끄럼틀을 예로 들어보면, 쭉 미끄러져 내려오다가 평평한 지점이 있을 때 경사하강법은 그 지점에서 멈추게 됩니다. 하지만 여러분이 미끄럼틀을 타면 평평한 지점이 있어도 내려오던 관성 때문에 평평한 지점에서 끝으로 내려오게 됩니다. 즉, 모멘텀은 경사하강법에 관성을 더해 주었다고 생각하면 됩니다. 이를 식으로 표현하면 다음과 같습니다.

$$v_t = \alpha v_{t-1} - \eta \frac{\partial}{\partial w} f(x_t)$$
$$w_{t-1} = w_t + v_t$$

여기서 α는 관성계수, v_n은 속도, v_{n-1}은 관성입니다. 관성계수가 클수록 속도는 관성에 대한 영향을 많이 받게 됩니다. 계속해서 이전의 기울기를 고려한다면 아무리 긴 평평한 땅에 와도 멈추지 않게 될 것입니다. 그렇기 때문에 모멘텀에서는 계속해서 이전 기울기의 영향을 α배만큼 감소시킵니다. 예를 들어, $\eta \frac{\partial}{\partial w} f(x_t) = b_t$라고 하고 $v_0 = 0$이라고 한다면 다음과 같게 됩니다.

$$v_1 = -b_1$$
$$v_2 = -\alpha b_1 - b_2$$
$$v_3 = -\alpha^2 b_1 - \alpha b_2 - b_3$$

α는 일반적으로 $0 \sim 1$ 사이의 값이기 때문에 곱해질수록 오래된 기울기의 영향을 줄여 줍니다. 그 때문에 [그림 17]과 같이 중간에 빠지더라도 관성으로 인해 빠져나올 수 있게 됩니다.

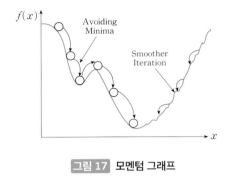

그림 17 모멘텀 그래프

네스테로프 모멘텀(NAG)

앞에서 배운 모멘텀을 이용하여 구덩이에 빠졌다 가도 다시 나올 수 있게 되었지만 모멘텀에서는 현재 위치에서 관성과 기울기를 이용하여 가중치를 업데이트시켰기 때문에 최적의 가중치에 다 와서도 왔다 갔다 하며 멈출 수 없는 문제가 발생했습니다.

이러한 문제를 보정해 주기 위해 나온 것이 바로 네스테로프 모멘텀입니다. 네스테로프 모멘텀에서는 관성의 방향으로 관성에 의해 미리 움직인 다음에 기울기를 이용하여 가중치를 업데이트시킵니다. 즉, 앞을 먼저 본 후에 관성을 조절하는 것이기 때문에 모멘텀에서 생긴 문제를 해결할 수 있었습니다. 이를 수식으로 표현하면 다음과 같습니다.

$$v_t = \alpha v_{t-1} - \eta \frac{\partial}{\partial w} f(x_t + \alpha v_{t-1})$$
$$w_{t+1} = w_t + v_t$$

아다그라드(adagrad)

앞에서 경사하강법의 문제점으로 학습률이 모두 동일한 것이 문제점이라 하였습니다. 이러한 문제점을 해결하기 위해 나온 것이 아다그라드입니다. 아다그라드는 일정한 학습률을 사용하지 않고 업데이트를 하면 할수록 학습률이 작아지게 됩니다.

예를 들어보겠습니다. 산에서 물건을 잃어버렸고 그 물건을 잃어버린 위치는 대략적으로 기억이 나고 있습니다. 그렇다면 우리는 그 물건을 찾기 위해 대략적인 기억이 나는 장소 근처까지는 빠르게 이동하며 주변을 살펴볼 것입니다. 하지만 기억에 남는 장소 근처로 가면 그때부터는 천천히 걸어가며 찾을 것입니다. 근처 지점까지는 빠르게 이동하였기 때문에 우리는 물건을 찾는 속력이 빨라질 것이고, 아다그라드 또한 처음에는 빠르게 가중치를 업데이트하다가 최적에 가까워질수록 세밀하게, 즉 효율적으로 업데이트하는 것입니다. 식으로 표현하면 다음과 같습니다.

$$g_t = g_{t-1} + \left(\frac{\partial}{\partial w} f(x_t) \right)^2$$

학습이 진행될수록 g_t값은 점점 커지게 됩니다.

$$w_{t+1} = w_t - \eta \frac{1}{\sqrt{g_t}} \frac{\partial}{\partial w} f(x_t)$$

g_t값이 커질수록 $\eta \frac{1}{\sqrt{g_t}}$는 작아지게 되므로 학습이 진행될수록 학습률이 작아져 세밀하게 학습하게 되는 것입니다.

알엠에스프롭(RMSprop)

아다그라드를 통해 효율적으로 가중치를 업데이트할 수 있었지만, 학습이 진행될수록 g_t값이 매우 커져 학습률이 너무 작아지게 되어 학습이 거의 되지 않는 문제가 생기게 됩니다. 이를 해결하기 위해 과거의 값은 조금씩 잊어가며 현재의 값을 더욱 반영하게 만든 것이 알엠에스프롭입니다.

예를 들어, 과거에 실패한 경험만 생각하며 트라우마에 잠겨 있으면 앞으로 나아갈 수 없습니다. 이를 극복하기 위해 과거는 조금씩 잊고, 현재와 미래를 더욱 생각하여 앞으로 나아가게 해주는 것입니다. 이를 식으로 나타내면 다음과 같습니다.

$$g_t = \gamma g_{t-1} + (1-\gamma)\left(\frac{\partial}{\partial w}f(x_t)\right)^2$$

$$w_{t+1} = w_t - \eta \frac{1}{\sqrt{g_t}}\frac{\partial}{\partial w}f(x_t)$$

이때 γ(forgetting factor)가 작을수록 과거보다 현재가 더 중요하게 됩니다.

아담(adam)

아담은 경사하강법의 문제점을 해결한 모멘텀과 알엠에스프롭의 장점을 모두 합쳐 놓은 것입니다. 즉, 관성을 받아 움직이기 때문에 평평한 곳이나 구덩이에 빠지지 않으며 처음에는 빠르게, 최적화 값에 가까워질수록 세밀하게 학습하여 효율적이므로 현재 가장 많이 쓰이는 최적화 방법입니다. 이해하기 어렵지만 수식으로 표현하면 다음과 같습니다.

가중치 β_1으로 모멘텀을 변형한 점화식

$$m_t = \beta_1 m_{t-1} + (1 - \beta_1)\frac{\partial}{\partial w}f(x_t)$$

가중치 β_2로 아다그라드를 변형한 점화식

$$v_t = \beta_2 v_{t-1} + (1 - \beta_2)\left(\frac{\partial}{\partial w}f(x_t)\right)^2$$

이때 m, v의 초기치가 0이기 때문에 β_1, β_2가 1에 가까우면 0으로 편향(치우치게)됩니다. 이를 보정하기 위해 다음과 같이 만들어 줍니다.

$$\widehat{m}_t = \frac{mt}{1 - \beta_1^t}, \ \hat{v}_t = \frac{v_t}{1 - \beta_2^t}$$

마지막으로 가중치는 아래와 같이 업데이트되게 됩니다.

$$w_{t+1} = w_t - \eta\frac{1}{\sqrt{\hat{v}_t}}\widehat{m}_t$$

INDEX

그림 1-3   물체 검출 https://pjreddie.com/darknet/yolo/

그림 2-5   https://ml4a.github.io/ml4a/looking_inside_neural_nets/

그림 3-5   K. Simonyan and A. Zisserman from the University of Oxford in the paper
          "Very Deep Convolutional Networks for Large-Scale Image Recognition".

그림 3-6   https://www.ttested.com/ditch-mnist/

그림 3-8   https://www.kernix.com/article/a-toy-convolutional-neural-network-for-image-classification-with-keras/

그림 3-9   https://gruuuuu.github.io/machine-learning/cifar10-cnn/참고

그림 3-13 https://github.com/zalandoresearch/fashion-mnist

그림 3-24 https://google.github.io/mediapipe/solutions/hands

그림 3-25 https://www.youtube.com/watch?v=CvuwMqhFtbc

그림 3-26 https://ai.googleblog.com/2020/08/on-device-real-time-body-pose-tracking.html